भारतीय साधु, सन्त और संन्यासी

जीने की एक राह यह भी

भारतीय साधु, सन्त और संन्यासी

जीने की एक राह यह भी

लेखक

रवि कपूर

अनुवादक

गिरीश्वर मिश्र

प्राक्कथन

सुधीर कक्कड़

सम्पादक

मालविका कपूर एवं
डोराथी बुग्लास

वाणी प्रकाशन

वाणी प्रकाशन

4695, 21-ए, दरियागंज, नयी दिल्ली 110 002

फ़ोन : +91 11 23273167 फ़ैक्स : +91 11 23275710

शाखाएँ

अशोक राजपथ, पटना 800 004, बिहार

कॉफ़ी हाउस कैम्पस, महात्मा गांधी मार्ग, इलाहाबाद 211 001, उत्तर प्रदेश

महात्मा गांधी अन्तरराष्ट्रीय हिन्दी विश्वविद्यालय, वर्धा 442 001, महाराष्ट्र

सुल्तानिया रोड, मोतिया पार्क, भोपाल 462 001, मध्य प्रदेश

www.vaniprakashan.com
marketing@vaniprakashan.in
sales@vaniprakashan.in

Bhartiya Saadhu, Sant Aur Sanyasi
Jeene Ki Ek Raah Yah Bhee
by Ravi Kapoor
Translator : Girishwar Mishra
Preface : Sudhir Kakkad
Editor : Malwika Kapoor, Dorothy Buglas

ISBN : 978-93-5229-006-2
Philosophy/Meditation/Yoga

पेपरबैक प्रथम संस्करण 2015
पेपरबैक द्वितीय संस्करण 2021

मूल्य : ₹ 250

आर. टेक ऑफ़सेट प्रिंटर्स, दिल्ली-110032 में मुद्रित

वाणी प्रकाशन का लोगो मक़बूल फ़िदा हुसेन की कूची से

अनुवादक की ओर से

भारतीय चिन्तन परम्परा में जीवन को सार्थक और बेहतर बनाने के लिए अनेक मार्गों का विधान किया गया है और लोग अपने-अपने ढंग से उसके लिए प्रयत्न भी करते हैं; किन्तु जीवन का मूल उद्देश्य क्या है और उसे कैसे पाया जा सकता है, यह प्रश्न आज भी उतना ही महत्त्वपूर्ण है, जितना पहले था। आज के बहुआयामी जीवन की भागदौड़ में जीवन के मूल उद्देश्य जैसे प्रश्नों पर विचार करने का समय ही प्रायः कम मिल पा रहा है जिसके कारण लोगों में चिन्ता, अशान्ति और असन्तोष की भावना बढ़ने लगी है।

वर्तमान समय में निरन्तर प्रचंड होती उपभोक्तावादी संस्कृति के प्रभाव से लोगों का दृष्टिकोण संग्रह और भोग तक सीमित होता जा रहा है। अब भौतिक सम्पन्नता ही रहन-सहन और गुणवत्ता की पहचान बन गयी है तथा मानवीय मूल्यों पर आधारित जीवन को उसकी सम्पूर्णता में जाँचने परखने का प्रयास नगण्य हो गया है। आज तीव्र रूप से बढ़ती हुई लोभ, मोह एवं आसक्ति की भावना का परिणाम अत्याचार, अनाचार, भ्रष्टाचार और भेदभाव के रूप में पूरे समाज में दिखाई पड़ रहा है। ऐसी स्थिति में वर्तमान जीवन-शैली की सीमायें स्पष्ट दिखाई पड़ने लगी हैं तथा आनन्द की खोज मृग-मरीचिका बनकर रह गयी है।

भारतीय परम्परा में भौतिकता का विरोध तो कभी नहीं था पर उसका आकर्षण इतना केन्द्रीय भी कभी नहीं रहा, जितना अब हो गया है। इस परम्परा में समग्र अस्तित्व, जिसमें भौतिक से लेकर सामाजिक और आध्यात्मिक स्तर तक का जीवन शामिल था, का आदर होता था। भारतीय चिन्तन में यह बात कई रूपों में व्यक्त भी हुई है। चार पुरुषार्थों और अस्तित्व के पाँच कोशों की अवधारणा इसे बड़े अच्छे ढंग से व्यक्त करती हैं। पर इनसे भी अधिक स्पष्ट रूप में यह बात साधु और संन्यासियों की जीवन-शैली में प्रकट होती रही है। ये साधु संन्यासी प्रायः घर बार छोड़कर और गृहस्थ जीवन त्यागकर अनासक्त का जीवन जीते हैं। कहना न होगा कि धर्म और आध्यात्मिकता से जुड़े साधुओं और संन्यासियों की अनेकानेक धारायें समूचे भारत में फैली हुई हैं। सामाजिक जीवन में महत्त्वपूर्ण स्थान होने पर भी उनके

मत, विश्वास, अनुष्ठान और व्यवस्था को लेकर तथ्यपरक अध्ययनों का अभाव है। साथ ही कुछ तथाकथित साधुओं के साथ हमारे अनुभव भी नकारात्मक रहे हैं। ऐसे में प्रोफेसर रवि कपूर, जो निमहान्स, बैंगलोर में मनोचिकित्सा के एक वरिष्ठ प्राध्यापक थे, के द्वारा साधुओं और संन्यासियों के जीवन का विश्लेषण बड़ा महत्त्व रखता है। उन्होंने 'ऐन अदर वे टु लिव' नामक कृति में एक प्रश्नाकुल, वैज्ञानिक की दृष्टि से साधु सन्तों के जीवन का विवरण आधुनिक पाठक की संवेदना को ध्यान में रखते हुए जीवन्त शैली में प्रस्तुत किया है।

रवि जी की मूल रुचि योग के मानसिक स्वास्थ्य पर पड़ने वाले प्रभावों का वैज्ञानिक ढंग से अध्ययन में रही है। इसके लिए उन्होंने गुरु के निर्देशों पर, स्वयं योग की प्रक्रियाओं का अभ्यास किया और उनके स्वानुभूत प्रभावों का वर्णन किया है। यह शोध की दृष्टि से एक अनोखा प्रयास है जिसमें किसी दूसरे से पूछ कर नहीं वरन अपने को ही अनुभव का साक्षी रखा गया। इस पुस्तक में रवि जी ने अपनी व्यक्तिगत जीवन यात्रा और शोध का रोचक विवरण देते हुए सांख्य, योग और वेदान्त के सूत्रों को भी बड़ी सहजता के साथ सामने रखा है। हिमालय उन्हें बड़ा प्रिय था। रवि जी ने इस क्षेत्र की अनेक बार यात्रा की। उन्होंने दो दशकों तक नियमित बद्रीनाथ, केदारनाथ, गंगोत्री आदि की निरन्तर यात्राओं के बाद अपने अनुभवों को पाठक के साथ बड़े रोचक और प्रवाहपूर्ण ढ़ंग से साझा किया है। घुमन्तू और मठ आदि में स्थापित दोनों तरह के साधुओं और संन्यासियों के जीवन को गहराई से समझने की एक ईमानदार कोशिश ने इस पुस्तक को एक अनूठी रचना बना दिया है।

रवि जी की इस पुस्तक को पढ़कर लगा कि वे साधु होने का निर्णय, दीक्षा, जीवन के संघर्ष और उनके लौकिक और आध्यात्मिक अनुभवों का सहज संस्पर्श देते हैं। शायद जीवन में जितना व्यक्त है उससे कम अव्यक्त भी नहीं है, जो नहीं दिखता। साधु का अर्थ ही होता है 'अच्छा' और यह अच्छाई अनासक्ति से उपजती है। दूसरे शब्दों में कहें तो अपने स्वार्थ से ऊपर उठना ही आध्यात्मिकता है इस आध्यात्मिकता की कोई एक राह नहीं होती, न कोई एक वाद होता है। वह अनेक रूपों में व्यक्त होती है तथा उसकी कई छटाएँ और छवियाँ हैं। आध्यात्मिकता के दर्शन या शास्त्र का विस्तृत रूप कई ग्रन्थों में मिलता है। उसका प्रयोग कैसे होता है? और जीवन से उसका क्या रिश्ता है? ये प्रश्न विभिन्न परम्पराओं में अलग-अलग ढंग से सुलझाये गये हैं। वस्तुतः साधु-जीवन की भी एक यात्रा है जिसकी निजी रंगत और अपना रस है। यह जीवन से मुँह मोड़ने का नहीं वरन् जीवन से जुड़ने का आवाहन है। रवि जी के शब्दों में जीवन परिवेश के साथ ऊर्जा के विनिमय का उत्सव है। यदि यह विनिमय न हो तो यह जीवन भी सम्भव नहीं होगा। जीवन

केवल ग्रहण करना या संग्रह ही नहीं है, वह देना भी है, और हम जो देते हैं वही पाते हैं।

हर तरह से पठनीय यह रचना रवि जी द्वारा हमारे समाज को दिया गया एक अनोखा उपहार है। पुस्तक पूर्ण होने के पूर्व ही वे दिवंगत हो गये थे और यह अधूरा कार्य उनकी विदुषी पत्नी प्रोफेसर मालविका कपूर और एक अन्य सहकर्मी डोरोथी बुग्लास ने किया। प्रख्यात चिन्तक और मनोविश्लेषक सुधीर कक्कड़ ने इसका प्राक्कथन लिखा है। इस पुस्तक को पढ़ते हुए लगा कि इसे हिन्दी के पाठक वर्ग तक पहुँचना चाहिए। मालविका जी को यह प्रस्ताव जँच गया। मुझे आशा है स्वास्थ्य तथा योग की अवधारणा, साधुओं के जीवन तथा भारतीय आध्यात्मिक परम्परा में रुचि रखने वाले आम पाठकों, मनोविज्ञान के छात्रों और शोधकर्ताओं के लिए यह कृति विशेष उपयोगी होगी। अनुवाद के कार्य में डॉ. गणेश शुक्ल, श्री विमल झा तथा श्रीमती माधुरी मिश्र के सुझावों ने बड़ी मदद की, उनके प्रति हार्दिक आभार। श्री अरुण महेश्वरी ने रुचि लेकर प्रकाशित किया, उन्हें साधुवाद।

गिरीश्वर मिश्र

प्राक्कथन

रवि कपूर ऐसे दुर्लभ किस्म के मनोचिकित्सक थे जो अपने व्यवसाय की तकनीकों की सीमा में बँधनें से इनकार करते रहे। प्रश्नाकुल मन और खोजी धुन के पक्के उनके लिए यह जरूरी था कि वे अपने विषय की स्वीकृत ज्ञान-परम्परा, जो अधिकांशतः पाश्चात्य विधेयवादी (पाजिटिविस्ट) नजरिये और विधि वाली थी, उसके परे जाते। रवि की सृजनात्मक बेचैनी हमारी उपलब्धि है। ऐसे समय में जब संसार में हर कहीं अधिकाधिक लोग उन दशाओं के पार जाना चाहते हैं जो भावनात्मक परेशानी की समाप्ति में आड़े आती हैं, रवि में हमारी अपनी भारतीय परम्परा में झाँकने का साहस और नजरिया मौजूद है–जो सुदीर्घ काल से स्वस्ति-भाव, यहाँ तक कि आनन्द की सम्भावना संजोए हुए है।

जीने की एक राह यह भी, जो उनके असमय देहावसान से अधूरी रह गयी थी, उसका परिणाम है। यह पुस्तक विशिष्ट है, इसलिए नहीं कि यह किसी अकादमिक अर्थ में अनुसन्धान का प्रतिफल है, बल्कि इसलिए कि यह उस खोज का फल है जो रवि के निजी अनुभवों और लगन से अनुप्राणित है। वर्षों के उनके योगाभ्यास और हिमालय के साधुओं के साथ हुई सैकड़ों चर्चाओं का यह परिणाम एक प्रभावी आख्यान का रूप ले सका है। यह पुस्तक रवि कपूर जैसे एक साधक की आदर्शवादिता और एक वैज्ञानिक की आलोचक दृष्टि, तार्किक और रूमानी पक्षों वाले उनके अपने स्वभाव के बीच एक सुन्दर सन्तुलन बनाती है। आध्यात्मिकता और मनोविज्ञान के बीच अन्तःसम्बन्ध पर उनके विचार विशेष रूप से महत्त्वपूर्ण हैं। यह एक संवाद है जिसमें सभी भारतीय मनोचिकित्सक, मनोवैज्ञानिक और दार्शनिक आगे बढ़ रहे हैं। हम सब को मालविका कपूर और डोरोथी बुग्लास का आभार मानना चाहिए कि उन्होंने रवि के काम को अंजाम दिया।

सुधीर कक्कड़

सम्पादकीय

इस पुस्तक का प्रकाशन मेरे लिए एक जरूरी काम था जिसके माध्यम से मैं अपने पति रवि कपूर के जीवन का समादर करती, जो 24 नवम्बर, 2006 को दिवंगत हो गये थे। इस भूमिका में मैं केवल उन्हीं बातों की चर्चा करूँगी जो इस पुस्तक के प्रकाशन से जुड़ी हैं, जो हमारी, उनकी और मेरी जीवन यात्रा के एक अंश को व्यक्त करती हैं। हम दोनों ही यात्राओं को पसन्द करते थे, खासतौर पर कैम्प करना, ट्रेकिंग पर जाना और बाहर की दुनिया की पड़ताल करना। हम हिमालय के शिखरों की गरिमा से खासतौर पर अभिभूत थे।

रवि कपूर की गहरे सच तक पैठने की कोशिश, शायद उनके युवा जीवन में शुरू हो चुकी थी, पर इसे एक सुनिश्चित रूप तब मिला जब 1982 में उन्होंने एक वर्ष का अध्ययनावकाश लेकर योग, विशेष रूप से पतंजलि के योग-सूत्रों, के अध्ययन का निश्चय किया। एक सुरक्षित नौकरी छोड़ना और एक अनिश्चित भविष्य की ओर अग्रसर होने के लिए भारी उत्साह और गहरे आत्म-मन्थन की जरूरत थी। उनकी तलाश, अपनी सारी कमियों के बावजूद, उन्हें अपने स्व से बाहर की आध्यात्मिक दुनिया की ओर ले गयी, खासतौर पर भारत के साधकों और संन्यासियों की दुनिया की ओर। यह यात्रा गंगोत्री और तपोवन के हमारे पहले चरण के साथ शुरू हुई। हिमालय और गंगा की कथा ने हमें पूरी तरह बाँध रखा था। हिमालय वह स्थान है जहाँ सभी भौतिक सरोकार किनारे पड़ जाते हैं और व्यक्ति एक आध्यात्मिक जीव हो जाता है। अनीश्वरवादी रवि कपूर वहाँ एकेश्वरवादी हो गये। फिर भी, जहाँ आस्था का प्रश्न आया वह उनका अपरिचित क्षेत्र था। वे इस दिशा में आगे बढ़ना चाहते थे और सोचते थे कि ऐसा उनके साथ भी कभी होगा क्या? उन्होंने आश्रमों में, वार्षिक तीर्थाटन में हुई चर्चाओं, जो जीवनभर चलती रहीं, के दौरान आध्यात्मिकता के तत्त्व को शिद्दत से महसूस किया था। अपने शोध के लिए वे सहायक रख सकते थे पर यह शोध उनके हृदय के इतने करीब था कि दूसरे उस तक अपेक्षित परिश्रम और पूर्वाग्रह से मुक्त होकर पहुँच सकेंगे इसका उन्हें भरोसा नहीं था। मेरी भूमिका उस सहयात्री की थी जिसके साथ वह सर्वाधिक सहज थे। पर मैं एक प्रेक्षक भी थी; मैं

नोट लेती रहती थी, फोटो खींचती थी, साक्षात्कारों के वीडियो रिकार्ड करती थी। मैं अक्सर कुछ दूरी बनाकर रहती थी। कभी-कभी गैरहाजिर भी हो जाती थी क्योंकि ऐसा लगता था कि साधु लोग स्त्री की मौजूदगी में असहज महसूस करते थे। पर मैं उनके हर अनुभव से परिचित थी, उनके रोगियों, मित्रों, चाहे वे आम आदमी से ही जुड़े क्यों न हों। वह अपने वर्णनों में हमेशा सरल रहते थे। वे प्रामाणिक अनुभवों के अन्वेषक थे—शायद यह बात इस पुस्तक में भी दिखाई पड़ेगी। थिएटर के लिए रवि का प्रेम दूसरों के जेहन में उतरने और उनसे संवाद करने से जुड़ा था। उनकी खासियत थी कि वे सभी आयु और सामाजिक पृष्ठभूमि के लोगों के सोचने के ढंग को आत्मसात् कर लेते थे और उनके साथ सहृदयतापूर्वक संवाद स्थापित कर लेते थे। इस बात ने उन्हें लोगों के करीब पहुँचने में मदद की। अपने रोगियों के साथ उनके गहरे रिश्ते थे और उससे उपजी पीड़ा के चलते मैंने कई बार हिदायत दी थी कि वे रोगियों से कुछ दूरी बनाये रखें। उन्होंने मेरी बात को यह कहकर टाल दिया कि ऐसा करने पर उनकी मनोचिकित्सा बेअसर हो जायेगी। कई मनोचिकित्सक उनके इस रवैये में कमियाँ निकालते थे पर वे अपने नजरिये में ठीक थे। वे एक अच्छे मनोचिकित्सक थे और अपने रोगियों का अच्छी तरह ख्याल रखते थे। पिछले कुछ सालों में अनुभव की व्याख्या करने में उनका विश्वास बना रहा। वे दूसरों के अनुभवों को प्रेक्षक की अपनी नजर से रंगे बिना बताना चाहते थे। मेरे विचार से मनोचिकित्सक के लिए व्यावसायिक दृष्टि से यह सबसे कठिन चुनौती थी क्योंकि उसका काम ही दूसरों के व्यवहारों और लक्षणों की व्याख्या करना है। मुझे आशा है कि रवि इस पुस्तक में इस दृष्टि को प्रस्तुत करने में सफल रहे हैं।

मालविका कपूर

× × ×

मैं रवि कपूर से एडिनबर्ग में मेडिकल रिसर्च कौंसिल यूनिट में सामाजिक शोधकर्ता की नौकरी के लिए पहुँचने के तुरन्त बाद पहली बार 1966 में मिली थी। हमारी पहली यूनिट की बैठक में प्रोफेसर जी.एस. कार्स्टेयर्स, दो नये डॉक्टर जो भारत से आकर कामनवेल्थ वजीफे पर आये थे, के साथ पहुँचे। इनमें से एक रवि कपूर थे। बाद के चालीस सालों में हम दोस्त और सहकर्मी बने रहे और हर तरह के विषयों पर अन्तहीन बहसों में हिस्सा लेते रहे। मैंने हिमालय में कई सालों तक चले उनके काम के बारे में सुन रखा था और साधुओं की कहानी मुझे बड़ी रोचक लगी थी। सितम्बर 2006 में रवि उत्तरी अमेरिका से भारत लौटते हुए एडिनबर्ग से गुजरे। वे इटली में एक अकादमिक केन्द्र पर रहकर *जीने की एक और राह* लिखने को लेकर बड़े उत्साहित थे। मैं आध्यात्मिकता और मनोचिकित्सा पर उनके साथ

पत्राचार कर रही थी और उनकी पांडुलिपि पर टिप्पणी करने की उत्सुकतापूर्वक प्रतीक्षा कर रही थी।

तीन महीने के भीतर इटली पहुँचने के कुछ ही दिन बाद, उनके आकस्मिक देहान्त की खबर से मुझे गहरा सदमा लगा। उनकी पत्नी मालविका का बड़ा स्पष्ट विचार था कि पुस्तक जरूर पूरी हो और प्रकाशित हो। इसके बाद हम पुस्तक के प्रकाशन के काम को पूरा करने में जुट गये जिसे रवि, अगर यहाँ होते तो, खुद पूरा करते। हमारे पास कुछ दिशा-निर्देश थे। वे इटली के एक केन्द्र पर अपने सहयोगियों के सामने पुस्तक की रूपरेखा प्रस्तुत कर चुके थे। जब वे पतंजलि के योग सूत्र पढ़ रहे थे, उस समय के उनके अपने अनुभवों का ब्यौरा हमारे पास था और साक्षात्कार से मिली काफी कुछ सामग्री थी। उनके शोध पत्र और व्याख्यान भी थे। मालविका जितनी सामग्री भेज सकती थीं मुझे भेजी थी। मेरा काम इसे ऐसा रूप देना था जो पाठकों को रोचक और स्वीकार करने लायक लगे। हमें यह पता था कि रवि इसे एक कठिन अकादमिक पुस्तक की जगह आम आदमी के समझने लायक बनाना चाहते थे और वह साधुओं को अपनी कहानी कहने देना चाहते थे। जहाँ तक बन पड़ा है मैंने रवि के ही शब्दों का उपयोग किया है। पर मुझे सम्पादन करना था तथा उसके विभिन्न भागों के बीच सम्बन्ध स्थापित करने थे, और इस सब बातों के ऊपर, सामग्री को चुनना था। यह बात पहले भाग 'गुरु चरणों में', के ऊपर विशेष रूप से लागू होती है जिसे उन्होंने कई वर्ष पहले एक विस्तृत रिपोर्ट के रूप में शोध के लिए सहायता देनी वाली संस्थाओं के लिए तैयार किया था। मेरे लिए यह मुख्य चुनौती थी कि क्या उसे आम आदमी के लिए सुग्राह्य बनाया जा सकता है, जो खुद योग-साधक नहीं है। मुझे विभिन्न साधु सन्तों के साक्षात्कारों को आत्मसात् कर उन्हें मुख्य विचारों के निकट लाकर सम्पादित करना था। हम पेंगुइन के दल के प्रति आभारी हैं जिन्होंने इस सामग्री को व्यवस्थित रूप से सम्पादित करने का कार्य किया है।

वास्तव में यह एक कठिन और दुखी करने वाला काम है--समीक्षक टिप्पणीकार की भूमिका के आगे जाकर ऐसे काम को सँजोना जिसका लेखक आपके सामने न हो। क्या यह वही पुस्तक है जिसे रवि ने लिखा होता? जाहिर है कुछ अर्थों में यह वैसी नहीं हो सकती थी। मैं सोचती हूँ वह इस काम की ऐतिहासिक पृष्ठभूमि और योग वाले विवरण को और विस्तृत किये होते। साथ ही वे व्यक्तियों और घटनाओं की अपनी स्मृति को भी साथ ले आते जा हम लोगों को उपलब्ध नहीं थी। क्या यह वही पुस्तक है जिसे रवि ने स्वीकार किया होता? हम आशा करते हैं कि हमने वहीं से आरम्भ किया है जहाँ उन्होंने इसे छोड़ा था।

डोरोथी बुग्लास

भूमिका

यह पुस्तक जीवन भर की खोज और अनुभव से उपजी है, इनमें कुछ अनुभव भौगोलिक थे जिसमें हिमालय में होने वाले ट्रैक शामिल थे और एक अन्तर्यात्रा भी, खुद अपने को अच्छी तरह समझने के लिए। इन सब प्रयासों में मैंने आध्यात्मिकता के कठिन विषय को एक वैज्ञानिक और तार्किक नजरिये से समझने की कोशिश कीहै।

जब से मनुष्य ने धरती पर कदम रखा, वह दो मुख्य कार्यों में शामिल रहा है : पहला, बाहरी दुनिया को समझना जिससे कि इस पृथ्वी पर उसका जीवन स्थिर और सुखद हो और प्रकृति की इच्छा-अनिच्छा का उस पर कम से कम प्रभाव पड़े; और दूसरा अन्तर्जगत अर्थात् विचारों, भावनाओं और चेतना वाले मन के अन्दर की दुनिया की परख, ताकि अस्तित्वगत सवाल जैसे मनुष्य का धरती पर अवतरण कब हुआ? मनुष्य का अन्त क्या होगा? जीने का लक्ष्य क्या है? प्रसन्नता और तृप्ति कैसे पायी जा सकती है? इत्यादि। हालाँकि भारतीय सभ्यता में अन्दर और बाहर दोनों तरह की दुनिया पर ध्यान दिया गया है पर आन्तरिक दुनिया की खोज में हमने अधिक श्रेष्ठता अर्जित की है। इन तमाम प्रश्नों के उत्तर देने की कोशिश में अत्यन्त महत्त्वपूर्ण मनोवैज्ञानिक ज्ञान सामने आया है। इस प्रसंग में सी.जी. जुंग की यह टिप्पणी गौरतलब है कि मनोचिकित्सा का आज का एक गम्भीर पेशेवर चिकित्सक इस बात से प्रभावित हुए बिना नहीं रहेगा कि भारतीय चिन्तन ने उन्हीं प्रश्नों को कई हजार साल पहले ही छेड़ा था। मानसिक जगत की एक गहरी खोजबीन के साथ भारतीय परम्पराओं ने मानसिक संस्कार या निर्माण की विधियाँ भी बतायी थीं। पिछले सौ वर्षों में मनोचिकित्सा के व्यवसाय ने मानसिक विकारों के उपचार में बड़ी प्रगति की है, पर अभी भी यह सकारात्मक मानसिक स्वास्थ्य पाने और मानसिक प्रसन्नता की उन दशाओं के बारे में बहुत कम कहने की स्थिति में है जिन्हें हम सभी दुर्लभ क्षणों में यदा कदा ही अनुभव करते हैं। यह दावा किया जाता है कि भारतीय चिन्तन परम्परा न केवल मानसिक स्वास्थ्य की उच्चतम अवस्था का स्पष्ट और विश्वसनीय वर्णन करती है बल्कि इस स्थिति तक पहुँचने और उसे इच्छानुसार बनाये रखने की विधि भी बतलाती है। मेरे सामने पहला प्रश्न जिसे मैं समझना

चाहता था वह यह था, कि क्या यह दावा वस्तुतः सही है?

मेरे तीन गुरु थे जिन्होंने मुझे प्रभावित किया और मनोपचार की भारतीय परम्परा के बारे में सोचने की दिशा में ले गये। वे थे डॉ. जे.नेकी, डॉ. एन.सी. सूर्या, तथा डॉ. एर्ना एच. हाक। उनका कार्य और निजी मार्गदर्शन मेरे लिए विशेष रूप से महत्त्वपूर्ण था जब मैं एक मनोचिकित्सक का प्रशिक्षण ले रहा था।

मैंने अपना चिकित्सकीय प्रशिक्षण ग्लैन्सी मेडिकल कालेज अमृतसर में पूरा किया। यद्यपि मैंने अपनी पढ़ाई अच्छी तरह की थी किन्तु उस काम में मेरा मन नहीं लग रहा था। प्रशिक्षुकाल के दौरान मैं डॉ. नेकी से मिला। वह एक मनोचिकित्सक तथा कवि थे। साथ ही वे सिक्ख तथा अन्य धर्मों के बारे में गहराई से सोचने वाले विचारक भी थे। उन्होंने मुझे बैंगलोर के एक संस्थान में मनोचिकित्सा के क्षेत्र में प्रशिक्षण प्राप्त करने के लिए प्रोत्साहित किया जहाँ कभी वह खुद एक विद्यार्थी रह चुके थे। अचानक मुझे पता चला कि मैं एक डॉक्टर और साइकियाट्रिस्ट होना चाहता था। डॉ. नेकी से मुलाकात के पहले मैं केवल थिएटर, संगीत और साहित्य को पसन्द करता था। मैंने अनुभव किया कि वे सब मनोचिकित्सा में बड़ी अच्छी तरह घुलमिल जाते हैं। मुझे अपने जीने की डगर मिल गयी थी।

डॉ. हाक अध्यापक और मार्गदर्शक थीं। उन्होंने मुझे अस्तित्ववाद से परिचित कराया और आध्यात्मिकता के माध्यम से प्रामाणिक अस्तित्व की खोज की दिशा में मेरी कल्पना को पंख लगाया। उन्होंने अस्तित्ववादी विचारधारा के 'मेड्रिड बास' तथा 'लुडविग विन्संगेर' के विश्लेषण को अपनाकर मेरा विश्लेषण किया। उन्होंने स्विट्ज़रलैंड से एक मिशनरी पृष्ठभूमि से आकर अपने व्यावसायिक जीवन का अधिकांश भाग लखनऊ, श्रीनगर और अल्मोड़ा में मनोचिकित्सक के रूप में कार्य करते हुए बिताया था। उन्होंने तात्कालिक उपचार की पद्धति के प्रश्न पर काम किया था। उन्होंने *सोर्सेज एंड रिसोर्सेज* (1993) शीर्षक से एक पुस्तक भी लिखी है जो भारतीय चिन्तन परम्परा पर एक सन्दर्भ ग्रन्थ है। 1975 में उनकी एक और कृति का प्रकाशन हुआ–*आक्रामक साइकोटिक रोगियों का जीवन वृत्त।* अपने विश्लेषण में उन्होंने 'देवना' जैसे स्थानीय शब्द का उपयोग किया जो पाश्चात्य मनोचिकित्सा की साइकोसिस-रोग के निदान से अलग है। शुरू में कई सालों तक मैं उनके साथ घंटों विचार-विमर्श किया करता था। वह कुछ साल पहले भारत छोड़ स्विट्ज़रलैंड चली गयीं। उनके साथ मेरा लगाव और संवाद अन्त तक बना रहा। वर्ष 2004 में उनका देहान्त हो गया।

एन.सी. सूर्या मनोचिकित्सा के प्राध्यापक और अखिल भारतीय मानसिक स्वास्थ्य संस्थान के निदेशक थे, जहाँ मैंने अपना आधारभूत प्रशिक्षण पाया था। वह औब्रे लेविस के निर्देशन में प्रशिक्षित थे, जो ब्रिटेन में मनोचिकित्सा के महान शिक्षकों में से

एक थे। सूर्या एक मेधावी अध्यापक थे जिनकी पश्चिमी मनोचिकित्सा में गहरी पैठ थी। वह उसी तरह तंत्रिकादैहिकी पर रूसी अध्ययनों और प्राचीन भारतीय चिन्तन में भी पारंगत थे। इन तीन भिन्न विचारधाराओं की उपस्थिति के बावजूद वह एक जमीनी आदमी थे। अपने शुरू के दिनों में वे अत्यधिक मद्यपान करने वाले सेना के मनोचिकित्सक थे। वे मूडी, बेरुखी की हद तक ईमानदार, पर एक तीव्र बुद्धि वाले व्यक्ति थे, शायद वे इस शताब्दी के श्रेष्ठ मस्तिष्कों में से एक थे। उन्होंने अचानक 1970 में उस नामी संस्था के निदेशक पद को छोड़ने का निर्णय लिया और सब कुछ त्याग करके पांडिचेरी में श्री अरविन्द आश्रम से जुड़ गये।

एक प्रशिक्षु डॉक्टर के रूप में मुझे साइकियाट्री तथा साइकोथिरैपी दोनों ही क्षेत्रों में उनसे सीखने का मौका मिला था। उनका दृढ़ विचार तथा विश्वास था कि व्यक्ति को समानुभूति और आध्यात्मिकता का खुद अनुभव करना चाहिए और अपने अहं की इच्छाओं पर काबू पाना चाहिए। इस विचार का मेरे ऊपर गहरा असर पड़ा। पर 1960 में मैं इन विचारों के महत्त्व को समझने के लिए मानसिक रूप से तैयार नहीं था। सामुदायिक मानसिक स्वास्थ्य के क्षेत्र में बीस वर्षों तक शोध और सेवा करने के बाद ही अपने दोनों गुरुओं का आशीर्वाद प्राप्त करके मैं अपनी आध्यात्मिक खोज की ओर वापस लौट सका। सूर्या ने अपना जीवन, श्रेष्ठता की दिशा में आगे जाने के लिए मनुष्यों में बदलाव के तरीकों के लिए समर्पित कर दिया था। एक सच्चे साधक के रूप में वे हमेशा गम्भीरतापूर्वक कहा करते थे कि 'सभी साधक अल्प बुद्धि वाले होते हैं'।

मैं अक्सर सोचता था कि क्या अच्छाई के लिए लोग अपने को बदल सकते हैं? मेरे प्रश्न का उत्तर सूर्या ने अपने निजी जीवन से दिया। उन्होंने वह सब अपने कठोर परिश्रम, सतत कार्य से पा लिया था जो वे पाना चाहते थे। श्री अरविन्द आश्रम की अध्यक्षा श्री माँ में उनकी अगाध और असंदिग्ध आस्था थी। वे आश्रम में रहते हुए एक दशक पहले स्वर्गवासी हुए।

दूसरा प्रश्न जिसे मैं खोजना चाहता था, वह यह था कि क्या आध्यात्मिकता आम आदमियों और मानसिक स्वास्थ्य की समस्याओं से पीड़ित लोगों के लिए लाभदायक है? मुझे यह मालूम था कि कुछ लोग आध्यात्मिकता को व्यर्थ की बात मानते हैं। फ्रायड ने धर्म को एक जरूरी भ्रम (इल्यूजन) माना था। वह तथा अन्य विचारक जो क्लासिकी मनोविश्लेषण की दृष्टि को मानते हैं, धर्म और आध्यात्मिकता को रहस्य से अलग करते हैं। फ्रायड इसे मनोरोग की एक अभिव्यक्ति मानते हैं। सुधीर कक्कड़ जो इसे प्राचीन दृष्टि से अलग हट कर विकास के नीचे की सीढ़ी पर वापस लौटना (रिग्रेशन या प्रतिगमन) मानते हैं। श्रीरामकृष्ण और स्वामी विवेकानन्द जैसे लोगों के बारे में भी ऐसा ही माना गया है। दूसरी ओर हाक का विश्वास था

कि साइकियाट्रिक शब्दावली आध्यात्मिकता के आयाम की व्याख्या करने के लिए उपयुक्त नहीं हैं और व्यापक रूप से स्वीकृत और संस्कृति में शामिल व्यवहार के साइकियाट्रिक निदान से बचना चाहिए। एलन रोलैंड जैसे आधुनिक मनोविश्लेषक, यह सुझाव देते हैं, आध्यात्मिकता और मनोरोग एक-दूसरे से अलग दो स्वतन्त्र आयाम हैं जो कभी-कभी एक रोगी व्यक्ति में एक ही साथ मौजूद हो सकते हैं।

मैंने इन प्रश्नों को सामान्य व्यवहार के स्तर पर समझना चाहा। मैंने सोचा कि दूसरों के व्यवहार के बारे में कोई फैसला लेने के पहले मुझे उस स्थिति का खुद निजी तौर पर अनुभव करना चाहिए। इस लक्ष्य को पाने के लिए मैंने अपने कार्य से अध्ययन अवकाश लेकर एक वर्ष का समय गुरु की देख-रेख में योग सीखने और एक दैनिक डायरी में अपने अनुभवों को लिखने में लगाया। एक वर्ष बीतने के बाद मैंने पीछे हटकर इस डायरी में दर्ज अनुभवों और प्रेक्षणों को यह देखने के लिए जाँचा कि क्या उनसे कोई स्पष्ट निष्कर्ष निकलता है। उसी दौरान मैं भारत की पवित्रात्माओं–जो साधु और संन्यासी कहे जाते हैं और यह दावा करते हैं कि वे अगर हमेशा नहीं तो अक्सर मौज की स्थिति में रहते हैं, उनके बारे में यह जानना चाहता था कि क्या वे सचमुच ही ऐसे हैं। मैंने मनुष्य होने के अर्थ की खोज की भावना के साथ एक अविश्वासी के रूप में, तार्किक वैज्ञानिक ढंग से प्रश्नों को समझने की कोशिश की। मेरी यह रुचि लगभग तीस साल तक बनी रही।

संन्यासियों के बारे में मेरी रुचि एक दूसरी दिशा–स्किजोफ्रेनिया से भी उभरी। स्किजोफ्रेनिया एक गम्भीर मनोविकार है जिसके बारे में दुर्भाग्य से बहुत कम जानकारी उपलब्ध है। इस विकार के बारे में एक सिद्धान्त, जो मुझे भी अच्छा लगता है, यह है कि ऐसे लोग जिनकी स्किजोफ्रेनिया के रोगी होने की सम्भावना होती है उनके अहं या इगो की सीमाएँ बड़ी कमजोर होती हैं। तनाव की दशाओं में ये सीमा रेखाएँ बेहद कमजोर पड़ जाती हैं और ऐसे लोग अपने-पराये (आत्म और अनात्म) का भेद कर पाने में विफल हो जाते हैं, और उनमें साइकोटिक लक्षण जैसे–विचारों में बाधा, विभ्रम, व्यामोह आदि भी उभरने लगते हैं। एलेन कोरिन तथा लुजान जैसे शोधकर्त्ताओं के अनुसार ऐसा कहना कि नाजुक किस्म के दुर्बल लोग जानबूझ कर, सामाजिक सम्पर्क और दूसरों के साथ संचार को अस्वीकार करते हैं वे अपनी जरूरत को ध्यान में रख इसे सकारात्मक रूप से अपने को अलग करने की एक युक्ति के रूप में प्रयुक्त करते हैं। यह सम्भाव्य स्किजोफ्रेनिया के रोगियों लिए एक ऐसी तकनीक हो सकती है जो सुरक्षित अवसर दे सकती है।

इस अध्ययन से जुड़ने के कुछ और भी कारण थे। मैं रहस्यात्मक अनुभवों को जानने में रुचि रखता था। मैंने इसके सम्बन्ध में कई विवरण पढ़ रखे थे और यह जानना चाहता था कि संन्यासी कौन सा अभ्यास करते हैं जिससे उन्हें ऐसे अनुभव

होते हैं। मैं साध्वी, सन्यासियों से उनके अपने वर्णन चाहता था और उसमें प्रयुक्त विधियों के बारे में जानना चाहता था। योग के प्रसिद्ध ग्रन्थ—योग सूत्र में जिन *सिद्धियों* का वर्णन किया गया है ऐसी विशिष्ट शक्तियाँ हैं जैसे उड़ने की योग्यता, अदृश्य हो जाना या एक हाथी जितनी शक्ति पा लेना। पतंजलि के *योग सूत्रों* में 196 सूत्रों में से 55 सूत्र इन विशिष्ट शक्तियों के बारे में वर्णन करते हैं। ऐसी प्रसिद्धि है कि कुछ संन्यासी सिद्धि की शक्ति रखते हैं। मेरी यह जानने में रुचि थी कि क्या सचमुच में ऐसे लोग हैं जो भौतिक शास्त्र के नियमों से परे जा सकते हैं?

साधुओं में मेरी रुचि का अन्तिम कारण मनोचिकित्सक के अपने व्यवसाय से जुड़ा था। भारत में पालन-पोषण होने के कारण मैं जानता हूँ कि काफी लोग अपनी भावनात्मक समस्याओं को लेकर व्यावसायिक मनोचिकित्सक के बदले साधुओं और संन्यासियों की शरण में जाते हैं। मैं जानना चाहता था कि संन्यासियों से क्या सीखा जा सकता है जिसे अन्य लोगों को सिखाया जा सकता है ताकि वे अच्छे थिरैपिस्ट बन सकें।

यह एक बड़ा महत्त्वाकांक्षी एजेंडा था। एक वर्ष तक गुरु के निर्देशन में योगाभ्यास करने के बाद मैंने हर साल एक महीने हिमालय में संन्यासियों के साक्षात्कार में बिताने का निश्चय किया और मैं, इस कार्य में लगातार पचीस वर्षों तक लगा रहा। कुछ संन्यासी बड़ी ऊँचाई पर दुर्गम जगहों पर रहते हैं ताकि वे बिना किसी बाधा के अभ्यास कर सकें। ऊँचाइयों पर ट्रेकिंग करने के मेरे शौक ने इस काम को आगे बढ़ाने में बड़ी मदद की।

रवि कपूर

विषय-सूची

भाग-1

आध्यात्मिक अनुभव का प्रथम सोपान

गुरु के चरणों में पूर्ण समर्पण

1
आरम्भ

भारतीय दर्शन के सभी आस्तिक सम्प्रदायों के सामने एक ही लक्ष्य है, साधना द्वारा मुक्ति। इसे पाने की विधि योग है।

–विवेकानन्द

यह पुस्तक उस शोध-अध्ययन का परिणाम है जिसे मैंने पूर्ण मनोयोग से पूरा किया है। मेरे व्यावसायिक कार्य में ऐसे कई प्रश्न सामने आये थे जिनका उत्तर मैं नहीं दे पा रहा था। मैं पेशेवर मनोचिकित्सक हूँ। मैंने और मेरे सहकर्मियों ने यह पाया था कि यद्यपि मनोचिकित्सा (साइकियाट्री) मानसिक रोग से उपजी परेशानियों को सफलतापूर्वक कम कर सकती है, किन्तु इस चिकित्सा से सकारात्मक मानसिक स्वास्थ्य को बढ़ाने में ज्यादा सफलता नहीं मिलती है। मेरी इस अवस्था में जीवन के तनावों से जूझने की शक्ति, अधिक ऊर्जा का अनुभव और उस ऊर्जा को प्रसन्नता, करुणा और सृजनात्मकता में बदल डालने का अनुभव भी शामिल है। योग का अभ्यास करने वाले यह दावा करते हैं कि ये परिणाम योग-विधियों द्वारा पाये जा सकते हैं। मैंने यह जानने की इच्छा की कि क्या वस्तुतः ऐसा होता है और क्या ऐसी विधियाँ मानक मनोचिकित्सा या साइकियाट्री के संचालन में उपयोगी हो सकती हैं? मनुष्य की शारीरिक दशा पर योग के प्रभावों को जानने के लिए कई अध्ययन हुए हैं, जैसे तंत्रिकादैहिक (न्यूरोफ़िजियोलोजिकल), चयापचयिक (मेटाबोलिक) तथा हार्मोनों की क्रियाओं पर। किन्तु व्यक्ति के निजी आत्मपरक अनुभवों पर बहुत ही कम अध्ययन हुआ है। मानसिक स्वास्थ्यकर्मियों के सामने यह मुख्य प्रश्न है कि क्या योग आन्तरिक भावनात्मक दशाओं और तनाव के प्रति प्रतिक्रियाओं को प्रभावित करता है। इस विषय पर कम शोध होने का एक कारण यह है कि सांवेगिक प्रतिक्रियाओं का वस्तुनिष्ठ ढंग से अध्ययन करने में कठिनाई होती है। पुराने जमाने में वैज्ञानिक स्वयं को प्रयोग का प्रयोज्य बनाते थे ताकि विज्ञान की नयी जमीन तलाश सकें। उन्होंने अपने परिणामों को सावधानी के साथ अंकित

किया है ताकि बाद में उन्हें अधिक अच्छी तरह सावधानी से जाँचा जा सके। मैं जल्दी ही इस निष्कर्ष पर पहुँच गया कि अपनी रुचि को आगे बढ़ाने के लिए मैं खुद को प्रयोज्य और शोधकर्ता दोनों ही रूपों में रखूँ। मैंने भारतीय आयुर्विज्ञान परिषद (आईसीएमआर) को एक अनुदान के लिए आवेदन किया और 1981-82 में एक वर्ष के लिए मुझे यह अनुदान मिल भी गया। अब मुझे आवश्यकता थी एक ऐसे गुरु की जो मुझे पतंजलि के *योग सूत्रों* के अनुसार योग की और मेरी अपनी भावात्मक और शारीरिक प्रतिक्रियाओं को सिलसिलेवार व्यवस्थित ढंग से अंकित करने की शिक्षा प्रदान कर सके।

अध्ययन की विस्तारपूर्वक चर्चा करने से पहले इस प्रयोग का शोधकर्ता और प्रयोज्य दोनों होने के कारण मैं पाठकों को अपनी रामकहानी के कुछ पहलू भी बताना चाहूँगा। किन्तु मैं इस ब्यौरे को निजी जिन्दगी के केवल उन पहलुओं तक ही सीमित रखूँगा जो योग में मेरी रुचि को बढ़ाने के लिए विशेष रूप से महत्त्वपूर्ण हैं।

आध्यात्मिक विषयों में मेरी रुचि तब शुरू हुई थी जब एम.बी.बी.एस. की पढ़ाई के साल में मैंने यह पाया कि शरीर रचना (एनाटोमी) पढ़ने में मजा नहीं आ रहा था। जब मैंने शरीर-विच्छेदन किया तो मुझे बड़ी जुगुप्सा हुई और विषय को सीखने के लिए आवश्यक निरर्थक रटने से अपने को थका पाया। दुखी और निराश मन से मैं पढ़ाई छोड़ने के लिए लगभग तैयार हो गया था किन्तु मेरे डॉक्टर पिता ने मुझे पढ़ाई पूरी करने के लिए प्रेरित किया। मानसिक कष्ट के इस दौर में मैंने भगवद्गीता का अध्ययन शुरू किया। इसके पहले न तो मैं न मेरा परिवार ही धार्मिक प्रवृत्ति वाला था। अपने व्यावसायिक प्रशिक्षण के तीसरे वर्ष मेरी भावनाओं को एक मनोचिकित्सक प्रोफेसर नेकी के व्याख्यानों ने प्रभावित किया और मैंने मनोचिकित्सक बनने का निश्चय किया। इस फैसले ने, न केवल मुझे एक उद्देश्य दिया बल्कि यह भी तय कर दिया कि मैं मनोचिकित्सा का गहन अध्ययन करूँ। चिकित्सा के क्षेत्र में मेरी रुचि बढ़ने लगी। मेरी आध्यात्मिक और दार्शनिक रुचियाँ पहले की तरह बनी रहीं और जब मैंने एम.बी.बी.एस. पूरा किया उस समय मैं पश्चिमी अस्तित्ववाद तथा भारतीय वेदान्त के साहित्य का एक बड़ा हिस्सा पढ़ चुका था।

एम.बी.बी.एस. करने के बाद मैंने मानसिक चिकित्साशास्त्र में बैंगलोर से डिप्लोमा (डी.पी.एम.) किया और वहीं प्रोफेसर एस. के. रामचन्द्र राव के प्रभाव से बौद्ध साहित्य की तार्किक सरलता से भी परिचित हुआ। प्रोफेसर इरा हाक जो मनोचिकित्सा में मेरी शिक्षक थीं, मेरी रुचि जुंग और मेड्रिड बास जैसे लोगों की रचनाओं को पढ़ने में बढ़ाई। पर सबसे अधिक प्रभाव मेरे ऊपर एक अन्य मनोचकित्सा के अध्यापक प्रो. एन.सी.सूर्या का पड़ा जिनके साथ मनोचिकित्सा और आध्यात्मिकता दोनों को लेकर मेरी बहस चलती रहती थी। पीछे मुड़कर देखने पर मैं यह महसूस करता हूँ

कि इन बहसों के पीछे उनका यह दृढ़ विचार था कि आध्यात्मिकता सीखना केवल निजी अनुभव से ही सम्भव है। उस समय मैं अपनी जीवन-शैली में उन परिवर्तनों को स्वीकार करने के लिए तैयार नहीं था जो इस तरह के सीखने के लिए जरूरी थे।

डी.पी.एम. करने के बाद जल्द ही मैं विवाहित हो गया और एक साल के अन्दर प्रो. कार्सटेयर्स के निर्देशन में पढ़ने के लिए एडिनबर्ग चला गया। इस तथ्यपरक, यथार्थवादी शिक्षक ने मेरे मन को गहराई तक प्रभावित किया और मैं साइकियाट्रिक एपिडेमोलोजी सीखने में गम्भीरता से जुट गया। यह विषय मेरी पहले की आध्यात्मिक रुचियों से काफी अलग था।

मैं अपनी आध्यात्मिक रुचियों की ओर तब वापस लौटा जब राष्ट्रीय मानसिक तथा तंत्रिकातन्त्र वैज्ञानिक संस्थान (निमहान्स) में सामुदायिक मनोचिकित्सा का प्रोफेसर बना। उस समय तक मुझे सामुदायिक साइकियाट्री तथा एपिडेमिओलोजी के क्षेत्र में मुझे सम्मानजनक स्थान और प्रतिष्ठा प्राप्त हो चुकी थी। मुझे यह लगने लगा कि कोई भी समाज कभी भी तनावों से मुक्त नहीं था और न भविष्य में ही हो सकेगा। यदि हम एक ओर के तनाव को दूर करते हैं तो दूसरी ओर यह तनाव बढ़ जाता है। उदाहरणार्थ गरीबी दुख पैदा करती है पर समृद्धि भी, अपनी अलग समस्या पैदा करती है। मनोचिकित्सा की वास्तविक चुनौती ऐसी विधियों को खोजना है जो तनाव सहने की क्षमता को बढ़ाएँ न कि अपने परिवेश में मौजूद तनाव को समाप्त करे। योग एक ऐसी ही आध्यात्मिक परम्परा है जो जीवन में सहिष्णुता को बढ़ाती है।

मैंने योग शिक्षकों के पास जाना आरम्भ कर दिया। कुछ प्रसिद्ध अन्तर्राष्ट्रीय योग-शिक्षकों के साथ मेरे पहले के अनुभव बहुत अच्छे नहीं थे। मैंने यह पाया था कि वे सभी सन्देह और लोभ से ग्रस्त थे और तब मैंने अपने को उनसे अलग कर लिया। पीछे मुड़ कर देखने पर मुझे लगता है, शायद मुझमें ही कोई कमी थी अथवा योग के कठिन मार्ग से अलग रहने के लिए यह एक बहाना मात्र था।

1980 आते-आते अपने निजी सन्देहों को दूर करने और मनोचिकित्सा के शोध में नयी दिशा खोजने, दोनों के लिए, योग के एक गम्भीर अध्ययन के लिए मैं पूरी तरह तैयार हो गया। योग के साहित्य का मनोचिकित्सा के अन्तर्गत अध्ययन, मुझे सन्तुष्ट नहीं कर सका। अधिकांश शोधकर्ताओं को विषय का कोई निजी ज्ञान नहीं था और उनके अध्ययन योग को विश्राम में एक सहायक विधि के रूप में जाँचने तक अथवा ध्यान और स्मृति जैसी संज्ञानात्मक प्रक्रियाओं को विकसित या समृद्ध करने तक सीमित थे। योग बहुत कुछ देने का वादा करता है, यह एक तरह का परिष्कार है, जो जीने के कौशल को विलक्षण ढंग से उन्नत कर देता है। इसकी सच्चाई जानने का एक ही तरीका मैंने महसूस किया कि खुद ही इस योग

के अनुभव को प्राप्त किया जाय।

मेरी योजना थी कि मैं अपने स्वीकृत गुरु के निर्देशों का पूरी लगन से पालन करूँ और योग के परिणामों की व्याख्या अपने अनुभव के आधार पर ही करूँ। योग पर विभिन्न पुस्तकों में से मैंने पतंजलि के *योग सूत्र* का पालन करने के लिए चुना। मैंने इस पुस्तक का चुनाव इसकी अत्यन्त सुस्पष्ट लेखन शैली के कारण किया। यह ग्रन्थ बड़ा ही परिशुद्ध और स्पष्ट है; ऐसा लगता है कि यह कोई अच्छा प्रस्ताव है जो आधुनिक वैज्ञानिक जरूरतों के अनुसार तैयार किया है। इस पुस्तक में सामान्य लक्ष्य, विशिष्ट लक्ष्य, कुछ दिशात्मक परिकल्पनाएँ तथा विधि का स्पष्ट विवरण प्रस्तुत किया गया है। इस पुस्तक में वर्णित विधियों का अनुसरण करके स्पष्ट रूप से यह जाना जा सकता है कि किसी ने पूर्वनिश्चित लक्ष्यों को प्राप्त किया है या नहीं। उसमें एक भी ऐसी कोई स्थापना नहीं है जिसे किसी को मान कर चलना है। किन्तु आवश्यक यह है कि विधियों का विश्वसनीय ढंग से अनुसरण किया जाय।

शोध-योजना का सबसे कठिन काम परिणामों को विश्वसनीय ढंग से अंकित करने का है। मैंने अपने अनुभवों को प्रतिदिन एक दैनिक डायरी में नोट करने का निर्णय लिया क्योंकि आरम्भिक शोध का क्षेत्र और उसका वर्णन एक महत्त्वपूर्ण उपकरण हो सकता था। मैंने तय किया कि अध्ययन के अन्त में अपनी डायरी के ब्योरों का वस्तु-विश्लेषण करूँगा।

मैंने अपनी पत्नी से, जो एक सुयोग्य नैदानिक मनोवैज्ञानिक हैं कहा कि वे मेरे खुद के व्यवहार का शोध के दौरान प्रेक्षण करती रहें क्योंकि ऐसे व्यक्तिनिष्ठ विवरण लेने में पूर्वाग्रह के आरोपों की सम्भावना बनी रहती है। मुझे यह आशा थी कि हमारा व्यावसायिक प्रशिक्षण ऐसी प्रवृत्तियों को कम करेगा।

मैं, आरम्भ में योग के प्रमुख दस साधकों का साक्षात्कार करना चाहता था जिससे कि मैं अपने अनुभवों की तुलना उनके अनुभवों से कर सकूँ। पर अपने गुरु के सुझाव पर मैंने इस विचार को त्याग दिया। उनका मानना था कि निष्णात योगाभ्यासियों का अनुभव एक नौसिखुए के लिए पूरी तरह सुगमता से ग्राह्य नहीं होगा क्योंकि यह एक व्यक्तिनिष्ठ आयाम है जो सामान्य लोगों को उपलब्ध नहीं होता है। साथ ही वह मेरे अपने अनुभवों की व्याख्या को भी पूर्वग्रह से ग्रस्त करेगा।

शोध का मुख्य लक्ष्य एक गुरु के निर्देशन में योग का अभ्यास और अपनी मनोदशा पर इस अभ्यास के परिणामों का अंकन करना था। इसके लिए अपनायी गयी विधि के पाँच मुख्य भाग थे : पतंजलि के *योग सूत्रों* का एक व्यवस्थित अध्ययन करना, दूसरा योग सूत्रों में अनुभवी गुरु को प्राप्त करना और तीसरा उनके निर्देशन में योग का प्रशिक्षण लेना। सौभाग्य से सबैटिकल शुरू होने के पहले ही

मुझे एक योग्य गुरु मिल गये थे। गुरु ने मुझे सबैटिकल वर्ष के आरम्भ में योग सूत्र को छोड़कर सम्बन्धित साहित्य को पढ़ने में बिना अधिक समय गँवाए प्रशिक्षण शुरू करने की राय दी थी, क्योंकि मेरा अध्ययन मेरे निजी अनुभव की व्याख्या को पूर्वाग्रहग्रस्त कर सकता है। यह सुझाव तर्कसंगत लगा और मैंने उसका पालन भी किया। अपने निजी अनुभवों की डायरी रखना, अपने व्यवहार तथा अभिवृत्ति का प्रेक्षणात्मक मूल्यांकन पत्नी से प्राप्त करना और अपने विवरण का वस्तु विश्लेषण—यह निश्चित करने के लिए कि क्या मेरी संज्ञानात्मक क्षमताओं, भावनात्मक दशाओं, अभिवृत्तियों और व्यवहार में कोई बदलाव आया है? इस अध्ययन में लगभग एक वर्ष का समय पूरा हो गया। वर्षान्त पर मैंने इसे आगे बढ़ाने के लिए आवेदन नहीं किया क्योंकि मैंने अनुभव किया कि मुझे कुछ ऐसी अन्तर्दृष्टि मिल गयी है और इससे योग में गहरी रुचि भी विकसित हुई है। मुझे विश्वास हो गया कि अब मैं इस कार्य को आगे कई वर्षों तक करता रहूँगा।

2
योग : दार्शनिक आधार तथा अभ्यास

मानव विचारों के इतिहास में ऐसे लोग हुए हैं जिन्होंने यह सिखाया कि अक्सर हम अपने में सतही स्तर की ही चेतना रखते हैं, एक विविधता भरा जीवन, पर एक गहरा सर्वव्यापी स्तर भी है, जो इस विविधता को एक सूत्र में पिरोता है। हमारे अनुभव में आने वाला परिवर्तनशील सापेक्षिक जगत मात्र एक अपरिवर्तित निरपेक्ष की अभिव्यक्ति है। निरपेक्ष या सापेक्ष में से किसी एक को ज्यों-का-त्यों अपनाने का मतलब है जीवन का एक संकुचित आंशिक नजरिया अपनाना जबकि जीवन की सम्पूर्णता दोनों को साथ-साथ जीने से ही आती है।

–ए. शियरर तथा पी.रसेल

योग के सिद्धान्त और उसके प्रयोग का एक लम्बा इतिहास है। यह जीवन के प्रति एक जटिल नजरिये पर आधारित है, जो कई सदियों में विकसित हुआ था। कुछ अर्थों में यह नजरिया हमारे अपने नजरिये से मिलता-जुलता है और कुछ अर्थों में आधुनिक सोच के विपरीत भी है।

कुछ योगाभ्यास बड़े प्राचीन लगते हैं। इनकी ऐतिहासिकता ब्राह्मण काल और आर्यों से पहले तक जाती है। मोहनजोदड़ो की खुदाई में पायी गयी मिट्टी की मूर्तियाँ, जिनमें एक मनुष्य बैठा हुआ है–योगमुद्रा या योगासन लगती हैं। योग शब्द ऋग्वेद में यज्ञ आदि के अनुष्ठानों की चर्चा के प्रसंग में कई बार आता है, पर इसका शाब्दिक अर्थ है 'जोड़ना'। इस शब्द का वास्तविक आध्यात्मिक आशय उपनिषदों में मिलता है। *कठोपनिषद* में योग को ज्ञानेन्द्रियों के नियन्त्रण की एक अच्छी प्रणाली माना गया है। पतंजलि द्वारा वर्णित योग के कुछ पक्ष दूसरे उपनिषदों में भी मिलते हैं। योग का उल्लेख भगवद्गीता में भी मिलता है जिसमें परम सत्ता या ईश्वर के साथ संयोग के लिए इन्द्रियों पर नियन्त्रण को अनिवार्य कहा गया है। ईश्वर के साथ इस संयोग के बाद योगी अपने को सभी वस्तुओं में और सभी वस्तुओं को खुद अपने में देखता है। योग की क्रियाएँ बौद्ध आचारों में भी मिलती

हैं। योग की आचारपरक नैतिकता, कोई व्यक्ति क्या करे और क्या न करे, कर्तव्य और अकर्तव्य, बौद्ध विचारधारा के समान ही है। सत्तिपथान एक बौद्ध ध्यान पद्धति है, जो एक शारीरिक और मानसिक तकनीक भी है, यह योग से ज्यादा भिन्न नहीं है। अतएव पतंजलि के *योग सूत्र* को पूरी तरह से एक मौलिक रचना नहीं कहा जा सकता पर यह कठिन, परिशुद्ध और लगभग काव्यात्मक रूप से उन सिद्धान्तों का पुनःकथन है जो पहले से ही प्रसिद्ध थे।

यह निश्चित नहीं है कि पतंजलि द्वारा रचित कहे जाने वाले सूत्रों का संग्रह कब हुआ। विद्वानों के अनुसार 400 ईस्वी पूर्व से ईसा की चौथी शताब्दी के मध्य इन सूत्रों का संकलन हुआ है।

× × ×

मुक्ति या मोक्ष भारतीय मूल की दार्शनिक और धार्मिक परम्पराओं में हमेशा से चली आ रही एक अवधारणा है और योग इस अवस्था तक पहुँचने की सीढ़ी है। इस सन्दर्भ में मोक्ष का अर्थ अपने वास्तविक स्व की गुणरहित, अपरिवर्तनशील, और वस्तुरहित वह अनुभूति है जिसमें चेतना इतनी निरपेक्ष होती है कि वह उन बन्धनों से मुक्त रहती है जो हमारे सामान्य अस्तित्व को सीमित करते हैं। योग द्वारा बताये गये चरणों में मुख्यतः निम्नलिखित चरण सम्मिलित हैं : शारीरिक और मानसिक अभ्यास, धीरे-धीरे पर लगातार आदिम जरूरतों (जैसे—भूख प्यास, सेक्स) को कम करना, उच्च सत्ता के प्रति समर्पण (ईश्वर-प्रणिधान) और इन सबके आधार पर बाहरी दुनिया के साथ अपने रिश्ते को एक नया आकार देना।

योग एक विधि या माध्यम है, न कि स्वयं में एक लक्ष्य। यह वस्तुतः एक तकनीक या प्रविधि है न कि कोई सबसे अलग एक स्वतन्त्र दार्शनिक परम्परा। इसकी जड़ें सांख्य दर्शन में हैं पर यह अन्य आधिभौतिक (मेटाफ़िकल) परम्पराओं से भी अच्छी तरह जुड़ा हुआ है। यह ईश्वरवादी भगवद्गीता का भाग है, जो एक बौद्धिक चिन्तन और बौद्ध धर्म की अनीश्वरवादी या नास्तिक आध्यात्मिकता का हिस्सा भी है।

योग कई प्रकार का होता है और उसके हर एक रूप में कुछ खास बातों पर बल दिया जाता है। हठ-योग, जो पश्चिम में काफी लोकप्रिय है, आसनों पर बल देता है। मन्त्र-योग में एक अर्थहीन पद या शब्द को मन ही मन दुहराया जाता है। कर्म-योग फल की इच्छा से रहित निष्काम कर्म को महत्त्व देता है। क्रिया-योग तप तथा ईश्वर के प्रति समर्पण पर बल देता है। कुंडलिनी-योग उन अभ्यासों का विधान करता है जो प्राण के प्रवाह को प्रभावित करते हैं (प्राण अन्य ऊर्जाओं से अलग है और दूसरी सभी तरह की ऊर्जा का आधार है)। भक्ति-योग में मोक्ष की प्राप्ति ईश्वर की भक्ति और पूजा द्वारा की जाती है।

पतंजलि का *योग सूत्र* राज-योग नाम से जाना जाता है जो शारीरिक और मानसिक अभ्यासों पर बल देता है। इसमें अन्य योग-पद्धतियों में मिलने वाले अभ्यासों के विभिन्न पक्षों का भी समावेश किया गया है। *योग सूत्र* में कुल 196 सूत्र हैं जो चार अध्यायों में प्रस्तुत किये गये हैं। ये सूत्र बड़े ही संक्षिप्त रूप में लिखे गये हैं और प्राचीन काल में, स्मरण करने के लिए लिखे गये थे जब वाचिक या मौखिक परम्परा का बोलबाला था और छापेखाने मौजूद नहीं थे।

इसका पहला अध्याय, *समाधि पाद* योग की परिभाषा और उद्देश्य के बारे में है। इसमें योग के लक्ष्यों तथा उद्देश्यों का सामान्य वर्णन प्रस्तुत किया गया है। यह योग-मार्ग की बाधाओं और उनसे पार पाने के व्यावहारिक उपायों का भी वर्णन करता है।

दूसरा अध्याय, *साधन पाद* है जिसमें कष्ट और पीड़ा के कारणों का स्पष्ट वर्णन किया गया है और उनको दूर करने के लिए आवश्यक उपयोगी तरीकों का उल्लेख भी है।

तीसरा अध्याय, *विभूति पाद* है, जिसमें उन शारीरिक और मनोवैज्ञानिक तकनीकों, उनके विशिष्ट प्रभावों और उन विशेष शक्तियों का वर्णन किया गया है जो इन अभ्यासों को सफलतापूर्वक करने वाले व्यक्ति को प्राप्त होती हैं।

चौथा अध्याय, *कैवल्य पाद* है जिसमें योग के दर्शन का अधिक विस्तार में विवेचन किया गया है। इसमें उन आपत्तियों की चर्चा है जो इन स्थापनाओं को लेकर प्रतिक्रिया स्वरूप उठ सकती हैं। कैवल्य, जो योग की अन्तिम अवस्था है, इसका वर्णन अन्त में किया गया है।

× × ×

योग सूत्रों का मूल आधार सांख्य दर्शन नामक वह दार्शनिक विचारधारा है जो कपिल ऋषि द्वारा शुरू की गयी थी और जिसे ईश्वरकृष्ण नामक विद्वान ने ईसा की तीसरी शताब्दी में लिपिबद्ध किया था। सांख्य और योग-सूत्रों के बीच एक अन्तर यह है कि सांख्य दर्शन ईश्वर की अवधारणा को महत्त्व नहीं देता जब कि योग सूत्र ईश्वरवादी विचार के निकट है। इस दर्शन का सार यह है कि सम्पूर्ण अस्तित्व, *प्रकृति* और *पुरुष* इन दो विरोधी पर समान रूप से सन्तुलित सिद्धान्तों से निर्मित है।

प्रकृति, वह सब कुछ है जो बदलता रहता है, अस्थिर है और सक्रिय है। इसके अन्तर्गत सम्पूर्ण भौतिक जगत तथा बुद्धि, व्यक्तित्व तथा मानस भी शामिल किये गये हैं। पुरुष, प्रकृति के विपरीत शुद्ध, कालहीन तथा गुणहीन चेतना है।

पुरुष निष्क्रिय है। वह इस जगत में किसी घटना का अभिकर्ता (एजेंट) न होकर घटनाओं का सतत साक्षी है। पुरुष से प्रकाश पाकर प्रकृति की घटनाएँ अर्थवान् हो उठती हैं। ध्यान रहे कि पुरुष की मानस (माइंड) से तुलना नहीं की

जा सकती क्योंकि मानस प्रकृति का ही एक भाग है।

मुंडक उपनिषद में पुरुष का वर्णन इस प्रकार से किया गया है :

पुरुष प्रकाशमान
पर आकारहीन वैश्विक सत्ता,
अखिल ब्रह्मांड का आत्म।
वह सबके अन्तस में है,
अजन्मा,
प्राण या मन किसी से भी अकलुषित।

योगाभ्यास द्वारा प्रकृति सुस्थिर हो जाती है और साधक में पुरुष उद्‌भासित हो उठता है।

× × ×

योग सूत्र में *ईश्वर* का उल्लेख किया गया है जो पुरुष का सर्वोच्च रूप है। वह आरम्भ से ही नियमों और अच्छे आचरणों का शिक्षक है, अनादिकाल से ही जब सृष्टि का आरम्भ भी नहीं हुआ था। योग-साधना द्वारा मोक्ष पाने के लिए ईश्वर की अवधारणा उपयोगी है और उसे आत्मार्पण का लक्ष्य बनाया जा सकता है।

योग का लक्ष्य है मन की वृत्तियों या उसके अन्दर होने वाली उथलपुथल को रोकना। जब ये रुकती हैं तो द्रष्टा पुरुष, अपने मूल तथा आधारभूत स्वरूप में स्थित होता है जो वास्तव में एक आकारहीन चेतन स्वरूप है।

आत्म, चित्त और मनोवृत्तियों को स्पष्ट करते हुए स्वामी विवेकानन्द ने लिखा है कि :

हम झील के तल को नहीं देख सकते, क्योंकि इसकी सतह लहरों से ढकी है। तल की एक झलक तभी मिल सकती है जब लहरें थम जायँ और जल शान्त हो। यदि जल कीचड भरा है या हमेशा चंचल है, तो तल नहीं दिखेगा। यदि यह स्वच्छ है, और तरंगें नहीं हैं, तो हम तल देख सकेंगे। झील का तल हमारा अपना वास्तविक आत्म है। ऊपर की झील है चित्त (मन) और वृत्तियाँ (भँवर) बाह्य कारणों से उपजे उपद्रव हैं। वहाँ तरंगें ही तरंगें हैं।

अपने मूल स्वरूप को पाने की सबसे महत्त्वपूर्ण शर्त है सतत प्रयास तथा इच्छाओं से अनासक्ति। समाधि उपलब्धियों का शिखर है। कुछ लोग ऐसे होते हैं जो इसे जन्म से ही आसानी से पा जाते हैं। दूसरों को आस्था, ऊर्जा, अच्छी स्मृति तथा उच्च स्तर की बौद्धिक योग्यता की जरूरत पड़ती है, पर जिस किसी व्यक्ति में इसके लिए उत्कट इच्छा पैदा होती है उसके लिए इसे पाना आसान होता है।

इस चरम अवस्था की दिशा में जाने वाला एक दूसरा मार्ग है, ईश्वर के प्रति सम्पूर्ण आत्मार्पण। आत्मार्पण का तात्पर्य यह है कि जो कुछ भी घटित हो रहा है; उसकी पूरी स्वीकृति। कोई यहाँ पर यह प्रश्न उठा सकता है कि क्या इसका अर्थ नकारात्मक बातों जैसे अन्याय तथा स्वयं अपने विनाश को भी स्वीकार करना है? ऐसा माना जाता है कि जो लोग सचमुच में आत्मार्पण कर चुके होते हैं उन्हें यह खुद पता चल जाता है कि ऐसी परिस्थितियों में ठीक प्रतिक्रिया या व्यवहार क्या होगा।

× × ×

योग का मार्ग सरल नहीं है और इस मार्ग पर चलने में कई बाधाएँ आ सकती हैं। महर्षि पतंजलि ने अपने योग सूत्र में इन बाधाओं का भी उल्लेख भी किया है। ये हैं : रोग, उदासी, प्रमाद, आलस्य, चीजों को पाने की इच्छा, गलत फैसले, योग में पहले पाये गये स्तर को बनाए न रख पाना, मानसिक चंचलता तथा रोजमर्रे के सुखों से उपजने वाले व्यवधान। ये बाधाएँ क्रोध, हताशा, घबराहट और साँस फूलने आदि के रूप में व्यक्त होती हैं और उन्हें दूर करना आवश्यक है। ये बाधाएँ मैत्री, करुणा तथा प्रसन्नता विकसित करते हुए अपनी मनोवृत्ति में बदलाव लाने से दूर होती हैं। इसके लिए सुख और दुख, गुण और दोष दोनों के प्रति एक सी दूरी रखने वाली तटस्थता की भी जरूरत पड़ती है।

× × ×

योग के प्रशिक्षण के पाठ्यक्रम के आठ चरण हैं। पहले पाँच चरण, को बाह्य अंग कहा जाता है और ये व्यवहार तथा शरीर पर नियन्त्रण से जुड़े हैं। अन्तिम तीन चरण आन्तरिक अंग कहे जाते हैं और मोटे तौर पर अंग्रेजी के 'मेडीटेशन' शब्द से मिलते-जुलते हैं।

पहले दो चरण *यम* (आत्मनियन्त्रण) तथा *नियम* (अनुपालन, दैनिक कृत्य) हैं। यम पाँच नैतिक नियमों के अभ्यास की संस्तुति करते हैं : अस्तेय (चोरी न करना), अहिंसा, सत्य, ब्रह्मचर्य, तथा अपरिग्रह (लोभ से बचना)। इन नियमों के साथ यह भी अपेक्षा होती है कि इसके अतिरिक्त अन्य पाँच नैतिक नियमों का भी नियमित और पूर्ण पालन किया जाये जो अंशतः पहले नैतिक नियमों से मिलते जुलते हैं। ये नियम हैं शौच (पवित्रता), सन्तोष, तप, स्वाध्याय, तथा ईश्वर-प्रणिधान (आत्मार्पण)।

यमों तथा नियमों को आचरण के विधि-निषेध के रूप में लिया जा सकता है। ये यम और नियम बहुत ही कठिन होते हैं; फिर भी एक बार प्राप्त होने पर, एक व्यक्ति आंतरिक द्वन्द्व से मुक्त हो जाता है और अपनी आवश्यकताओं पर नियन्त्रण पा लेता है, जिसके फलस्वरूप उसे अनियन्त्रित विचारों से मुक्त एक स्वच्छ मन मिल जाता है। जो व्यक्ति को समाधि के मार्ग पर ले चलता है। इसके प्रभाव से जीवन

में स्वाभाविक और सहज रूप से जो कुछ प्राप्त होता है मात्र उसी से सन्तोष पाने का सुख मिलता है। पतंजलि का बड़ा स्पष्ट मत है कि ये नैतिक नियम देश काल पर निर्भर नहीं होते। इनका हमेशा पालन करना चाहिए, हर देश और काल में। ये तात्कालिक परिस्थितियों पर निर्भर नहीं करते।

यम नियम के अतिरिक्त तीन अन्य बाह्यांग हैं : *आसन, प्राणायाम* (श्वास का नियन्त्रण) तथा *प्रत्याहार* (प्रतिबन्ध या वापस खींचना)। हठ-योग या आसन के जटिल अभ्यासों के विपरीत महर्षि पतंजलि, साधक को स्थिर, सुखद और आरामदायक आसन में रहने और अनन्त या असीम के विचार पर ध्यान लगाने को कहते हैं। कुछ प्रयास के बाद एक व्यक्ति इस आसन को किसी भी अवधि के लिए अपना सकता है, बाह्य दशाएँ चाहे जो भी हों। इस तरह शरीर ऊष्ण (गर्मी) और शीत (ठंड) के अनुभवों के प्रति तटस्थ होने के लिए प्रशिक्षित होकर वैसा ही ढल जाता है। आसानी से व्यवधान या अवरोध पड़ने की प्रवृत्ति भी सही आसन तथा यमों और नियमों के अभ्यास द्वारा घट जाती है। इस तरह मन समाधि पाने की दिशा में आगे बढ़ने लिए तैयार हो जाता है।

प्राणायाम समाधि की दिशा में एक और तैयारी है। यह प्रकाश पर पड़े आवरण को हटाता है। यह एक रोचक विचार है क्योंकि लोग प्रायः अन्धकार को हटाने की बात करते हैं। प्रकाश पर पड़े आवरण को हटाने का तात्पर्य उस अन्धकार की अनुभूति से है। पतंजलि के अनुसार यह अनुभूति मन को एकाग्र ध्यान के लिए तैयार करती है। *प्रत्याहार* के अन्तर्गत हमारी ज्ञानेन्द्रियाँ (आँख, कान, नाक, जिह्वा आदि) अपने प्रत्यक्षों को संज्ञान में न लेने के लिए प्रशिक्षित की जाती हैं। मेरा विचार है कि इस स्थिति में संवेदना तो रहती है किन्तु पूर्व-स्मृतियों और विचारों के रूप में इनका अर्थ ग्रहण नहीं होता है। इस तरह व्यक्ति आने वाली सूचना (इनपुट) को बिना उसकी विषय-वस्तु या जानकारी के देखता और सुनता है। पतंजलि के अनुसार प्रत्याहार की मदद से सभी इन्द्रियों पर पूर्ण नियन्त्रण सम्भव है। सामान्य रूप से एक व्यक्ति जो सामान्य जीवन को जी रहा है वह यम, नियम, और आसन के प्रभाव को समझ सकता है। परन्तु एक निश्चित मात्रा में अनुशासन और अनुभव किये बिना प्राणायाम और प्रत्याहार का अर्थ समझना कठिन है।

× × ×

योग पर प्रशिक्षण के क्रम में तीन आंतरिक चरण हैं : *धारणा* (मन को स्थिर रखना, केन्द्रित करना), *ध्यान* (मेडीटेशन) तथा *समाधि* (गहन ध्यान, सर्वोच्च चेतना)।

धारणा का तात्पर्य है एक वस्तु पर मन का लगातार स्थिर रखना जैसे नाक के अग्र भाग या नोक पर अथवा नाभि पर या एक चिह्न या एक पवित्र प्रतीक पर ध्यान लगाना।

ध्यान तब होता है जब हम किसी एक ही वस्तु पर बिना विचारों, भावनाओं और प्रत्यक्षों से बाधित हुए निरन्तर धारणा करते हैं। ध्यान की वस्तु समूचे मन को परिपूर्ण कर देती है, उस पर छा जाती है।

समाधि तब होती है जब सम्पूर्ण व्यक्तित्व अस्थायी रूप से विगलित हो जाता है और व्यक्ति उस स्तर पर पहुँच जाता है जहाँ उसमें केवल ध्यानगत वस्तु की चेतना ही शेष रहती है, इस स्थिति में 'मैं' की मौजूदगी का लेश मात्र भी ध्यान नहीं रह जाता।

'शुद्ध चैतन्य' की प्राप्ति का विस्तार करते हुए पतंजलि, समाधि की तीन अवस्थाओं की चर्चा करते हैं। अष्टांग योग के नियन्त्रित अभ्यास और दीर्घ काल तक समाधि में बने रहने की क्षमता के साथ योगी विशिष्ट शक्तियाँ अर्जित करता है जिन्हें *विभूतियाँ* कहा जाता है। इनके अन्तर्गत भूत, भविष्य तथा पूर्वजन्म का ज्ञान, दूसरे के मन पढ़ने की क्षमता प्राप्त करना तथा अदृश्य होना आदि सम्मिलित हैं। इसके अतिरिक्त इसमें अन्य विशिष्ट शक्तियाँ भी शामिल हैं। ये शक्तियाँ प्रकृति के नियमों का खंडन करने के लिए नहीं हैं। ये शक्तियाँ मार्ग की बाधाओं को दूर करती हैं ठीक वैसे ही जैसे जब कोई किसान रुकावट को हटा देता है तो सिंचाई की नहर का जल निर्बाध रूप से बहने लगता है। पतंजलि इन शक्तियों के प्रति किसी तरह की आसक्ति या लगाव के विरुद्ध हैं क्योंकि इस तरह की आसक्ति हानिकर हो सकती है।

इन शक्तियों का त्याग करने से *कैवल्य,* (पूर्ण अलगाव) की स्थिति प्राप्त होती है तथा यथार्थ की चेतना सक्रिय हो उठती है। यह चेतना प्रकृति के सम्पूर्ण रूपों से परे चली जाती है। ऐसा करते हुए वह सभी पदार्थों और प्रक्रियाओं का एक साथ ज्ञान प्रदान करती है, चाहे वह अतीत, वर्तमान या भविष्य से क्यों न जुड़ा हो। जब योगी इस अवस्था के आनन्द से अनासक्त रहता है, तो वह समाधि की उच्चावस्था पर आसीन रहता है। कैवल्य की अवस्था में पुरुष अपने वास्तविक स्वरूप में अर्थात् शुद्ध चैतन्य में अभिव्यक्त होता है।

सांख्य तथा योग दोनों दर्शन ब्रह्मांड के स्वरूप और उसमें मनुष्य की स्थिति के बारे में एक गम्भीर और विकसित सिद्धान्त को लेकर आगे चलते हैं। यह सिद्धान्त इतना जटिल है कि इसकी विस्तृत व्याख्या यहाँ पर सम्भव नहीं है। कई सन्दर्भों में पतंजलि आधुनिक मनोवैज्ञानिक सरोकारों को भी स्पर्श करते हैं। उनमें से एक है मानवीय पीड़ा का सिद्धान्त। आधुनिक मनोवैज्ञानिकों ने न्यूरोसिस की व्याख्या अचेतन मन में होने वाले द्वन्द्वों के आधार पर की है। जे.बी. वाटसन, बी.एफ. स्किनर तथा उनके अनुयायियों का दावा है कि न्यूरोसिस गलत सीखने का परिणाम होती है। हालाँकि दोनों विचारधाराएँ केवल उन घटनाओं से जुड़ी हैं जो

व्यक्ति के वर्तमान जीवन से सम्बन्ध रखती हैं; फिर भी वे यह भी स्वीकार करती हैं कि कुछ लोग अपनी आनुवंशिक विशेषताओं के कारण दुर्बल होते हैं। *योग सूत्र* में इसकी व्याख्या का अपना सिद्धान्त है जिसे पतंजलि *क्लेश* कहते हैं। इस सिद्धान्त के अनुसार हमारे सभी कष्टों का मूल कारण, पूर्व जन्मों में निहित होता है और वह भविष्य के होने वाले अगले जन्म (पुनर्जन्म) तक जाता है। यहाँ तक कि हमारा व्यक्तित्व भी अतीत के इन अनुभवों से निर्धारित होता है।

मनुष्य के जीवन में पाँच प्रकार के क्लेश होते हैं : *अविद्या* (अज्ञान), *अस्मिता* (अहंभाव), *राग* (लगाव, ममता, मोह) *द्वेष*, तथा *अभिनिवेश* (निरन्तर जीने की आकांक्षा)। यदि कोई इसके अन्तर्निहित सिद्धान्त को न भी माने, तो भी इस बात से तो सहमत होना ही पड़ेगा कि हमारा अहं भाव, हमारे लगाव और द्वेष तथा मृत्यु-भय हमारे अधिकांश न्यूरोटिक व्यवहार के प्रमुख कारण हैं। पतंजलि जिस सरलता से न्यूरोसिस के पीछे छिपे द्वन्द्वों का वर्गीकरण करते हैं वह सचमुच बड़ा प्रभावशाली है।

क्लेश व्यक्ति के अपने कर्म से उपजते हैं और उसी से नियन्त्रित भी होते हैं। प्रत्येक कर्म का अपना फल होता है पर उसका एक अपवाद भी है। योग का माध्यम अपनाकर अनागत भविष्य के कष्ट का निवारण किया जा सकता है। योगी धीरे-धीरे अपने कम स्वीकार्य व्यक्तिगत गुणों को त्याग देता है और क्रमशः एक समय ऐसा भी आता है जब उसका सात्विक पक्ष प्रभावी हो उठता है। अन्त में वह ऊपर वर्णित 'वस्तुहीन चैतन्य' की स्थिति को प्राप्त करता है।

हालाँकि एक साधारण व्यक्ति के लिए इस अनुभव की कल्पना करना असम्भव है, परन्तु एक अच्छे, गुणी और सात्विक व्यक्तित्व की अवधारणा के साथ इसकी अनुभूति की जा सकती है और इसे *योग सूत्र* में वर्णित मानव स्वास्थ्य के आदर्श की एक अवधारणा के रूप में स्वीकार किया जा सकता है।

× × ×

यम और नियम एक सात्विक व्यक्तित्व का मॉडल प्रस्तुत करते हैं। एक योगी जो अष्टांग योग की अपेक्षाओं को पूरा करता है उसमें श्रेष्ठ व्यक्तित्व के गुण विकसित हो जाते हैं। वह विचार और व्यवहार में हिंसा, वस्तुओं को पाने की इच्छा और दूसरों की चीजों को चुराने की आवश्यकता से मुक्त हो जाता है। वह अपने मन और शरीर तथा सेक्स की मूल प्रवृत्ति पर नियन्त्रण प्राप्त कर लेता है। वह मन तथा शरीर से शुद्ध हो जाता है तथा अस्तित्व के उच्च स्तर की ओर आगे बढ़ने की आकांक्षा रखता है। उसकी इच्छाशक्ति दृढ़ हो जाती है और वह अपनी प्राथमिक जरूरतों को घटाने के लिए तप करने के लिए तैयार हो जाता है। इस प्रकार वह सतत आत्म-निरीक्षण में लगा रहता है।

वास्तव में योग एक बड़ा महत्त्वाकांक्षी कार्यक्रम है और शायद ही कोई इसे पूरी तरह सम्पन्न कर पाता हो। यह एक आदर्श स्थिति है जिसकी ओर चलने के लिए व्यक्ति प्रयास करता है, जो औसत आदमी के लिए आसानी से सम्भव है। *योग सूत्र* यह स्पष्ट करता है कि कर्मफल के पार जाया जा सकता है पर ऐसा तभी हो सकता है जब व्यक्ति में दृढ़ इच्छाशक्ति हो। अष्टांग योग का पालन और त्याग के प्रति लगन, आत्मनियन्त्रण के स्तर को विकसित करने में सहायक होते हैं।

3
शोध कार्य

मेरे पास योग के क्षेत्र में अपने शोध की एक स्पष्ट योजना थी किन्तु उसे आरम्भ करने से पहले मुझे एक योग सिखाने वाले योग्य गुरु को खोजना था।

शोध आरम्भ करने के एक माह पूर्व मैं अपने गुरु से पहली बार मिला। उनके बारे में अपने एक कनिष्ठ सहयोगी से मैंने सुन रखा था। मेरे सहयोगी उनके आश्रम में पिछले दो वर्षों से एक साधक और योगाभ्यासी थे। उस शिक्षक गुरु के लिए मेरा आदर भाव तब और बढ़ गया जब मैंने उनके बारे में सुना कि उन्होंने क्या-क्या सिखाया था और किस तरह सिखाया था। मैं हिचकिचाते हुए उनकी एक सत्संग बैठक में शामिल भी हुआ था। किन्तु मैंने उनके पास पहुँचने की कोई कोशिश नहीं की थी, सिर्फ उन्हें दूर से देखा था।

शोध शुरू करने के एक महीने पहले मैंने अपने सहयोगी से परामर्श किया। वे मुझे उस गुरु के पास ले गये। मैंने उन्हें अपने सन्देह तथा योग में अपनी रुचि के बारे में बताया और यह भी बताया कि मैं किस तरह अपने निजी अनुभव द्वारा इसके बारे में सीखना चाहता हूँ। मैंने अपने बारे में उनको एक घंटे तक बताया और उसके बाद उनसे पूछा कि क्या वह मुझे योग सिखाएँगे? किन्तु वह ध्यान की मुद्रा में चले गये और मुझे बाद में सम्पर्क करने के लिए कहा गया।

जब मैंने शोध के लिए अध्ययन अवकाश का अनुदान प्राप्त कर लिया तो मैं उनके पास फिर गया और अपना निवेदन दुहराया।

'आप क्यों योग सीखना चाहते हैं?' उन्होंने पूछा। यह एक बड़ा स्वाभाविक प्रश्न था और मुझे इसके उत्तर के लिए तैयार रहना चाहिए था। फिर भी मैं असमंजस में था और उस समय जो बात सबसे पहले मन में आयी उसे मैंने उन्हें बता दिया। मैंने कहा–

'जितना जीवन गिरते-पड़ते और बेतरतीब ढंग से हमें सिखाता है उससे अधिक शीघ्रता से परिपक्वता हासिल करना ही मेरा उद्देश्य है।' (यह बात मैंने श्री अरविन्द की शिक्षाओं में से चुनी थी)

वह मुझे देखकर हँसे और कहा, 'बस इतना ही?'

मैंने अपनी शोध प्रश्नावली उन्हें दिखलायी। उन्होंने उसे पढ़ा और जोर से हँस पड़े और कहा 'आप उन योगियों के आन्तरिक अनुभव को जानना चाहते हैं जिन्होंने दस वर्षों तक योगाभ्यास किया है, वे भला क्योंकर यह सब आपको बताएँगे? और क्या आप उसे समझ भी पायेंगे?'

उनका कहना सही था। कोई योगी क्यों अपने अनुभवों के बारे में मुझसे बात करेगा? क्या मैं उसका साथी साधक था? इसके लिए तो मुझे पहले साधक जैसा बनना पड़ेगा।

उन्होंने मुझसे फिर पूछा, 'तो आप योग क्यों सीखना चाहते हैं?'

इस पर मैं अपने को रोक नहीं सका और कहा, 'स्वामी जी, अपनी युवावस्था में ही शिक्षा और व्यवसाय के क्षेत्रों में सफलता पाने के बावजूद मैं अपने को असहाय और संशयग्रस्त महसूस करता रहा हूँ। मैं जानना चाहता हूँ कि क्या जीने का कोई और मार्ग है–जो कम कष्टदायक हो?'

इसके उत्तर में स्वामी जी ने मुझे बताया कि लोग योग क्यों सीखते हैं। इसके कई कारण हैं : परिपक्व होने के लिए; मन की शान्ति के लिए; आत्मा की मुक्ति के लिए; ईश्वर तक पहुँचने के लिए।

अपने लक्ष्य के अनुसार साधना पद्धति भी बदल जाती है।

मैंने पूछा, 'क्या इस प्रगति की कोई सीधी राह नहीं है? क्या कोई पहले एक साधारण लक्ष्य हासिल नहीं कर सकता है इसके बाद फिर उच्च लक्ष्य की ओर आगे बढ़ा जाय?'

वे हँसे और उत्तर दिया कि 'साधना की राह कभी भी सीधी नहीं होती।'

फिर उन्होंने एक अजीब सा प्रश्न किया :

'आपके भीतर वह कौन है जो योग सीखना चाहता है?' मैं चुप था, तब उन्होंने पूछा, 'क्या यह आपका वास्तविक स्व (सेल्फ) है? साधना का अभीष्ट है असली स्व तक पहुँचना, पर यह स्व वहाँ सदा से ही विराजमान है। इस स्व तक पहुँचने की इच्छा इसी स्व से उपजती है। हम अपने स्व के पास से गुजरते हैं पर उसे देखते नहीं हैं। साधना इन बन्धनों को दूर करती है जो आपको आपके वास्तविक स्व से अलग करते हैं।'

मैं स्वामी जी को यह बताना चाहता था कि अपने और दूसरों के चतुराई भरे शब्दों से मैं कई बार इतना मूर्ख बन चुका हूँ, कि अब मैं शब्दों से डरने लगा हूँ। मैं किसी दार्शनिक बहस में नहीं उलझना चाहता था। न ही मैं यह जानता था कि यह वास्तविक स्व क्या था, न ही मुझे 'मोक्ष' और 'भगवान' जैसे शब्दों का वास्तविक अर्थ ही मालूम था।

स्वामी जी ने शायद मेरे विचारों को भाँप लिया और कहा, 'यद्यपि आप यह नहीं जानते कि भगवान क्या है, किन्तु आपको भगवान जैसी किसी अवधारणा की इच्छा तो रखनी ही होगी।' वे सम्भवतः अमूर्त वैचारिक चीजों के बारे में मेरे डर को भांप गये थे। इसके बाद उन्होंने भगवान के बारे में मेरे विचारों को नहीं पूछा।

इस बीच मुझे देखे बिना वे अलक्षित रूप से बड़े गम्भीर और तथ्यपरक हो गये और कहा कि 'पहला काम यह होगा कि आपको कुछ अभ्यासों से गुजरना पड़ेगा ताकि आपका मन शान्त और सुस्थिर हो सके। यदि आप इस काम में मेरी सहायता लेना चाहते हैं तो आपको मेरे निर्देशों का अक्षरशः पालन करना होगा, बिना कोई प्रश्न या व्याख्या किये हुए।'

मैं भी ऐसा ही चाहता था।

मैंने पूछा कि मुझे कौन सा अभ्यास करना होगा? इस पर उन्होंने कहा कि 'इसका पहला चरण है अपने चारों ओर एक व्यवस्था को स्थापित करना। व्यवस्था, व्यवस्था के लिए नहीं वरन चीजों को इस तरह से तरतीब से करें कि आप उन्हें किसी भी समय छोड़ सकें और चल दें। व्यवस्था स्वतन्त्रता देती है।'

मैंने सोचा कि 'क्या ही सुन्दर यह विचार है।' मैं स्वतन्त्रता की प्रचलित अवधारणा पर सोचने लगा और तभी मेरे विचार-प्रवाह को रोकते हुए उन्होंने आगे कहा कि 'तथाकथित सहजता ही अव्यवस्था है। वास्तविक सहजता तभी आती है जब व्यवस्था स्थापित हो चुकी रहती है। जैसे आपका कक्ष व्यवस्थित होना चाहिए। आपकी पुस्तकें तरतीब में होनी चाहिए और आपका काम भी सिलसिलेवार होना चाहिए। आपको अपने खाने और सोने की आदतों को भी क्रमबद्ध करना होगा।' इस सरल निर्देश के साथ मेरा प्रशिक्षण शुरू हो गया। जैसे-जैसे दिन बीतता गया यह स्पष्ट हो गया कि इस प्रथम चरण का भी पालन करना कितना कठिन है। मैंने उनसे कई प्रश्न पूछे जैसे—

'जब अतिथि आते हैं तब मैं क्या करूँ? क्या मैं अपने निश्चित समय पर भोजन करूँ और उन्हें जाने को कह दूँ? अपने रोगियों का क्या करूँ? क्या उन्हें मैं देखना बन्द कर दूँ, जब उन्हें मेरी सबसे अधिक जरूरत हो?'

उन्होंने बड़ी ही सरलता के साथ इसका उत्तर दिया। उन्होंने कहा कि 'व्यवस्था दृढ़ है पर अनम्य नहीं। व्यवस्था या लचीलापन वस्तुतः एक दूसरे के पूरक हैं। जब मित्र आते हैं, आप उनकी हर तरह से आवभगत करें। फिर भी यदि आप थोड़ी कम चिट्ठियाँ लिखेंगे तो आपको उनके थोड़े कम उत्तर मिलेंगे। यदि आप लोगों के पास कम जायेंगें तो कम संख्या में लोग आपके पास आयेंगें। मैं आपको अपने सामाजिक जीवन को घटाने के लिए नहीं किन्तु गैरजरूरी कार्यों को हटाने के लिए कह रहा हूँ। आप जानते हैं कि जरूरी क्या है।'

× × ×

मुझे, एक खास दिनचर्या में अपने आप को ढालने में लगभग एक महीना लग गया। प्रतिदिन, मुझे रुटीन से हटने के बहाने तो मिल जाते पर मेरे गुरु और सीखने की इच्छा चीजों को फिर से व्यवस्थित करने के लिए मुझे प्रोत्साहित करती। मैंने 4 बजे प्रातः उठना सीख लिया। मैंने दोपहर के पहले हल्का नाश्ता करना, शाम का भोजन 7 बजे के पहले करना और 9:30 पर रात में सोने के लिए बिस्तर पर जाना भी सीख लिया। धीरे-धीरे मैंने उन विशेष अभ्यासों को भी सीख लिया जो मन को स्थिर करने के लिए आवश्यक थे और चार महीने के बाद मुझे इसकी स्पष्ट समझ आ गयी थी कि वर्ष की शेष अवधि में मैं क्या अभ्यास करने जा रहा हूँ।

इन अभ्यासों के अतिरिक्त, मेरे गुरु ने अपने अनुभवों की एक दैनिक डायरी भी लिखने के लिए भी कहा। उन्होंने मुझे एक स्वप्न-डायरी लिखने के लिए भी कहा था क्योंकि व्यक्ति के स्वप्न से भी काफी चीजें समझी जा सकती हैं। मैं रोज पतंजलि के *योग सूत्र* पर विभिन्न टीकाओं को पढ़ता था, कभी-कभी खुद और कभी-कभी संस्कृत जानने वाले विद्वान मित्रों की सहायता भी लेता था। इस बीच मैंने विज्ञान और आध्यात्मिकता के आपसी सम्बन्धों, वैज्ञानिक विधि, विज्ञान के दर्शन का अध्ययन किया तथा उस आश्रम में जहाँ मैं अध्ययनरत था वहाँ से प्रकाशित पुस्तकों को भी पढ़ा। मैं प्रतिदिन टहलने के लिए जाता था और सप्ताह में एक या दो बार तैरने भी जाता था। मैं अपने परिवार की देखभाल भी करता था और गृहस्थी के नियमित कार्यों को भी पहले की तरह करता रहा। मैं औसतन हर सप्ताह में तीन दिन अपने संस्थान में रोगियों को देखने, छात्रों से मिलने और पुस्तकालय जाने में बिताता था। मेरा भोजन धीरे-धीरे शाकाहारी हो गया। मेरी मदिरा और तम्बाकू की लत भी काफी कम हो गयी (मैं इन्हें पूरी तरह से नहीं छोड़ सका)। वस्तुतः मेरे गुरु ने मुझे किसी खास चीज को छोड़ने का निर्देश भी नहीं दिया था। वह इस बात से आश्वस्त थे कि मेरी साधना जैसे-जैसे आगे बढ़ेगी, अवांछित व्यवहार दूर होते जायेंगें। वह मुझ पर कोई चीज एक बाध्यता के रूप में लादना नहीं चाहते थे पर धीरे-धीरे और दृढ़तापूर्वक मेरे मन को उस कार्य की ओर ले जाना चाहते थे जिसके साथ मैंने अपने को बाँधकर प्रतिश्रुत किया था।

मेरे गुरु मेरी दैनिक डायरी और स्वप्न डायरी को सप्ताह में एक बार जाँचते थे और उसके हाशिये पर टिप्पणी भी लिखते थे। मैं सप्ताह में लगभग दो घंटे तक उनके साथ विचार-विमर्श भी करता था। मेरी दिनचर्या कभी-कभी उन बैठकों से अस्तव्यस्त हो जाती थी जिनमें, मुझे अपने अन्य दायित्वों के साथ, बेंगलोर और दिल्ली में शामिल होना पड़ता था। मेरे गुरु ने इन दायित्वों को जारी रखने के लिए कहा था। मेरी दिनचर्या में मूड या अन्य सन्देहों के चलते और पीठ के दर्द के कारण

कभी-कभी कुछ गलतियाँ भी हुईं, पीठ का दर्द तो दस साल पहले एक दुर्घटना के बाद शुरू हुआ था।

तीन महीने बाद मेरी दिनचर्या इस प्रकार थी :

4:00 प्रातः उठना; शौच, स्नान, जलनेति अभ्यास

4:30 प्रातः स्वप्न डायरी लिखना

5:00-6:00 प्रातः आसन/प्राणायाम/ध्यान

6:00-6:15 प्रातः नाश्ता (प्रायः एक गिलास दूध)

6:15-8:00 योग के बारे में अध्ययन

8:00-9:00 परिवार के साथ

9:00-11:30 साइकियाट्री से जुड़ा अध्ययन/अपने संस्थान जाना

11:30 प्रातः से 1:00 दोपहर भोजन तथा विश्राम

1:00-2:00 योग निद्रा

2:00-4:00 सन्ध्या, उपासना तथा पढ़ना

4:00-5:00 परिवार के साथ रहना

5:00-6:00 आसन/प्राणायाम/ध्यान

6:00-7:30 रात्रि भोजन/परिवार के साथ

7:30-8:30 दैनिक डायरी

8:30-9:30 योग निद्रा

9:30 रात्रि शयन

आरम्भ में मैं योग विषयक अभ्यासों पर एक घंटे का समय लगाता था। इस अभ्यास का समय फिर दो घंटा हो गया और अन्त में मैं चार से साढ़े चार घंटे तक योगाभ्यास में व्यतीत करने लगा।

मैंने योग को एक लम्बी अवधि में अपने गुरु के निर्देशों का पालन करते हुए सीखा। यहाँ मैं कुछ योगाभ्यासों, उनके लिए जरूरी क्रियाओं तथा मेरी मानसिक दशा पर पड़ने वाले उनके प्रभावों का सारांश में विवरण दे रहा हूँ।

योग निद्रा

यह इन्द्रिय विकर्षण की ही तकनीक (प्रत्याहार) है जिसे उस आश्रम में विशेष रूप से सिखाया जाता है जहाँ मैंने अध्ययन किया था। इसका वर्णन मूल रूप में तन्त्र शास्त्र में मिलता है किन्तु स्वामी सत्यानन्द द्वारा आधुनिक साधकों के लिए सरल बनायी गयी पद्धति का उनकी पुस्तक *योग निद्रा* में विस्तार से वर्णन किया गया है, यह पुस्तक बिहार स्कूल ऑफ योग द्वारा प्रकाशित है। इस पुस्तक में साधक को पीठ के बल लेट कर मांसपेशियों को ढीला छोड़ने; उसके बाद शरीर के अवयवों पर और उसके बाद श्वास पर ध्यान केन्द्रित करने पर, जब कि साँस सामान्य चलती

रहती है, के बारे में विस्तृत निर्देशों का पालन करना बताया गया है। विश्राम के समय साधक अपने मन में संकल्प लेता है जिसे वह ध्यान के चरण में दुहराता है। अन्त में साधक मानसिक स्तर पर चाक्षुष प्रतिमा की शृंखला से गुजरता है और अपने मस्तिष्क को शरीर के विभिन्न भागों की ओर ले जाता है। वह अपने सम्पूर्ण शरीर को फैलाता है—आँख बन्द कर बैठता है। वह ॐ मन्त्र का तीन बार उच्चारण करता है और उसके बाद आँखें खोलता है।

आरम्भ में यह अभ्यास मुझे एक समूह में सिखाया गया। इसके बाद एक टेप दिया गया जिसमें निर्देश थे जैसे मैं धरती पर लेटता था ये मुझे सुनने होते थे। धीरे-धीरे मैंने निर्देशों को याद कर लिया और पूरे अभ्यास को स्वयं करने लगा।

ऐसा दावा है कि योग निद्रा के दौरान किया गया संकल्प गहरी चेतना को प्रभावित करता है और उसके पालन की सम्भावना बढ़ जाती है। किन्तु यह संकल्प स्पष्ट और सरल होना चाहिए। मैंने केवल एक ही संकल्प किया था और अपने प्रयोग के दौरान मैंने उस पर टिके रहने की कोशिश भी की। यह संकल्प था—मैं गुरु के निर्देशानुसार अपनी साधना को हर दिन जरूर करूँ। योग निद्रा के आरम्भिक चरण में—पेशियों को सिकोड़ना और फैलाना आधुनिक व्यवहारवादी मनोवैज्ञानिकों की रिलेक्सेशन तकनीकों जैसा है—और इसका अपेक्षित परिणाम भी मिलता है। शरीर के विभिन्न अंगों पर बार-बार ध्यान देने से हमारा मन अपनी श्वास का अधिक सरलता से निरीक्षण करने लगता है। कोशिश कर ज्ञानेन्द्रियों पर बार-बार ध्यान देना, ज्ञानेन्द्रियों को अन्दर की ओर खींचना प्रत्याहार की स्थिति को पाने में सहायक होता है। यह गर्मी और ठंडक की संवेदना से प्रत्याहार को सम्भव बनाता है। इससे सतर्क, शान्त, विचारमुक्त और कल्पनामुक्त चैतन्य की स्थिति प्राप्त होती है। यह निद्रा की स्थिति नहीं है। वस्तुतः व्यक्ति इसमें पहले की अपेक्षा अधिक जाग्रत रहता है। यह सम्मोहन से पैदा होने वाली आत्मविस्मृति (ट्रान्स) भी नहीं है जो चेतना के संकुचित होने की स्थिति को व्यक्त करती है। यहाँ तो चेतना का एक व्यापक क्षेत्र में विस्तार हो जाता है।

मन की सबसे थका देने वाली क्रियाओं में से एक है मन में हमेशा चलने वाला आन्तरिक सम्भाषण जिसका ज्यादातर लोग अनुभव करते हैं। योग निद्रा की प्रक्रिया जो लगभग पैंतालीस मिनट चलती है यह तय करती है कि आन्तरिक सम्भाषण के लिए एक मिनट का भी समय न बचे। पैंतालीस मिनट का मौन का अभ्यास चैतन्य, प्रसन्नतादायी, शान्तिदायी, तरोताजा करने वाला तथा हल्का महसूस कराने वाला अनुभव होता है। कहा जाता है कि एक घंटे की योग निद्रा चार घंटे की नींद के बराबर होती है। इस प्रशिक्षण के दौरान मेरी रात की नींद आठ घंटे से घटकर छह घंटे हो गयी थी।

योग निद्रा के पश्चात्–प्रभाव (आफ्टर इफेक्ट) भी विचारयोग्य हैं। निःशब्द चेतना का तरीका, अभ्यास समाप्त होने के बाद भी कुछ समय तक चलता रहता है। व्यक्ति चीजों पर अधिक ध्यान देने लगता है और उसे अधिक स्पष्ट रूप से जानने लगता है। उदाहरण के लिए जब मैं भ्रमण पर निकलता हूँ तो मैं प्रायः भवनों, वृक्षों और मनुष्यों, जिनके पास से गुजरता हूँ, उनके बारे में आंशिक रूप से ही अवगत रहता हूँ। मेरा ध्यान ज्यादातर अपने आन्तरिक सम्भाषण पर ही केन्द्रित रहता है। योग निद्रा के सत्र के पूरा होने के बाद भ्रमण पर जाना अलग किस्म का अनुभव होता है, व्यक्ति अपने चारों ओर के परिवेश को अधिक पैनी नजर से देखता है, वह कम निर्णायक रहता है और मानसिक सम्भाषण नहीं होता है। यही बात उस परिस्थिति में भी लागू होती है जब हम दूसरों से मिलते हैं और उनसे बात करते हैं। आप अधिक देखने और सुनने में सक्षम हो जाते हैं। मैं अब यह जानता हूँ कि सिद्ध लोगों का क्या आशय होता है जब वे चेतना के विस्तार के बारे में बातें करते हैं। मैं इस अनुभव को उस दशा के रूप में परिभाषित करूँगा जहाँ आन्तरिक सम्भाषण, व्याख्या और देखी हुई चीजों पर फैसला लेने के नजरिये में कमी आ जाती है और उसके फलस्वरूप व्यक्ति सांवेदिक संवेगों (Sensory impulses) की ओर अच्छी तरह ध्यान दे पाता है। बाहरी दुनिया से मिलने पर मस्तिष्क नयी सूचना पर ज्यादा ध्यान देता है न कि उसके अपने पुराने स्मृतिकोष से निकलने वाली सूचना पर।

जल नेति

जल नेति के अभ्यास में नाक के रास्तों (नासल पैसेज) की पानी से सफाई की जाती है। इसे कुंडलिनी या सर्प-शक्ति को जाग्रत करने वाला माना जाता है।

जल नेति के अभ्यास के लिए इस हेतु बने एक विशेष पात्र में गुनगुना पानी भरा जाता है और उसमें आधा चम्मच नमक मिला दिया जाता है। इस अभ्यास में व्यक्ति अपने सिर को एक ओर टेढ़ा कर एक नाक के छिद्र में पानी डालता है। यदि व्यक्ति गले की पेशी को घुमाने की सावधानी बरते तो पानी नाक के दूसरे छिद्र से स्वतः बाहर निकलता जाता है। पुनः यह क्रिया सिर को दूसरी ओर झुकाकर और दूसरी ओर के नाक के छिद्र में पानी डालकर की जाती है। इसके बाद नाक के रास्ते को जल बिन्दुओं से स्वच्छ करना पड़ता है (ऐसा न करने पर पानी अस्थि रन्ध्र या सिनुसेज में घुस जाता है)–यह, पहले एक नाक छिद्र से कोशिश कर के श्वास बाहर से निकालने, फिर दूसरे से; प्रत्येक से तीस बार तथा फिर उसी संख्या में दोनों से करने से होता है। जो जलबिन्दु शेष बचा हो उसे बाहर निकालने के लिए, अपने सिर को टेढ़ा करना पड़ता है। इस अभ्यास को स्वामी सत्यानन्द की पुस्तक *आसन, प्राणायाम, मुद्रा तथा बन्ध* में विस्तार से समझाया गया है।

मेरा अनुभव है कि यह अभ्यास निश्चित रूप से वायु मार्ग को स्वच्छ करता

है। वायु का स्वतन्त्र प्रवाह एक तरोताजा करने वाला अहसास देता है। यह भी पाया कि प्राणायाम का अभ्यास करना जल नेति करने के बाद ज्यादा आसान हो जाता है तथा व्यक्ति खुद को अधिक सचेत भी अनुभव करने लगता है।

अपने एक वर्ष के प्रशिक्षण के दौरान मैंने कोई ऐसा अनुभव नहीं पाया जिसे मैं कुंडलिनी जागरण के रूप में समझ सकूँ।

प्राण, प्राण-केन्द्र तथा कुंडलिनी

ये तीनों शब्द, योग के विभिन्न अभ्यासों के वर्णन में बार-बार आते हैं और योग पर लिखी कई पुस्तकों जैसे स्वामी सत्यानन्द की *प्राण विद्या* में मिलते हैं। मैं यहाँ पर संक्षेप में इस पर टिप्पणी करूँगा ताकि पाठक आगे की चर्चा को आसानी से समझ सकें।

प्राण, प्रकृति से जुड़ी ब्रह्मांडीय ऊर्जा है जिसका 'पदार्थ' के रूप में वर्णन किया गया है। वह जीवन के सभी रूपों यहाँ तक कि निर्जीव पदार्थों में भी उपस्थित है। इसे ऊर्जा के सभी ज्ञात रूपों का स्रोत कहा जा सकता है।

मनोमार्ग, जिसे नाड़ियाँ कहा जाता है, उनके माध्यम से प्राण मानव शरीर में प्रवाहित होता है। नाड़ी शब्द का अर्थ है—प्रवाहित होना। परम्परा के अनुसार मानव शरीर में हजारों नाड़ियाँ हैं परन्तु तीन विशेष रूप से महत्त्वपूर्ण हैं और एक जिसका सबसे ज्यादा वर्णन मिलता है—*सुषुम्ना* है, जो रीढ़ के बीच से प्रवाहित होती है। अपने मार्ग में यह आठ केन्द्रों या चक्रों से परिपूर्ण होती है, जो प्राण के प्रवाह को ऊर्जस्वित करने वाले उद्दीपक बिन्दु हैं। नाड़ियों द्वारा प्राण के प्रवाह को नियमित करके एक व्यक्ति कुंडलिनी को जाग्रत कर सकता है। यह सबसे निचले चक्र मूलाधार जो रीढ़ के आधार पर स्थित है, आरम्भ होती है। विशेष अभ्यासों की सहायता से प्राण-ऊर्जा ऊर्ध्वगामी होती है तथा विभिन्न केन्द्रों को उद्दीप्त करती है। जब ऊर्जा इस तरह प्रवाहित होती है तो व्यक्ति कई शारीरिक और मानसिक संवेदनाएँ अनुभव करता है और विशिष्ट शक्तियों को अर्जित कर लेता है। जब कुंडलिनी सिर के उच्च भाग (सहस्रार चक्र) में पहुँचती है व्यक्ति पूर्ण या समग्र चेतना का स्तर प्राप्त करता है।

यह स्मरणीय है कि कुंडलिनी योग समेत, सभी प्रकार के योग प्रायः सांख्य शास्त्रों की सैद्धान्तिक दृष्टि का उपयोग करते हैं और चेतना के संस्कार द्वारा मोक्ष की दिशा में उन्मुख हैं।

आसन

आसन शारीरिक मुद्रा को कहते हैं। विभिन्न मुद्राओं की स्थिति को पाने के लिए शरीर की पेशियों को तरह-तरह से अभ्यास कराया जाता है। महर्षि पतंजलि का

सुझाव है कि व्यक्ति वह आसन चुने जो सुखद और स्थिर हो। हठ योग के अनुयायी कई दूसरे तरह के आसन करते हैं और यह दावा करते हैं कि ये अभ्यास साधक को कैवल्य की चेतना के स्तर तक पहुँचने के लिए पर्याप्त हैं। शारीरिक व्यायाम होने के कारण ये आसन पेशियों में शक्ति-संचार करते हैं। एक योगी की पेशियाँ लचीली और मजबूत होती हैं पर कभी भी अतिविकसित नहीं होतीं जैसा कि आधुनिक पेशीनिर्माण वाले व्यायामों को करने से होता है।

मेरे गुरु मेरी पीठ के पुराने दर्द के बारे में जानते थे और उन्होंने केवल उन्हीं आसनों को करने का सुझाव दिया जो मेरी पीठ की पेशियों को सुदृढ़ करें ताकि मैं ज्यादा समय तक ध्यान और प्राणायाम के लिए बैठ सकूँ। *'सिद्धासन'* नामक आसन यहाँ पर विशेष रूप से उल्लेखनीय है क्योंकि यह आसन दूसरे आसनों के लिए आधार का काम करता है। सिद्धासन में व्यक्ति धरती पर बैठता है–रीढ़ सीधी और पैर मोड़कर, ताकि घुटने धरती पर रहें और बायीं एड़ी दायीं एड़ी के ठीक ऊपर हो।

आसनों को मुख्यतः मुद्रा (पाश्चर) के रूप में रखना चाहिए न कि अभ्यास के रूप में। यहाँ पर एक मुख्य सुझाव जिस पर खास ध्यान नहीं दिया जाता है, यह है कि; जब पेशियाँ एक नयी मुद्रा की दिशा में गतिशील हों, तथा जब उसे अपना लिया गया हो, मन उस क्रिया को देखने में पूरी तरह जुटा रहना चाहिए। इसकी सहायता के लिए जितना सम्भव हो गतियों को प्रयासपूर्वक और धीरे-धीरे करना चाहिए। इसके दो लाभ होते हैं। एक ओर इससे विश्राम की अनुभूति होती है और दूसरी ओर योग निद्रा की तरह निःशब्द चैतन्य का अनुभव सम्भव हो पाता है। जितने अधिक समय तक एक आसन किया जाता है, निःशब्द चेतना की अवधि भी उतनी ही अधिक होती है। यह सही है कि इस अवधि को अनावश्यक रूप से बहुत लम्बा नहीं खींचा जा सकता और उसे उतना ही रखना चाहिए जितना सुखपूर्वक हो सके।

अपने अस्तित्व की इस अवस्था का आनन्द लेने के साथ ही मुझे एक और उल्लेखनीय अनुभव हुआ। जब एक बच्चा चलना शुरू करता है तो नये कौशल को सीखने के लिए उसे कोशिश करनी पड़ती है। इसके फलस्वरूप उसका चेतन मन उस क्रिया में पूरी तरह से लग जाता है। वह उसमें तल्लीन रहता है। आयु बढ़ने के साथ जब हम अधिक निपुण हो जाते हैं तब हम चलने की क्रिया का सचेत रूप से अनुभव नहीं करते। हमें यह नहीं पता रहता कि कौन-सा पेशी-समूह का उपयोग हम कर रहे हैं। यदि आसन ठीक तरह से किये जायें तो व्यक्ति विशिष्ट पेशी समूहों और उनकी गतियों से भी अवगत होने लगता है। साथ ही आसन हमें पेशीय गति के नये तालमेल से भी परिचित करा देते हैं जिन्हें हम पहले कभी नहीं

किये रहते। आसन वस्तुतः हमें अपने शरीर और दिक् (स्पेस) में उसकी स्थिति के बारे में जानकारी देते हैं। यह ज्ञान हमारे मन को सुस्थिर करने में सहायक होता है और लगता है कि मन अच्छी तरह स्थापित हो गया है और शरीर दिक् में स्पष्ट रूप से परिभाषित हो गया है। मन इधर-उधर नहीं भागता है। इसके कारण एक व्यक्ति के विचार आसनों की कड़ियों को पूरा करने के बाद भी काफी लम्बी अवधि के लिए धीमी गति वाले हो जाते हैं।

प्राणायाम

प्राणायाम वस्तुतः सचेत तथा नियन्त्रित ढंग से श्वास लेने की क्रिया है। प्रायः हम अपनी साँस के बारे में सचेत नहीं रहते हैं। हम इस बारे में तब सचेत होते हैं जब श्वास प्रश्वास से बड़ा और अनियमित हो जाता है। यह स्थिति तब आती है जब हम अधिक व्यायाम करते हैं या चिन्तित और भयभीत हो उठते हैं। हम छोटी और अनियमित श्वास को शारीरिक और मानसिक परेशानी से जोड़ते हैं और सुनियमित लम्बी साँसें–श्वास की तुलना में प्रश्वास, को शान्ति और सुख से जोड़ते हैं।

योग शास्त्र के अनुसार प्राणायाम शान्ति और सुख की अनुभूति के लिए लाभकर है। नियन्त्रित श्वास प्राणिक ऊर्जा के सहज प्रवाह को प्रोत्साहित करता है। अपने अध्ययन के दौरान मुझे कई तरह की प्राणायाम की तकनीकों को सिखाया गया।

शान्ति की अनुभूति के अतिरिक्त प्राणायाम सावधानी को भी बढ़ाता है। व्यक्ति अपने को पूर्णतः सचेत पाता है और उसका मन प्रसन्न हो उठता है। व्यक्ति को हल्केपन का अहसास होता है। यदि अधिक मात्रा में या बहुत जल्दी किया जाय तो प्राणायाम से हल्का उद्दीपन भी होता है। यदि इसे ठीक से किया जाय तो जो भी कार्य किया जाता है उसमें सजगता के साथ ध्यान केन्द्रित करने की योग्यता भी बढ़ जाती है।

प्राणायाम का अभ्यास प्राण के प्रवाह को प्रभावित करने वाला माना जाता है। मैंने ऐसा कोई अस्वाभाविक या नया अनुभव नहीं पाया जो हमें यह दिखाये कि प्राण या इसका प्रवाह क्या है। शायद प्राण की अवधारणा को समझने के लिए व्यक्ति को लम्बी अवधि के अभ्यास की जरूरत होती है। प्राणायाम करने से उपजी एक तरह की विश्रान्त सजगता ने मुझे खास तौर पर आकृष्ट किया।

त्राटक

त्राटक एक तकनीक है जिसे ध्यान की एकाग्रता को बढ़ाने के लिए सिखाया गया। त्राटक से सम्बन्धित जो निर्देश दिये गये वे इस प्रकार हैं :

"पहले एक मोमबत्ती जलाएँ और उसे अपने सामने एक हाथ की दूरी पर रखें

तथा उसकी लौ अपनी आँख की ऊँचाई पर रखें। फिर सिद्धासन में बैठकर–दोनों पैर एक दूसरे के ऊपर क्रास कर रखकर और मेरु रज्जु को सीधा रख–लौ के ऊपर बिना पलक झपकाये जितनी भी देर सम्भव हो, तब तक देखते रहें जब तक आँखों से पानी न गिरने लगे।

इसके बाद आँखों को बन्द करें और दोनों भौंहों के बीच (भ्रूमध्य) लौ की कल्पना करें। आँख को तब तक बन्द रखें जब तक वह प्रतिमा या छवि ओझल न हो जाय। इसके बाद आँख खोलें और लौ की ओर देखें। यह क्रिया तीन बार दुहराएँ। इसे लगभग तीन महीनों तक करना चाहिए।

जैसे-जैसे आप इस अभ्यास को करेंगे, आप अपने मन में भ्रूमध्य के केन्द्र में उस लौ को ज्यादा से ज्यादा देर तक देख सकेंगे। उस समय आन्तरिक सम्भाषण ठहर जाता है जैसा कि अन्य अभ्यासों के क्रम में पहले भी उल्लेख किया गया है।"

चूँकि मैं अन्य अभ्यासों के साथ त्राटक कर रहा था इसलिए मैं यह नहीं कह सकता कि क्या ध्यान केन्द्रित करने पर इसका दूसरे आसनों से अलग कोई खास परिणाम था।

ध्यान (मेडीटेशन)

योग निद्रा सीख लेने के बाद मेरे गुरु ने ध्यान लगाने का प्रशिक्षण देना शुरू किया। मैंने छात्रों के एक समूह के साथ इस तकनीक को सीखा और मुझे सरलता से इन निर्देशों का पालन करने में बीस दिन लगे।

ध्यान लगाने की कई व्यावहारिक युक्तियाँ भी हैं और मेरे गुरु ने जिस युक्ति को सिखाया वह कई प्रसिद्ध तकनीकों का सम्मिश्रण थी। स्मरणीय है कि ये सभी युक्तियाँ पतंजलि के सिद्धान्तों पर निर्भर हैं। यहाँ पर मैं उस पद्धति का वर्णन कर रहा हूँ जो मेरे गुरु द्वारा सिखाई गयी थी।

– चट्टान की तरह और कुछ भी आपको नहीं हिला सकता जब तक कि आप अपना अभ्यास समाप्त नहीं कर लेते। संकल्प लेने के पहले अपने को सुखपूर्वक स्थापित कर लें।
– आपकी साँस जब नथुनों में प्रवेश करती है और फिर बाहर निकलती है, उस पर ध्यान केन्द्रित करें। आराम से सामान्य रूप से साँस लें। इस समय आपके मन में उठने वाले विचार, आपके ध्यान पर प्रभाव डालते रहेंगे। आप विचारों से लड़ें नहीं। इन विचारों को एक झोंके की तरह समझें जो कमरे की एक खिड़की से अन्दर आते हैं और दूसरी खिड़की से बाहर चले जाते हैं। मन कभी-कभी उनके साथ बहकेगा और आप साँस लेना भूल जायेंगें। आप जैसे ही यह महसूस करें–देखें और अपने मन को साँस पर वापस लाएँ।

- इसे तब तक करते रहें जब तक आप अपने ध्यान पर पाँच मिनट की अवधि का समय न लगा लें।
- उसके बाद आप कल्पना करें कि साँस (जैसे आप साँस अन्दर लेते हैं) आपकी नाभि से उठकर गले तक पहुँचती है और आप साँस को जैसे ही बाहर करते हैं वह गले से नीचे नाभि को पहुँचती है। अब आप अपना ध्यान, नाक के छिद्रों या रन्ध्रों से एक कल्पित चैनल–गले से नाभि तक–ले जायें। अपना ध्यान साँस पर केन्द्रित करें मानों वह कल्पित नली जैसे मार्ग से होकर जा रही हो।
- एक बार जब आपकी साँस इस मार्ग पर सुस्थिर हो जाय तो मन में 'सो' जैसी ध्वनि अन्दर जाने वाली और 'हं' जैसी ध्वनि बाहर आने वाली साँस के साथ जोड़ दें। जैसे साँस नाभि से गले की ओर जाये 'सो' कहें और जैसे वह गले से नाभि की ओर जाये 'हं' कहें।
- दोनों ध्वनियों को अचानक ठप न करें। 'सो' ध्वनि 'हं' से जुड़ी है और 'हं' 'सो' के साथ और यह दोनों अन्दर की ओर की साँस को बाहर की साँस के साथ जोड़ती है, हालाँकि दोनों के बीच एक अन्तराल रहता है।
- जब एक बार आप इस अवस्था में स्थिर हो जाये, एक गुलाबी रंग के कमल को खिलता देखें जैसे साँस गले के पास पहुँचे और बन्द होने लगे जैसे ही वह साँस गले से छोड़े। जब साँस नाभि के पास पहुँचे, एक पीले कमल की कल्पना करें और उसे बन्द होता देखें, फिर यह नाभि के पास की साँस छोड़ें।
- विचार आते-जाते रहेंगे। उनसे लड़ें नहीं, वे क्रमशः मद्धिम पड़ जायेंगें।
- एक बार जब आप अपने को इस अवस्था में स्थापित कर लेंगे तब आप पायेंगें कि कई क्षणों तक आप पूर्णतः विचारशून्य हो जाते हैं। यह एक मनोदर्शन मात्र है–ध्वनि, चैनल और फूलों का।
- इस अवस्था में कुछ समय बिता लेने के बाद आप अपना ध्यान भ्रूमध्य केन्द्र (दोनों भौंहों के बीच) में एक मानसिक प्रतिमा पर केन्द्रित करें (मैंने लौ की प्रतिमा चुनी थी)।
- इस प्रतिमा को त्राटक के अभ्यास के लिए प्रयुक्त कीजिए, जब आप साँस अन्दर की ओर ले रहे हों और बाहर छोड़ रहे हों। इस समय तक आपकी साँस लम्बी और मृदु हो जायेगी।
- एक बार जब आप अपने को इस अवस्था में स्थिर कर लेंगे तो अपने मंत्र के बारे में सोचें और मन ही मन दुहराएँ उस समय तक जब तक मन में दिए की लौ पर दृष्टि केन्द्रित हो। आपका ध्यान अब साँस से दूर चला गया होगा। एक भावातीत ध्यान के प्रशिक्षक ने मुझे एक मंत्र दिया था। मेरे गुरु

ने उसे बदलने के लिए नहीं कहा।

— मंत्र को तब तक दुहराते रहें जब तक कि आप ध्यान की अवधि के अन्त तक नही पहुँच जाते।

— इसके बाद अपने मन को पुनः श्वास की ओर लाएँ, कल्पित चैनेल से होते हुए नासा रन्ध्र पर, जैसे साँस आपके शरीर से अन्दर और बाहर जाती है। अन्त में अपनी आँखें धीरे-धीरे खोलिए।

— अपनी आँखें खोलते समय तीन बार उच्च स्वर में 'ओम्' का उच्चारण करें। हर बार *ओम्* का उच्चारण करने से पहले पूर्ण श्वास अन्दर लें और श्वास बाहर निकालते हुए ओम् बोलें।

सिद्धावस्था में स्थिर रूप से कैसे बैठें यह सीखने में मुझे काफी समय लगा। मेरा मन शरीर की पीड़ा से विचलित हो जाता था। इसके बाद मैं तीन चार दिनों बाद ही आराम से बैठ पाता था। अपने नासापुटों पर साँस का अवलोकन करना सीखने में मुझे कई दिन लग गये। मेरे विचार, मेरे मानस पटल पर जानबूझकर उभरते थे जो मुझे अपनी साँसों के अवलोकन में बाधा डालते थे। परन्तु अभ्यास के साथ वे धीरे-धीरे सुस्थिर हो गये और मैं अगले चरणों की यात्रा की ओर अग्रसर होने लगा।

लगभग बीस दिनों के बाद मैं यह समझ सका कि मुझसे क्या अपेक्षा की गयी थी। मैं विचारों से मुक्त तो नहीं हो सका था, पर यह जरूर समझ सका था कि विचारों से मुक्त होने का मतलब क्या है। एक महीने बाद तक मैं लगभग आधे घंटे तक ध्यान में बैठ पाता था। प्रशिक्षण के दौरान मैं अधिकतम पैंतालिस मिनट तक ध्यानस्थ हो सका था।

शुरू में मैंने ध्यान के आरम्भिक चरणों पर ज्यादा समय लगाया पर आगे बढ़ने पर मैं आसानी से उनसे पार हो जाता था, लगभग दस मिनट में। इसके बाद मन में लौ की प्रतिमा को देखते हुए मंत्र के उच्चारण की अन्तिम स्थिति की ओर आगे बढ़ जाता था।

यह कहना गलत न होगा कि एक समय ऐसा आया जब अन्तिम अवस्था में आना एक नियमित क्रम हो गया था। कुछ दिन ऐसे थे जब मुझे ज्यादा समय लगा, जैसे जब मुझे पीठ का दर्द था या जब मेरा मन खिन्न था। फिर भी समय बीतने के साथ ऐसे अवसरों की संख्या घटती गयी।

यह भी उल्लेखनीय है कि अपने विचारों को रोकने में मेरी सफलता स्थिर नहीं थी। प्रशिक्षण की समाप्ति पर भी ध्यान के कुछ 'अच्छे' और कुछ 'बुरे' दिन थे फिर भी मेरे गुरु ने बड़ी दृढ़ता से कहा कि मैं 'बुरे' ध्यान के बारे में न चिन्ता करूँ न अच्छा ध्यान होने पर इतराऊँ। वस्तुतः वह मुझे इस तरह से न देखने के

लिए आगाह करते थे। उनके निर्देशों का पालन करना सरल न था, फिर भी उसका पालन करने की मैंने भरपूर पूरी कोशिश की।

एक और बात यह थी कि एक अच्छे प्राणायाम सत्र के बाद मेरा ध्यान या मेडीटेशन विचारों से काफी हद तक मुक्त रहता था। यदि किसी कारणवश मैं अपने स्वाभाविक समय और स्थान को न पा सका, जैसे यात्रा के दौरान, तो ध्यान को एकाग्र करना मुश्किल हो जाता था।

ध्यान के अपने अभ्यास का सारांश मैं इस प्रकार दे सकता हूँ। ध्यान का लक्ष्य मन को विचारों से मुक्त करना है उनसे लड़ कर नहीं, बल्कि उन्हें धीमा करके, जब तक वे गायब न हो जाएँ। ऐसा एक दृश्य प्रतीक (मोमबत्ती की लौ) पर तथा एक श्रव्य प्रतीक (मंत्र) पर निरन्तर ध्यान एकाग्र करने से सम्भव होता है। एकाग्रता की यह अवस्था धीरे-धीरे आती है। पहले शरीर की संवेदनाओं और फिर साँस लेने की संवेदना को जाँचने और छोड़ देने से ऐसा हो पाता है। इसके बाद नाभि से कंठ तक कल्पित चैनेल को कल्पना से महसूस करना, 'सोहं' का श्रव्य अवलोकन करना; कंठ और नाभि पर कमल पुष्पों का चाक्षुष अवलोकन करना तथा स्थिर एकाग्रता जैसी स्थितियाँ आती हैं। स्थिर रूप से साँस लेने की प्रक्रिया संवेगों को शान्त करती है और संवेगों को धीमा करने में सहायक होती है और अन्ततः यह सोचने की प्रक्रिया को ही समाप्त कर देती है।

ध्यान के अभ्यास की पहले के वर्णित अभ्यासों के साथ तुलना करना रोचक होगा। *योग निद्रा* में मन मे आने वाले उद्दीपकों की प्रयासपूर्वक जाँच की जाती है, यह एक प्रक्रिया है, जो मन को उद्दीपकों से संतृप्त कर देती है और फिर मन उससे आसानी से दूर चला जाता है। दूसरी ओर—प्राणायाम में, एक लय में साँस लेना मन को शान्त करता है। योग निन्द्रा, आसन और प्राणायाम जैसे ऐच्छिक शारीरिक और मानसिक अनुष्ठानों द्वारा जानबूझ कर विचार-प्रक्रिया को कम किया जाता है जब कि ध्यान में यह प्रक्रिया अधिक मृदु होती है। इसमें एक ओर विचारों को ध्यान-केन्द्र से परे या दूर किया जाता है और दूसरी ओर मन को एक दृश्य और श्रव्य प्रतीक पर निरन्तर ध्यान लगाने की दिशा में अग्रसर किया जाता है। ध्यान करते समय मन के सामने ज्यादा चुनौतियाँ रहती हैं क्योंकि नियन्त्रण कम रहता है। यह स्थिति प्रसन्नतादायी है जो अहं की सीमाओं के टूटने से पैदा होती है। इस स्थिति में 'आप' खुद वहाँ नहीं होते वरन् अपने परिवेश की निरन्तरता में होते हैं, आप जो कुछ पहले थे उसके विस्तार हो जाते हैं।

एक बार जब आप ध्यान या मेडीटेशन से बाहर आते हैं, यह व्यापक चेतना आपके साथ कुछ समय तक बनी रहती है। आपका मन यह अनुभव करता है कि आप अपने आसपास के लोगों के साथ एक लय में हैं। आप दूसरों के साथ

तादात्म्य अनुभव करते हैं और करुणा का भाव रखते हैं। प्रसन्नता और आनन्द से आप अपने को ऊर्जावान पाते हैं। उस समय कार्य करने की क्षमता और ध्यान की एकाग्रता बढ़ जाती है। जैसे एक पुस्तक पढ़ते समय आप बिना खास मानसिक श्रम किये ही परिश्रम किये अर्थ को अधिक शीघ्रता से समझ लेते हैं, उसे आत्मसात् कर लेते हैं। ऐसा इसलिए होता है क्योंकि आप जो कुछ भी करते हैं उसमें बाहरी विचारों की दखलन्दाजी घट जाती है।

एक अन्य महत्त्वपूर्ण प्रभाव यह है कि इससे आपके मन से अतीत और भविष्य की चिन्ताएँ दूर हो जाती है। इस प्रकार न केवल आपके भीतर विचारों की संख्या घट जाती है बल्कि वे पुरानी स्मृतियों या भविष्य की आशाओं को भी नहीं कुरेदते जिस तरह वे आम तौर पर करते रहते हैं। आप क्षणों में जीवन जीते हैं–अपने वर्तमान देशकाल में, यहीं और अभी।

ऐसा तब होता है जब आप अच्छी तरह ध्यान करने लगते हैं। जब आप भावनात्मक रूप से दुखी रहते हैं तो आप अपने विचारों के साथ लड़ते हैं। तब कुंठा के प्रति आपकी भावनात्मक प्रतिक्रियाएँ जैसे अवसाद और चिड़चिड़ापन दिखने लगती हैं। ऐसी स्थिति में ध्यान को छोड़, योग निद्रा जैसी एक दिशा में निर्देशित क्रिया करना ज्यादा लाभदायक होता है।

मैंने यह निष्कर्ष निकाला कि योगाभ्यास के अनेक मनोवैज्ञानिक लाभ हैं और उनकी चर्चा मैं बाद में करूँगा।

4

यात्रा : योग के मेरे अनुभव

पिछले अध्याय में मैंने योग के विशेष अभ्यासों का मन पर पड़ने वाले प्रभावों की चर्चा की थी। अपने योगाभ्यास की एक वर्ष की अवधि में, मैं अपने दैनिक क्रियाकलाप में भी लगा हुआ था और लोगों से मिलता-जुलता भी था। मैं अपने सहयोगियों से मिलता था, रोगियों को देखता था और घर गृहस्थी भी का काम करता था। योगाभ्यास ने मेरे दैनिक जीवन को किस तरह प्रभावित किया? क्या इससे दूसरों के साथ मेरे व्यवहार करने के कौशलों में सुधार आ सका? क्या उनके कारण मेरे व्यक्तित्व में किसी तरह का अपेक्षाकृत स्थायी बदलाव आया? क्या मैं योग के उन आयामों से अवगत हो सका जिनकी उपस्थिति को, मैं पहले से नहीं जानता था? गुरु के साथ मेरा सम्बन्ध किस तरह का था?

मैं यहाँ इन प्रश्नों के उत्तर देने की चेष्टा करूँगा। इस बारे में सूचना के स्रोत हैं : मेरी दैनिक डायरी, मेरी स्वप्न डायरी, मेरी पत्नी द्वारा लिये गये प्रेक्षण नोट और मेरी डायरी में किये उल्लेखों पर मेरे गुरु की टिप्पणी।

आत्मावलोकन

यह आमतौर पर माना जाता है कि योग से मन की शान्ति मिलती है। मैं साफ-साफ कहना चाहता हूँ कि अपने आरम्भिक चरण में योगाभ्यास के कारण मेरे मन में आन्तरिक उथल-पुथल काफी बढ़ गयी थी।

मैंने पहले ही यह कहा था कि योग स्वयं आपकी चेतना को जगाने में सहायक होता है। यह व्यक्तित्व के नकारात्मक पहलुओं पर भी लागू होता है जिसे जानना काफी परेशानी पैदा करने वाला हो सकता है। अगर योग सूत्र की भाषा में कहें तो व्यक्ति *विक्षेपों* के बारे में अवगत हो जाता है। मैं खुद अपने व्यक्तित्व की कई बाधाओं से परिचित हो गया।

मैं पीठ के पुराने दर्द का रोगी हूँ। योग के आरम्भिक महीनों में इसकी पीड़ा असहनीय हो गयी और हर समय यह पीड़ा मुझे याद आती थी। यह मेरी नींद में भी

बाधा उत्पन्न करती थी और जब मैं ध्यान कर रहा होता तब मेरे मन पर छाई रहती थी। मेरे गुरु ने इस पीड़ा के साथ भी वैसा ही करने को कहा जैसा मैं विचारों के साथ कर रहा था; उन्होंने कहा कि प्रेक्षण करो और उसे चेतना से बाहर जाने दो। दर्द, हालाँकि कभी-कभी मुझे इस भय में डाल देता था कि क्या मैं स्थायी तौर पर अपंग हो जाऊँगा? अपंग होने पर जब मैं नौकरी न कर सकूँगा तो मेरे परिवार का क्या होगा? वह कैसे जीवन यापन करेगा? मेरे मन में मृत्यु से जुड़े ऐसे ऊटपटाँग विचार निरन्तर आते रहते थे।

मैं दूसरों पर आसानी से भरोसा तो कर लेता हूँ किन्तु मुझे अपने खुद के कामों और निर्णयों की गहराई से विश्लेषण करने की आदत है। योग के आरम्भिक महीनों में यह आत्म विश्लेषण पीड़ादायी रूप से बढ़ गया था। *योग निद्रा* शुरू करने के तीसरे दिन ही मैंने अपनी डायरी में लिखा : मैं क्या कर रहा हूँ? क्या मैं सचमुच यह विश्वास करता हूँ कि यह शोध किसी काम का होगा? मैं अपने सहकर्मियों के सामने क्या मुँह लेकर जाऊँगा, यदि इस काम से कुछ भी निकल कर नहीं आता है?

योग ने मुझे अपने अति ईर्ष्यालु स्वभाव से परिचित कराया और यह मेरे लिए एक बड़ा आश्चर्य था। मैं इस विक्षेप से अवगत नहीं था। जब मेरे एक सहयोगी एक महत्त्वपूर्ण बैठक में गये तो मुझे ईर्ष्या हुई (इसके बावजूद कि मुझे एक वर्ष की छुट्टी थी ताकि मुझे बैठकों में न जाना पड़े)। मैं उन साथी साधकों से भी ईर्ष्या करता था जिन पर मेरे योग-गुरु कक्षा में ज्यादा ध्यान देते थे।

मैं अपनी न्यायप्रियता पर गर्व करता था। इस अवधि में मैं इस बात से अवगत हुआ कि न्याय की मेरी अवधारणा ने अन्याय के साथ प्रभावी रूप में निपटने में कोई मदद किये बगैर मेरे मन की शान्ति को भंग किया है। ऐसी कई घटनाएँ मेरे जीवन में हो रही थीं जब मैं अन्याय के प्रति बगावत करने की सोचता था। मेरी डायरी के आरम्भिक नोट ऐसी बातों से भरे पड़े हैं। मेरी स्वप्न डायरी भी इस रुझान को दिखाती है। उदाहरण के तौर पर मैं एक स्वप्न का उद्धरण दूँगा जो मेरे अभ्यास के पहले महीने में आया था:

मैं अपने दोस्तों के संग एक सड़क पर टहल रहा हूँ। चार आदमी दूसरों को पकड़ कर सड़क पर चल रहे हैं और उन्हें कट ग्लास से निर्दयतापूर्वक काट रहे हैं। चारों ओर शरीरों के लोथड़े पड़े हैं और जो लोग सड़क पर हैं उसे देखते हैं और चले जाते हैं मैं चीखना चाहता हूँ पर मेरे दोस्त ऐसा करने से मना करते हैं, वे कहते हैं कि इससे कोई फायदा नहीं होगा। जब मैं यह कहता हूँ कि जो भी हुआ वह लोमहर्षक था और हत्यारों को दंड जरूर मिलना चाहिए, तब मुझे बताया जाता था कि यह सब करने का कोई मतलब नहीं है, क्योंकि आजकल कोई इस पर ध्यान

नहीं देता। मुझे यह भय भी था कि यदि मैं कुछ कहूँगा तो मैं इसका दूसरा शिकार बन जाऊँगा। हत्यारे हँसते हैं, वे जोर से ठहाका लगाते हैं—और मैं एक नपुंसक क्रोध के साथ चीखता हूँ।

ऐसी भावनाओं और शरीर की पीड़ा ने मुझे एक हद तक अवसादग्रस्त और कुंठित बना दिया। अब मैं अपने कुछ विक्षेपों से परिचित हो चला था। वे अब बड़े विकराल रूप में मेरे सामने थे और हर समय मुझे झकझोरते रहते थे।

समय बीतने के साथ योगाभ्यास द्वारा विश्राम के कारण और *ईश्वर प्रणिधान* (उच्च सत्ता के प्रति आत्मसमर्पण) के प्रयासों और गुरु के निर्देशन के सहारे मैं इन विक्षेपों से क्रमशः धीरे-धीरे उबरने लगा था। इनसे निपटने का एक ही तरीका था--पहले उनकी उपस्थिति को स्वीकार करो और फिर उनका सामना करो।

शुरू के दौर में कई दिनों तक मैं अपने को बहुत ही भूखा महसूस करता था और कभी-कभी यह भूख मर भी जाती थी। भूख वाले दिन मन खिन्न रहता था। कुछ दिनों तक मैं तीव्र यौनेच्छा (सेक्स) का भी अनुभव कर रहा था।

मैंने इन तीव्र भावनात्मक और शारीरिक जरूरतों के बारे में गुरु के साथ विचार-विमर्श किया। उन्होंने बताया कि योग के आरम्भिक चरण में ऐसा होना बड़ा स्वाभाविक है। इसलिए कई नौसिखिये योग को बहुत जल्दी छोड़ देते हैं। मैंने सोचा क्या योग से कोई हार्मोन सम्बन्धी बदलाव आता है? और क्या इसे वस्तुनिष्ठ ढंग से जाँचा जा सकता है?

मैंने योग में जैसे-जैसे प्रगति की; मेरा विक्षेपों के साथ लगाव और मूड में उतार- चढ़ाव धीरे-धीरे थम गया और मैं एक शान्त स्थिति में आ गया। इसके बाद एक ऊर्जा से भरा समय भी आया।

अगला चरण 'सहजता को आने दो' का कहा जा सकता है क्योंकि इस समय तक मैं धीरे-धीरे भावनाओं और अपने इर्द-गिर्द की घटनाओं को, बिना किसी तरह की प्रतिक्रिया दिये देखने में सफल हो गया था। मेरे गुरु ने एक तरह की साक्षी-दृष्टि अपनाने को कहा। इस चरण में मेरे विचार सामान्यतः धीमी गति के थे। मेरी बात करने या खाने या सोने की जरूरत भी घट गयी थी। मैं सहिष्णु हो गया था। मेरे अन्दर करुणा का विकास हुआ। मेरी ऊर्जा बढ़ गयी थी और मैं कम थकान महसूस करता था। इसके अतिरिक्त जब तक मैं एक परिस्थिति के सभी पहलुओं पर विचार नहीं कर लेता था तब तक अपने फैसले रोकने के लिए तैयार रहता था पर जब एक बार फैसला ले लिया तो उस पर फिर मैं कोई सवाल नहीं चाहता था। मैं खुद से यह कह सकता था—अगर मैंने गलत फैसला लिया तो क्या हुआ?

अब मुझे निर्णय लेने में दूसरों की राय की जरूरत नहीं रही। दूसरों को अपने कार्य को विस्तार से समझाना या दूसरों को दुख पहुँचाने वाले कार्य के लिए

क्षमायाचना की भी जरूरत नहीं रही। मैं कम भावनाप्रधान पर, अधिक स्वीकार करने वाला हो गया।

मेरी डायरी ऐसी घटनाओं से भरी है जो मुझमें हो रहे इस विकास की ओर संकेत करती हैं। *मैं एक बार अपने मित्र के निमन्त्रण पर उसे देखने गया था। जब मैं मित्र के आवास पर पहुँचा (एक अतिथिगृह) वह किसी दूसरे व्यक्ति के साथ बातचीत में व्यस्त था। उसने दूसरे कमरे में प्रतीक्षा करने को कहा। दस मिनट बीतने पर भी वह जब नहीं आया तो मैंने डायरी निकाली और लिखना शुरू कर दिया। पूरे दो घंटे बीतने के बाद वह आया और उसने बताया कि वह एक कठिन समस्या से जूझ रहा था। मुझे ऐसी स्थिति में कोई परेशानी नहीं हुई और हम आसानी से बातचीत में आगे बढ़ गये।*

पहले की स्थिति होती तो मैं शायद क्षुब्ध हो गया होता, मुझे गुस्सा भी आया होता और शायद मैं वापस लौट गया होता। मेरी, पत्नी के साथ बहस हुई। वह बहुत व्यथित हुई और अपने आप में सिमट गयी। मैं वैसा ही करता रहा मानो कुछ न हुआ हो, और मुझे व्याख्या करने या क्षमा माँगने की अनिवार्यता नहीं महसूस हुई (जैसी पहले निश्चित रूप से होती थी)।

वस्तुतः इस तरह के दृष्टिकोण अपनाने से मुझे पहले से कहीं ज्यादा जल्दी शान्ति मिलने लगी थी।

मेरा एक अन्तर्राष्ट्रीय ख्याति का एक गहरा मित्र था। एक दिन उसने फोन किया और कहा कि उसने एक भविष्यवक्ता से सलाह ली है; उसने कहा है कि वह यह नारियल जल में प्रवाहित करे—भविष्य के खतरे को रोकने के लिए। पहले मैं इस बात से परेशान होता और अपने मित्र को एक सम्मानित वैज्ञानिक होकर भी भविष्यवाचन पर विश्वास के लिए भला बुरा कहता और कोसता भी। पर अब हमने सौ किलोमीटर दूर चार बजे प्रातः उठकर छह बजे नारियल को प्रवाहित किया। हम स्कूल बच्चों की तरह चहकते रहे क्योंकि नारियल कीचड़ में फँस गया। हम घर से पचास किलोमीटर दूर थे, लोगों को प्रातःकालीन संध्या करते हुए देखते हुए।

आगे के दो सपने इस सहज स्वीकार करने की प्रवृत्ति को दर्शाते हैं :

एक पार्टी है। बच्चे खेल रहे हैं, इधर-उधर दौड़ रहे हैं। मैं भी खेल रहा हूँ। अचानक मैं अपने कुत्ते को शालीनता के साथ नृत्य करता पाता हूँ....

और।

मैं कुछ लोगों को तुरन्त काट कर गिराये गये पेड़ को ट्रक पर लादते हुए देख रहा हूँ। मेरा हृदय दुखी हो जाता है। अचानक ट्रक पर से ठीक मेरे सामने एक शेर कूदता है, ठीक मेरे सामने और चलते यातायात से लोग भयभीत हैं। मैं इस बात

से ज्यादा चिन्तित हूँ कि कहीं वह मेरे ऊपर हमला न कर दे। मैं उसे दुलारता हूँ और सड़क के पार जाकर सुरक्षित हो जाता हूँ।

'सहज रूप से जाने दो' वाले चरण में विचार मुझ तक ऐसे आते हैं मानो वे ताजे-ताजे मेरे मानस पटल पर कूद कर आ गये हों, बिना किसी कड़ी से जुड़े, जो अतीत की स्मृतियों या भविष्य की प्रत्याशाओं से जोड़ सके। इस चरण की एक विशेषता यह भी थी कि मेरा आन्तरिक सम्भाषण धीमा हो चला था। ये असम्बद्ध विचार मुझे अक्सर बड़े महत्त्वपूर्ण लगे और मैं उन्हें 'सूझ' कहूँगा। इस तरह की सूझ मुझे अपने विक्षेपों से निपटने में बड़ी मददगार थी। इसके कुछ उदाहरण इस तरह हैं:

– यह मेरे लिए अपमानजनक है कि मेरी प्रसन्नता दूसरों के कार्यों पर निर्भर हो। आज के बाद मैं खुद अपनी मानसिक अवस्था को तंय करूँगा।
– हम प्रायः दूसरों का समर्थन पाने के लिए बलिदान करते हैं। ऐसे बलिदान छिछले होते हैं। मुझे इस अनुमोदन या दूसरों की स्वीकृति की चाह की अनिवार्यता का त्याग करना होगा।
– यदि लोग आप पर कीचड़ उछालें–तब भी आपको अपना आदर करना चाहिए।
– जरूरी नहीं है कि विफलता की चेतना हानिकर हो क्योंकि यह आत्मार्पण की ओर ले जाती है, जो विफलता की अनुभूति को, निष्फल या बेअसर कर देता है।

योग के विभिन्न अंग एक-दूसरे के सहायक होते हैं। यदि आप यम और नियम का अभ्यास करते हैं तो आप मनो-शारीरिक अभ्यासों को नियमित रूप से करने के लिए तैयार होते हैं, जो आपको आत्म-चेतना विकसित करने में मददगार होंगे। वे आपको अपनी आदिम प्रवृत्तियों की सीमाओं को दिखायेंगे। यह चेतना आपको यम नियम के पालन के लिए प्रेरित करेगी।

मैंने 'उच्च चेतना' के विचार पर मन्थन किया किन्तु मेरे विचार किसी निष्कर्ष पर नहीं पहुँच सके। मैं भगवान की कोई धारणा नहीं बना सका। मुझे अन्दर से लगता है कि कोई उच्च सत्ता जरूर होनी चाहिए जिसने उस ब्रह्मांड को बनाया है जिसका मैं एक हिस्सा हूँ। पर यह ज्ञान कहाँ से आता है? यह उस कम्प्यूटर से पैदा होता है जो हमारा मस्तिष्क है। यह कम्प्यूटर कार्य-कारण सम्बन्ध मानता है। मान लें कि कारणता सत्य नहीं है, तब सृजन का प्रश्न ही नहीं उठेगा। बस, सब कुछ है।

इस ज्ञान के बारे में मुझे कोई सन्देह नहीं है। यदि मैं अपने अन्तर्ज्ञान पर शक करूँ तो एक प्रतिक्रिया-शृंखला शुरू होगी अपने सन्देह पर सन्देह करने की।

इसलिए इस ज्ञान को ज्यों का त्यों वहीं छोड़ दिया जाय, बिना इसकी वैधता के बारे में चिन्ता किये।

क्या उस उच्च चेतन की मुझमें कोई रुचि है? मैं इस ब्रह्मांड में एक छोटा सा कण हूँ। वह हमारी चिन्ता क्यों करेगा?

मुझे बताया गया है कि मैं भी उच्च चेतना हूँ। बस इसे मैं जानता नहीं हूँ। क्यों? क्योंकि मेरा अहं रास्ते में आ जाता है। इस अहं को किसने बनाया? इस अलगाव के खेल की जरूरत ही क्या है? मुझे बताया गया है कि एक चेतना अपने सुख के लिए अनेक में बँट जाती है। यह व्याख्या मुझे बेवकूफी लगती है।

जब भी मैं उच्च चेतना या ईश्वर के बारे में पढ़ता हूँ, तो मैं इस बिन्दु पर पहुँचता हूँ जहाँ केवल सिद्धान्त हैं, जो सभी, मानव मन को सन्तुष्ट करने के लिए हैं और उनकी सीमाएँ मानव मन की कमियों से उपजती हैं।

इस सन्दर्भ में यह प्रश्न निरर्थक है कि क्या एक उच्च चेतना है या नहीं, क्या ईश्वर है या नहीं? मैं इस शक्ति का स्पर्श कभी-कभी पाता हूँ पर यह मेरा विभ्रम भी हो सकता है। मैं मानता हूँ कि इस बारे में मैं पूरी तरह से गलत भी हो सकता हूँ। मुझे इस ब्रह्मांड की संरचना के सही या गलत होने या यदि कोई इसका सर्जक है तो उसके साथ सम्बन्ध साबित करने की अनिवार्यता नहीं है।

जब मैं व्यथित होता हूँ तो मैं प्रार्थना करता हूँ। जब कुछ अच्छा होता है मैं 'ईश्वर' को धन्यवाद देता हूँ। क्या यह, जैसा मैंने पहले जो कहा है, उससे असम्बद्ध है? तो वैसा रहे। यह आस्तिक और नास्तिक विभिन्न सिद्धान्तों से ज्यादा असम्भव नहीं होगा। हमारा मस्तिष्क निरपेक्ष या ऐबसोल्यूट के साथ व्यवहार के लिए उपयुक्त नहीं है। ऐसे में अपनी कुछ ऊर्जा को बचा कर जो अधिक सम्भव और सार्थक है उसमें क्यों न लगाऊँ?

मुक्ति, क्रोध, आसक्ति और सारी नकारात्मक विशेषताएँ जो बाँधती हैं, उनसे मुक्ति सम्भव है और सार्थक भी। यहाँ कोई गलतफहमी नहीं होनी चाहिए। मैं उन जीवन घटनाओं से बचना नहीं चाहता जिनसे ये भावनायें उपजती हैं। मैं सिर्फ यह चाहता हूँ कि दयनीय रहना छोड़ सकूँ।

क्या मैं समझता हूँ कि सचमुच मुक्ति क्या है? क्या मैं यह विश्वास करता हूँ कि मेरे अकेले के प्रयास से मुक्ति मिल सकेगी? नहीं! मैं अन्तर्ज्ञान से महसूस करता हूँ कि इस दिशा में कुछ और शक्तियाँ भी सक्रिय हैं। मुझे उन शक्तियों के कार्य की झलक बार-बार मिलती है। मेरे गुरु मेरे निकट आए जब मुझे उनकी सबसे ज्यादा आवश्यकता थी। यदि मैं इन शक्तियों के साथ लय में रहूँ तो ये शक्तियाँ मेरे साथ रहेंगी।

यह लम्बा उद्धरण जो लगभग शब्दशः मेरी डायरी से लिया गया है, कुछ

पाठकों को भावनात्मक प्रलाप लगेगा। फिर भी इसे यहाँ शामिल कर मुझे अच्छा लग रहा है। इससे इस बात का स्पष्ट संकेत मिलता है कि मेरा मन ईश्वर प्रणिधान की दिशा में किस तरह आगे बढ़ा।

× × ×

इस अध्ययन को शुरू करने के पहले मैं यह शिकायत करता था कि मेरे मित्रों को चमत्कारी अनुभव होते थे, पर वे मुझे कभी नहीं हुए। मैं इसे कुछ आत्मसंशय के साथ लिख रहा हूँ। इस अध्ययन के दौरान मुझे ऐसे अनुभवों की अधिक चेतना हुई जो आश्चर्यजनक संयोग या सचमुच की टेलीपैथी थे या असाधारण थे। सब कुछ केवल संयोग हो सकता है और मेरा तार्किक मन उन्हें उसी तरह देखना चाहता है। हालाँकि वे अनुभव तब भी होते हैं जब हमारा मन एक उच्च स्तर की निश्चल शान्ति की स्थिति में रहता है। सोचने की गति के धीमा होने और भावनात्मक प्रतिक्रियात्मकता का शमन होने पर बाह्य उद्दीपकों की ग्रहणशीलता बढ़ जाती है।

× × ×

मेरी अनुभव यात्रा का द्वितीय चरण, जिसे मैंने 'प्रवाह के साथ' नाम दिया था, निर्विघ्न आनन्द की अवस्था नहीं था। मैं बार-बार सन्देह और अनिश्चय से ग्रस्त होता था। मैंने पाया कि यह अवसर मेरे अभ्यास में लापरवाही से जुड़े थे। मैं इस बारे में स्पष्ट नहीं हूँ कि पहले कौन आयेगा—मेरे सन्देह या मेरे अभ्यास में शिथिलता। एक बात साफ है कम से कम मेरे बारे में; योगाभ्यास और उनसे उपजने वाले मानसिक अनुभव निरन्तर होने वाली प्रक्रिया नहीं हैं। मैं इस बारे में निश्चित नहीं हूँ कि यह बार-बार होने वाली शिथिलता स्वाभाविक क्रम है या योग की प्रक्रिया अपने स्वभाव से ही विच्छिन्न क्रिया है, कम से कम शुरू-शुरू में। मेरे गुरु ने इस बारे में कोई सुझाव नहीं दिया था। उन्होंने मुझे प्रतीक्षा करने और स्वयं अनुभव करने के लिए कहा।

मेरी पत्नी के प्रेक्षण

मैं यहाँ उनके ही शब्दों में उनके प्रेक्षणों का सार दे रहा हूँ।

"मेरे पति ने अपने गुरु द्वारा बताये गये अभ्यासों को पहले तीन महीनों तक बड़े नियमपूर्वक किया। इसके बाद उनके कार्य में एक अवस्था आई जब प्रयास में कमी आयी। यह निमहान्स में योग पर एक सेमीनार के बाद हुआ। मैंने पति के गुरु से राय ली और उन्होंने मुझे आश्वस्त किया कि ऐसे उतार-चढ़ाव स्वाभाविक हैं और साधना में स्थिरता की अवस्था आने में कई वर्षों का समय लगता है। उन्होंने कहा योग से उद्विकास (इवाल्यूशन) होता है न कि क्रान्ति (रिवाल्यूशन)।

तीन महीने और बीतने पर अभ्यास पुनः नियमित हुआ पर पहले की तुलना में उसकी तीव्रता कम थी।

मैं परिवर्तनों को दो आयामों के अन्तर्गत रखकर बताना चाहूँगी : में वर्णित करूँगी : अल्पकालिक बनाम दीर्घकालिक तथा सकारात्मक बनाम नकारात्मक।

उन दिनों जब मेरे पति अपने योगाभ्यास को सन्तोषजनक पाते थे। उनके साथ रहना सुखद था। लोगों की त्रुटियों के प्रति उनका स्वाभाविक चिड़चिड़ापन अनुपस्थित रहता था। छोटी त्रुटियों को क्षमा कर दिया गया। मूड की असंगतियाँ घट गयीं। वह अतीत या भविष्य की चिन्ता की अपेक्षा वर्तमान को अधिक समय देते थे। उन्होंने वह किया जो करणीय था और अच्छी तरह किया। इन्हें मैं अल्पकालिक सकारात्मक परिवर्तन के रूप में देखती हूँ।

सतत अभ्यास की अवधि के बाद उनकी अवस्था स्थिर हो गयी। वह अधिक सहिष्णु हो गये और अस्तित्व के व्यापक प्रश्नों को समझने लगे। वह अपने अतीत में झाँककर कहते थे कि कुछ घटनाओं के प्रति उनकी विक्षोभ की प्रतिक्रिया अतिरेक-पूर्ण थी। बिना अतीत या भविष्य की बात किये वह वर्तमान क्षण में रह सकते थे। ये कुछ दीर्घकालिक सकारात्मक परिणाम थे, जिन्हें मैंने देखा था।

कुछ नकारात्मक परिणाम भी थे। पर वे ज्यादा दिन नहीं टिके। जिन दिनों मेरे पति के अभ्यास ठीक से नहीं हुए वे अधिक अधीर और चिड़चिड़े रहते थे। कुछ घटनाओं के प्रति उनकी प्रतिक्रिया इस अध्ययन को शुरू करने के पहले की स्थिति की तुलना में अधिक तीव्र हो गयी थी।

एक वर्ष तक अपने पति के अभ्यास को देखने पर मैं इस निष्कर्ष पर पहुँची कि योग के नियमित अभ्यास से उनके व्यक्तित्व के सकारात्मक पक्ष बढ़े हैं तथा नकारात्मक पक्ष घटे हैं। परन्तु व्यवधान, अनभ्यास से कहीं अधिक घातक था। मैंने यह भी पाया कि जीवन के मुख्य निर्णय योगाभ्यास के आरम्भिक दिनों में नहीं लेने चाहिए क्योंकि तब व्यक्ति का व्यक्तित्व अस्थिर रहता है। मैंने यह निष्कर्ष निकाला कि मेरे पति जीवनपर्यन्त योगाभ्यास करते रहेंगे।"

गुरु की टिप्पणियाँ और सुझाव

मेरे गुरु मेरी यात्रा में इतने अनिवार्य थे कि मेरा यह विवरण अधूरा ही रह जायेगा यदि मैं अपने प्रयास पर और उस प्रक्रिया में अपने जीवन पर, उनके प्रभाव का वर्णन न करूँ। मुझे यह कठिन और ढिठाई लगती है कि मैं एक ऐसी चेतना के बारे में बात करूँ जो मुझसे अधिक विकसित है, पर मैं प्रयास कर सकता हूँ। मेरे गुरु मेरी दैनिक डायरी और स्वप्न डायरी के हाशिए पर टिप्पणी लिखते थे। ये टिप्पणियाँ उनके दृष्टिकोण को व्यक्त करती हैं और अधिकतर उन्हीं के शब्दों में हैं।

— *तुम्हारा गुरु तुम पर उससे अधिक विश्वास करता है जितना तुम खुद अपने पर करते हो।*
— *'न्याय' और 'अन्याय' प्रकृति पर मानस के आक्षेप हैं। ये सापेक्ष हैं और होते*

रहते हैं।

— निरुद्देश्य जीवन एक दारुण जीवन होता है। यह मत भूलो कि तुम्हारे संकल्प की गुणवत्ता पर तुम्हारे जीवन की गुणवत्ता निर्भर करती है। एक साधक को अपने संकल्प को सदा याद रखना चाहिए। कसौटी यह नहीं है कि उसने कितनी साधना की है, बल्कि उसका अपना संकल्प कितना सजीव है।

— मैं तुम्हारे द्वार पर निरन्तर प्रतीक्षा में खड़ा हूँ, पर तुम्हारे द्वार अक्सर बन्द रहते हैं। भय न खाओ, क्योंकि वास्तव में मैं ही तुम हो।

— याद रखो, जहाँ विश्वास होगा वहाँ संशय भी जरूर होगा। इसी तरह पीड़ा और आनन्द सदैव सम्पृक्त यानि एक-दूसरे से जुड़े रहते हैं। परन्तु जहाँ ज्ञान है वहाँ कोई संशय नहीं होगा।

— विश्वास करना बुद्धिप्रेरित, असत्य और परिवर्तनशील है। ज्ञान-अवगत होना है—वह अपरिवर्तनीय है। दुख तब शुरू होता है जब हम इन दोनों को पहचानने में भूल करते हैं।

— साधना, इच्छापूर्वक अर्थात् जानबूझकर सब कुछ में सन्देह करने का साहस है ताकि वास्तविक सत्य को पाया जा सके। विश्व वह नहीं है जैसा मैंने सोचा था। मैं भी वह नहीं हूँ जिसे मैंने सोचा था कि मैं यह हूँ। नेति-नेति। एक साधक में इस प्रक्रिया की पूर्ति के लिए बड़ा साहस होना चाहिए। अन्त में सत्य और अपरिवर्त्य ही अपनी गरिमा के आलोक में खड़ा मिलता है—तब एक आन्तरिक चमत्कार की गरिमा आवरण हटा कर सामने आती है। विश्वास की बदलती तरंगों के साथ उठापटक नहीं, वरन एक सर्वव्यापी निश्चय ही महत्त्वपूर्ण है जिसे कोई लेखनी आज तक परिभाषित नहीं कर सकी।

— धीरज धरो। तुम अभी भी तैयारी कर रहे हो, तत्पर होकर और प्राप्तव्य की ओर प्रयाण के लिए आरम्भ करते हुए। नींव अभी भी नहीं पड़ी है। विश्राम करो, विश्राम करो। बहुत दिनों तक तुम मुझे नहीं समझोगे, पर इससे कुछ नहीं होता। तुम्हें मुझमें भरोसा करना होगा—तुम्हारा अपना स्व।

— आशा मुनष्य की पीड़ा का सबसे बड़ा स्रोत है। यह विश्व, समाज, सामाजिक सम्बन्धों को परिभाषित करने की उसकी चेष्टा है। जितनी ज्यादा प्रत्याशा होगी उतना ही ज्यादा पतन, कुंठा और व्यथा भी होगी। मनुष्य की कुछ महानतम प्रत्याशाओं में से कुछ आध्यात्मिक जीवन, उसकी परम्पराओं और उसके गुरुओं से जुड़ी हैं। सावधान रहो।

— अपने को जानना—आत्मबोध एक अर्थ में पूर्णतः अपरिभाषित रहने की क्षमता है।

— पति और पत्नी साथ-साथ उड़ते दो पक्षी हैं। यदि उन्हें बाँध दो तो वे उड़ नहीं पायेंगे, हालाँकि उनके पास चार पंख हैं।

- *सत्य यह है कि तुम वही हो जिसे तुम खोज़ रहे हो।*
- *एक साधक का जीवन नदी के समान बहता है—चीजों को वैसे ही होने देता है जिस रूप में उन्हें होना चाहिए।*
- *मैं तुम्हारे सुखों से प्रसन्न हूँ पर मैं चाहूँगा कि तुम मुझे उस कूड़ेदान की तरह लो जिसमें वह सब डाल दो जिसे तुमने कभी चाहा नहीं था या जिसकी जरूरत नहीं थी।*
- *पूर्ण अर्पण! या तो अपने जीवन को पूर्णतः खुद सँभालों या फिर ईश्वर को करने दो। स्वतन्त्रता का विस्मरण ही दुख है।*
- *स्वतन्त्रता का अर्थ है, अपनी आवश्यकताओं को स्वयं अपने द्वारा, अपने माध्यम से सन्तुष्ट करने की क्षमता। ऐसे व्यक्ति अपने आप में सन्तुष्ट रहते हैं। वे दूसरों से कुछ भी न चाहते हैं, न आशा करते हैं, और न अपेक्षा करते हैं। उनकी अपनी कोई माँग ही नहीं रहती और इसलिए मित्र बनाना और रखना सरल हो जाता है।*
- *बहुत लोग ईश्वर की प्रार्थना करते हैं मानो सब कुछ उसी पर निर्भर है पर व्यवहार ऐसा करते हैं मानो सब कुछ खुद उन पर निर्भर है।*
- *विफलता; भक्ति और प्रेम की माता है और इसलिए उससे उपजती है उच्चस्तर के बोध की ग्रहणशीलता। सफलता के प्लेटफार्म से वस्तुतः तुम कुछ ज्यादा नहीं सीख सकते।*
- *अहं से रहित व्यक्ति कभी अपमान नहीं अनुभव करता। तब तक उसे यह प्रार्थना करनी चाहिए कि उसका अपमान हो—एक बार प्रतिदिन।*
- *एक नियम है जिसके साथ कोई समझौता नहीं हो सकता—चाहे कोई कितना ही चतुर क्यों न हो। वह नियम है—तुम वही पाते हो जो तुम देते हो। सब कुछ दे दो और सर्वस्व पा लो। यदि तुम केवल थोड़ा ही देना चाहते हो तो यह ठीक है पर अधिक की आशा न करो। सब कुछ के ऊपर शिकायत भी मत करो।*
- *श्रद्धा, विश्वास, उसमें विश्वास नहीं कि हम क्या होने की अभिलाषा करते हैं बल्कि क्या हो चुका है या हो रहा है, उसमें स्वार्थ या किसी अन्य प्रयोजन के बिना विश्वास। बहुत थोड़े से लोग इस तरह की श्रद्धा को समझ पाते हैं—जिसे पूर्ण स्वीकार के रूप में जाना जाता है।*

एक वर्ष के योगाध्ययन के कुछ निष्कर्ष

सुनिश्चित निष्कर्षों के लिए एक वर्ष की अवधि बहुत कम होती है। फिर भी हमें कहीं न कहीं से शुरू तो करना ही होगा और एक वर्ष के बीतने पर अन्त में ये मेरे कामचलाऊ निष्कर्ष हैं। सम्भवतः मेरे आगे के अनुभवों के आलोक में इसमें

बदलाव भी आ सकता है।

सचेत या अवगत होना महत्त्वपूर्ण है। सभी यौगिक अभ्यास; हम क्या कर रहे हैं, हमारे मन में और हमारे चतुर्दिक क्या हो रहा है इसकी चेतना को बढ़ाने की विधियाँ हैं। आमतौर पर हमारा व्यवहार बाहर की घटनाओं के प्रति, क्रिया और प्रतिक्रिया के रूप में घटित होता है। इस तरह का प्रतिक्रियात्मक जीवन बड़ा स्वाभाविक लगता है, पर यह उस बाध्यता को छिपा लेता है जो हमारे नियन्त्रण से परे है। यह 'बाध्यता' इच्छा का महत्त्व घटा देती है, या स्पष्ट रूप से कम कर देती है और निर्णयों, गलतियों को बढ़ा देती है।

सभी योगाभ्यासों का दूसरा लक्ष्य हमें अपने कामों और विचारों को सुविचारित ढंग से करना सिखाना है। योग के आसन हमें अपने शरीर की मुद्राओं तथा गतियों के बारे में बताते हैं, ध्यान हमारे अपने विचारों से अवगत कराता है और प्राणायाम हमें अपने श्वास से परिचित कराता है।

इस तरह अवगत होना, हमें खुद अपने आप को पढ़ने और समझने में सहायक होता है। अध्ययन के दौरान मैं अपनी सकारात्मक और नकारात्मक, शारीरिक और मानसिक दोनों तरह की खामियों और अच्छाइयों से रूबरू हुआ, जिन्हें मैं पहले नहीं जानता था। मैंने अपने उतावलेपन, प्रतिक्रियाशीलता, ईर्ष्या, आत्मसंशय, चिन्ताओं, और शारीरिक गड़बड़ियों को देखा। शुरू-शुरू में इस तरह अपनी पोल खुलते देखना खराब लगा। पहले दो महीनों में मैं डरा, सहमा, अवसन्न, प्रसन्न होता रहता था। मूड में ये परिवर्तन प्रायः असह्य थे। मेरे गुरु ने समझाया कि ये बदलाव मेरी चेतना के विस्तार के परिणाम हैं और यह स्वाभाविक घटना है, हम दोनों ओर हिलते डुलते हैं, पेंडुलम के विराम की स्थिति में या स्थिर होने के पहले।

समय बीतने के साथ चेतना विश्रान्तिदायक हो जाती है। यह अंशतः इसलिए होती है कि अभ्यासों का भौतिक प्रभाव पड़ता है जो दैहिक विश्राम पैदा करता है और अंशतः इसलिए भी कि हम यह अनुभव करते हैं कि हमारे पास कोई विकल्प नहीं है—हमें आन्तरिक और बाह्य जगत के साथ निपटना है। सामान्य जीवन में आदमी इन अनुभवों से बचने का प्रशिक्षण पाता है, पर योग में पलायन का इस तरह का अवसर नहीं होता है। यह सीमा एक दृढ़ इच्छाशक्ति विकसित करती है जो हमें आंतरिक और बाह्य यथार्थ से निपटने में सहायक होती है।

यह विश्रान्ति वाली चेतना और बढ़ी हुई इच्छाशक्ति, अतीत और भविष्य के बारे में सोच-विचार को घटा देती है और वर्तमान पर ध्यान को अधिक केन्द्रित करती है, यहाँ और अभी। वर्तमान के साथ सघन निकट सम्पर्क, आह्लाद और प्रसन्नता के भाव पैदा करता है। निर्णय लेने में अधिक आत्मविश्वास और स्पष्टता रहती है, और व्यक्ति (अतीत-भविष्य की सोच से मुक्त) सहज हो जाते हैं। आत्मविश्वास

और स्पष्टता हल्कापन और अधिक ऊर्जा की अनुभूति लाते हैं।

कालहीनता, प्रसन्नता, इच्छा-शक्ति, आत्मविश्वास तथा सहजता की स्थिति के साथ आती हैं और शायद ये सब एक ही प्रक्रिया के भिन्न पक्ष हैं। विश्राम करने से अधिक ऊर्जा विश्रान्ति आती है। इससे हम शरीर से कम थकते हैं और हमारी नींद और भूख की जरूरतें भी कम हो जाती हैं। मेरी नींद 4-5 घंटे की थी, और मेरा वजन 10-15 पौंड घट गया था, क्योंकि मैं कम खाता था। बाध्यतापूर्वक अधिक भोजन करने की प्रवृत्ति जो चिन्ता तथा तनाव में मेरी स्वाभाविक प्रतिक्रिया है क्रमशः घटती गयी।

वर्तमान पर ध्यान केन्द्रित करने की बढ़ी हुई क्षमता हमारी चेतना के विस्तार को सम्भव बनाती है और हम अपने परिवेश से वे संकेत भी ग्रहण करने लगते हैं; जिन्हें हम पहले उपेक्षित कर चुके हैं। फलतः हम उन घटनाओं के बीच भी आपस में सम्बन्ध देखते हैं जो अन्यथा बेतरतीब और असम्बद्ध लगती हैं। यह बढ़ी हुई संवेदनशीलता कि अपने चतुर्दिक क्या हो रहा है? इतनी तीव्र गति से होती है मानो चमत्कार हो रहा हो। अपनी बढ़ी हुई ऊर्जा के कारण हम अपने स्वार्थों से बाध्य नहीं रहते। हम दूसरों पर भी उतना ध्यान देते हैं जितना अपने पर। दूसरे शब्दों में हमारी करुणा बढ़ जाती है।

घटनाओं की विश्रान्त स्वीकृति हममें एक निर्वैयक्तिक इच्छा जगाती है कि सब कुछ ईश्वर पर न्यौछावर कर दें। हम इन घटनाओं की अधिकाधिक संगति में कार्य करने लगते हैं और उन्हें नियन्त्रित करने की इच्छा भी कम हो जाती है। 'जाने दो, छोड़ो' के दृष्टिकोण की क्षमता हमें और विश्राम देती है और इस प्रकार एक निरन्तर चलने वाली परस्पर जुड़ी कड़ियों वाली एक प्रक्रिया बलवती हो जाती है। विश्रान्ति से अवगत होने की चेतना में वृद्धि होती है, जो वर्तमान से जुड़ने-डूबने की ओर ले जाती है, इससे इच्छा-शक्ति बढ़ती है, और स्पष्टता और निर्णय में विश्वास आता है। फलतः सभी वस्तुओं के अन्तःसम्बन्ध की व्यापक समझदारी या बोध विकसित होता है।

इस अध्याय में मैंने पतंजलि के योगसूत्रों में वर्णित योग के आन्तरिक पक्ष को केन्द्र में रखा था। शायद एक वर्ष में मैं अपने विक्षेपों से मुक्त हो सका हूँ। कैवल्य और मुक्ति दोनों स्तर पर समाधि की स्थिति तक पहुँचने का मेरा अनुभव नहीं रहा। मैंने यह जरूर पाया कि योग प्रसन्नता, सृजनात्मकता, समझदारी, ऊर्जा, करुणा जैसे अनिर्वचनीय स्वस्तिभाव को बढ़ाने में योगदान करता है।

मैंने सोचा था कि एक वर्ष का मेरा अध्ययन ऐसे सुझाव देगा जिन्हें मैं अपने नैदानिक काम में उपयोग में ला सकूँगा। मुझे ऐसा प्रतीत होता है कि इस बात में मतभेद होगा कि किस योग तकनीक से योगाभ्यास का आरम्भ करें। मुझे यह भी

लगता है कि अलग-अलग तकनीकें भिन्न-भिन्न मनोरोगों के लिए उपयुक्त होंगी। जैसे ध्यान या मेडीटेशन हाइपोकांड्रियासिस के लिए ठीक होगी—अपने शरीर पर ध्यान को कम करने और अहं की सीमाओं ढीला, रिलैक्स करना लोगों की चिन्ता को घटायेगा। प्राणायाम अवसाद (डिप्रेशन) के लिए लाभकर होगा। आसन शरीर पर ध्यान केन्द्रित करते हैं न कि विचारों पर और यह तकनीक शीज्चायड लोगों के लिए हितकर होगी। योग निन्द्रा रैखिक वाचिक (लीनियर बर्बल) ढंग से सोचने से अलग अनुभव के ढंग में परिवर्तन लाती है और छबियों और दृश्यों की ओर ले जाती है। यह मनोग्रस्तता बाध्यता के रोगियों के लिए अच्छी होगी। ये सभी विचार अधकचरे हैं और भविष्य के शोध की परिकल्पनाएँ प्रस्तुत करते हैं।

सभी यौगिक अभ्यास हमें अपने आप को समझने की क्षमता को बढ़ाते हैं और इस तरह आन्तरिक संघर्षों को सुलझाते हैं तथा वे न्यूरोटिक प्रवृत्तियों को घटाते हैं। अवाचिक चेतना जो योगाभ्यास से सुदृढ़ होती हैं—सम्भवतः मस्तिष्क के दायें गोलार्ध को अधिक प्रभावित करती है और वाचिक कौशलों पर ज्यादा निर्भरता को सुधारती है। यह मेरी अवधारणा है जिसके लिए आगे शोध आवश्यक होगा।

योग का वास्तविक उद्देश्य मुक्ति है—अपने समग्र अस्तित्व का बलिदान—जिसे छोड़ने के लिए अधिकांश लोग तैयार नहीं होते हैं। यह सम्भव है कि एक व्यक्ति जो स्वीकृत शारीरिक और मानसिक अभ्यासों में पर्याप्त प्रगति कर चुका हो तो उसमें यमों तथा नियमों के पालन की इच्छा और योग्यता बढ़ेगी। शायद यह जरूरी है कि मुक्ति की कामना हेतु भी व्यक्तित्व और रुझान सही हो। योग सूत्र और पारम्परिक भारतीय चिन्तन यह दावा करते हैं कि पूर्व जन्म का प्रभाव बहुत महत्त्वपूर्ण है। शायद ऐसा है भी; पर इस विषय से मैं अपरिचित हूँ अतः मैं इस पर चर्चा नहीं करूँगा।

यद्यपि मेरे प्रयोग की सीमाएँ थीं, एक वर्ष के योगाभ्यास के अनुभवों ने मुझे साधुओं और संन्यासियों के अध्ययन का एक अच्छा आधार उपलब्ध कराया जिसे मैं करना चाहता था।

भाग-2

साधु-संगति

5

लक्ष्य और स्थान

संन्यासियों के अध्ययन के प्रति मेरा दृष्टिकोण एक वैज्ञानिक का, एक अविश्वासी का था, पर उसके साथ जुड़ी थी साधु जीवन का अर्थ तलाशने की एक तीव्र मानवीय इच्छा। मैं यह जानना चाहता था कि क्या साधु और संन्यासी जो एक आनन्द की स्थिति में रहने का दावा करते हैं, सचमुच में भी वैसे ही हैं?

इस खोज में मेरी रुचि के कुछ और भी कारण थे। रहस्यवादी अनुभवों के अध्ययन में भी मेरी रुचि थी। ऐसे अनुभवों के कई वर्णन मैंने पढ़ रखे थे और यह भी जानता था कि कुछ खास परिवेशीय दशाओं में उन्हें इस हेतु उद्यत किया जा सकता है। यह सबको विदित है कि संन्यासी इस तरह के अनुभव को पाने के लिए विशेष तरह के अभ्यास करते हैं। मैं उन्हीं से उनके ऐसे अनुभवों का वर्णन सुनना चाहता था और उन अनुभवों को पाने में प्रयुक्त विधियों के बारे में अधिक जानकारी पाना चाहता था।

मैं सिद्धियों के बारे में भी जानना चाहता था और उन विशिष्ट शक्तियों के बारे में भी जिनकी चर्चा योग सूत्रों में की गयी है, जैसे उड़ने की क्षमता, अन्तर्धान हो जाने या हाथी जैसी शक्ति पा जाने की क्षमता। वस्तुतः पतंजलि के 196 योग सूत्रों में से 55 मुख्य रूप से पर इन सिद्धियों की चर्चा करते हैं। कुछ संन्यासी सिद्धियों या ऐसी शक्तियों को रखने का दावा भी करते हैं। मैं यह जानना चाहता था कि क्या संन्यासी सचमुच ऐसी शक्ति रखते हैं जो उन्हें भौतिक शास्त्र के ज्ञात नियमों से परे जाकर काम करने में सक्षम बनाती हैं?

साधुओं में मेरी रुचि का अन्तिम कारण मेरे मनोचिकित्सक के व्यवसाय से जुड़ा था। भारत में मेरा पालन पोषण होने के कारण मैं यह जानता था कि कई लोग अपनी भावनात्मक समस्याओं को सुलझाने के लिए साधुओं और संन्यासियों के पास जाते हैं न कि व्यावसायिक मनोचिकित्सकों के पास। साथ ही, मैं यह भी जानना चाहता था कि क्या शीजोफ्रेनिक लोग इस कठिन मानसिक रोग से योग की सहायता से पार पा सकते हैं। मैं जानना चाहता था कि क्या कुछ ऐसा है जिसे

मैं सन्यासियों से सीख सकता हूँ, जो मुझे और मेरे मनोचिकित्सा के व्यवसाय के साथियों को अच्छा मनोचिकित्सक बनाने में लाभप्रद हो।

यह एक महत्त्वाकांक्षी योजना थी और मैं पचीस वर्षों से इस पर जुटा हुआ था। हर साल मैं हिमालय में एक महीने संन्यासियों के साक्षात्कार करने में व्यतीत करता था जिनमें से कुछ ऊँची पहाड़ियों पर रहते थे ताकि वे अपने अभ्यास निर्बाध ढंग से कर सकें।

× × ×

हिन्दू धर्म में परम्परा से मनुष्य जीवन को चार चरणों या आश्रमों में विभक्त किया गया है—बाल्यावस्था, गृहस्थ, वानप्रस्थ और संन्यास। विवाहोपरान्त और बच्चे पैदा होने के बाद जो जीवन में स्थापित हो चुके हैं, उन्हें संन्यास धारण करके तथा घर छोड़ कर जंगल में कुटी में रहना चाहिए और ध्यान लगाकर भौतिक जंजाल और ऐशो-आराम से अपने को दूर कर लेना चाहिए। जब वह ऐसे बिन्दु पर पहुँच जाय, जहाँ उसके सारे भौतिक बन्धन टूट गये हों तब वह जंगल छोड़कर साधु हो जाता है : गृहहीन घुमन्तू, साधारण चीजों से विरक्त और चल पड़ता है मोक्ष की खोज में—अन्तिम मुक्ति के लिए। यह सामान्य न होने पर भी कुछ के द्वारा अपनायी गयी और स्वीकृत जीवन-शैली है।

मैंने अपनी हिमालय की यात्रायें प्रायः अप्रैल तथा मई के महीनों में की हैं। यह समय अनेक हिन्दुओं की तीर्थ यात्रा का समय होता है। मैं लगभग सौ साधुओं और कुछ साध्वियों से मिला हूँ जो यात्री संन्यासी थे या समानधर्मी लोगों के साथ आश्रम में रह चुके थे। साथ ही मैंने दक्षिण भारत के अपने गृह क्षेत्र में रहने वाले साधुओं का भी साक्षात्कार किया।

कुछ ऐसे साधु जिनका मैंने साक्षात्कार किया, वे परम्परा का पालन कर रहे थे। वे गृहस्थी के दायित्वों को पूरा कर, जानबूझ कर अपनी जीवन-यात्रा के अन्तिम चरण में प्रवेश कर रहे थे। वास्तव में ये ऐसे सन्यासी थे जो आरम्भिक चरणों को पूर्ण कर युवावस्था में ही सन्यासी हो गये थे। वे इसे अपनी नियति मान चुके थे। मेरी खास रुचि इस बात में थी कि संन्यासी किस तरह की जीवन-शैली को चुनते हैं? तथा क्या यह चुनाव उनके बाल्यावस्था के अनुभव अथवा क्या किसी खास विपत्ति वाली घटना या कष्ट या त्रासदी से पैदा हुआ था?

मैं साधु और संन्यासी शब्दों की परिभाषा देना चाहता हूँ। 'साधु' और 'संन्यासी' इन शब्दों का निर्माण निश्चय ही भिन्न धातुओं से हुआ है। कुछ कहते हैं इनमें अन्तर यह है कि एक संन्यासी दीक्षित होता है, उसे औपचारिक शिक्षा मिलती है जबकि एक साधु इनसे नहीं गुजरता है। मेरे अनुभव में दोनों शब्द एक-दूसरे के स्थान पर भी प्रयुक्त होते दिखे। कई विद्वानों के अनुसार संन्यासी वह है जो अपने परिवार

और घर से नाता तोड़ चुका है। जीवन की नई शैली में औपचारिक प्रवेश के लिए गुरु से दीक्षा ले चुका है। वह जिस पद्धति में है उसमें बताये गये दैनन्दिन अनुष्ठानों का पालन करता है, उसके पथ के चिह्नों को धारण करता है और निर्धारित वस्त्र पहनता है, ब्रह्मचारी रहता है, कुछ वस्त्र और चिह्न जो उसे संन्यासी घोषित करते हैं, उसके अतिरिक्त उसका कोई निजी सामान नहीं होता। वह रुपये पैसे कमाने के कार्य में शामिल नहीं होता और दूसरों के उपार्जन पर ही निर्भर करता है। वह घुमन्तू जीवन या मठ का जीवन एक आश्रम में—दीक्षा के साथ जैसा निर्णय लिया गया हो, व्यतीत करता है।

ये संन्यासियों के कुछ सामान्य लक्षण हैं। पर ऐसी जटिल और लम्बी परम्परा में यह आश्चर्यजनक नहीं है कि इन सबके अपवाद भी हों। उदाहरण के लिए घरबारी साधु वे हैं जो औपचारिक रूप से दीक्षित हैं पर एक गृहस्थ का जीवन जी रहे हैं। स्वामी नारायण सम्प्रदाय जैसे सम्प्रदाय के ऐसे साधु भी हैं जिनके पास खेत हैं, वे निवेश करते हैं और अपने अर्जन पर जीवित हैं। उनके अपने आधुनिक आश्रम भी हैं जो धनार्जन करते हैं। उनका दावा है कि धन जनकल्याण के लिए है न कि अपने स्वयं के लाभ के लिए। ऐसे साधु भी हैं जिन्होंने कोई दीक्षा नहीं ली है और शिव को अपना प्रत्यक्ष गुरु मानते हैं। निश्चय ही संन्यास आरम्भ से ही भारतीय सभ्यता का एक महत्त्वपूर्ण हिस्सा रहा है।

संन्यास की परम्परा आर्यों से पहले की परम्परा हो सकती है और यह भी माना जाता है कि घुँघराले बालों की योगमुद्रा वाली मृण्मूर्तियाँ जो 3000 वर्षों पुरानी हड़प्पा-संस्कृति में खुदाई में मिली हैं संन्यासियों को ही चित्रित करती हैं। इस सिद्धान्त के अनुसार आर्यों में पहले की परम्परा ही बाद में ब्राह्मण-संस्कृति में शामिल हो गयी और संन्यास, जीवन यात्रा में चार चरणों में अन्तिम चरण के रूप में स्थापित हो गया। ऋग्वेद संहिता, ब्राह्मण, उपनिषद, धर्मशास्त्र, धर्मसूत्र तथा महाकाव्यों जैसे महाभारत और रामायण आदि ग्रन्थों में संन्यासियों और साधुओं का उल्लेख मिलता है। इसके अतिरिक्त अन्य कथाओं और नाटकों में भी संन्यासी की जीवन-पद्धति का वर्णन मिलता है।

संन्यासियों के तीन मुख्य उपविभाग हैं : *वैष्णव*—जो विष्णु की अर्चना करते हैं (विशेषतः राम और कृष्ण के अवतारों की), *शैव*, जो शिव की पूजा करते हैं और *शाक्त* जो स्त्री शक्ति की उपासना करते हैं। इनमें से प्रत्येक सम्प्रदाय कई समूहों में और हर समूह के कई अनेक उपसमूह हैं। प्रत्येक उपसमूह भी कई अन्य समूहों में विभक्त हैं। सभी समूहों को मिलाने पर यह संख्या शायद कई हजार या उससे भी ज्यादा हो जायेगी। मोटे तौर पर वैष्णव माथे पर सीधा तिलक विभिन्न रूपों में अंकित करते हैं। वे शरीर के विभिन्न भागों पर विष्णु के चिह्न और श्वेत वस्त्र

धारण करते हैं। शैव एक पड़ी रेखा में तिलक लगाते हैं और गेरुआ वस्त्र पहनते हैं। शाक्त भी गेरुआ वस्त्र पहनते हैं तथा पड़ी रेखा वाला तिलक थोड़े भिन्न प्रकार से लगाते हैं। शैवों में दशनामी साधु प्रमुख हैं। इस समूह को शंकराचार्य द्वारा आठवीं शताब्दी में ईसा पूर्व में एक व्यवस्थित रूप दिया गया। दशनामी समूह के दस प्रकार हैं : गिरि, पुरी, भारती, वन, पर्वत, अरण्य, सागर, तीर्थ, आश्रम, तथा सरस्वती। इनके उपपंथ का नाम उसे उप पंथ के एक साधु के दिये नाम पर होता है। वैष्णवों में श्री सम्प्रदाय सबसे प्राचीन है और रामानुज से जुड़ा है जिसका अनुमानित समय 1000 वर्ष ईसापूर्व का है। ये साधु प्रायः ब्राह्मण मूल के हैं और संस्कृत तथा हिन्दू शास्त्रों के आचार्य होते हैं। वे दूसरों की अपेक्षा अपने को श्रेष्ठ मानते हैं।

रामानन्दी सम्प्रदाय के साधु अपने को स्वामी रामानन्द से जोड़ते हैं—रामानन्द एक क्रान्तिकारी साधु थे, जिन्होंने स्त्रियों और निम्नजाति के लोगों को भी दीक्षा दी थी। ये लोग राम और कृष्ण के उपासक हैं। तुलसीदास और कबीर रामानन्दी साधु थे। भक्ति उनकी साधना का प्रमुख रूप है।

वैष्णव और शैव की, वीर साधु या नागा शाखाएँ भी हैं जो संन्यासी समूहों की रक्षा में लगी रहती है। वे विभिन्न अखाड़ों में या तीर्थ स्थानों पर रहते हैं और उनके दीक्षा की एक कठोर और लम्बी अनुष्ठान प्रक्रिया है। वे या तो दिगम्बर (निर्वस्त्र घूमने वाले) होते हैं या श्वेताम्बर (श्वेत वस्त्र धारण करने वाले)। वे प्रायः आक्रामक होते हैं और एक दूसरे से लड़ते रहते हैं। 1998 में मैं जब हरिद्वार गया तो मैंने निरंजनी और जूना अखाड़ों के सदस्यों के बीच लड़ाई के बाद का परिणाम देखा। उन्होंने एक-दूसरे की सम्पत्ति को नष्ट कर दिया तथा एक दूसरे की बहुमूल्य वस्तुओं को गंगा में फेंक दिया। यह वह स्थान था जहाँ तीर्थयात्री स्नान करते हैं। उस स्थान को सरकारी कर्मचारियों ने यात्रियों के लिए बन्द कर दिया था जब तक कि वहाँ की गन्दगी को साफ नहीं कर लिया गया था।

मैंने कुछ संन्यासियों का ऋषिकेश में भी साक्षात्कार किया; यह साक्षात्कार कुछ पवित्र स्थलों की यात्रा के दौरान हुआ और कुछ संन्यासियों से मैं तब मिला जब 12-15 हजार फीट की ऊँचाई पर ट्रेकिंग कर रहा था। इनमें से अधिकांश संन्यासियों ने मेरी खोज में सहयोग किया हालाँकि वे मेरे उद्देश्य को ठीक से नहीं समझ पा रहे थे। ऐसे बहुत थोड़े संन्यासी थे जिन्होंने बात करने से मना किया। मैंने शुरू में खोज का एक लचीला रूप रखा। यह साक्षात्कार अनुसूची समय के साथ सुधरती गयी, खासतौर पर जब मैंने अपने कनाडा के सहयोगियों के साथ काम करना शुरू किया और हम शोध के कुछ मुद्दों पर सहमत हो गए। हमारा ज्यादातर वार्तालाप अनौपचारिक और मुक्त था। साक्षात्कार दो से चार घंटे तक चलता था। कभी-कभी मैंने ज्यादा समय, संन्यासियों के साथ रहते हुए उनके आश्रम या ऊँची पहाड़ी पर

बनी उनकी सीधी-सादी कुटी में बिताया। सभी आवभगत में उदार थे, मुझे याद नहीं है कि किसी ने मुझसे धन माँगा हो, हालाँकि मैं बाद में खुद जाकर उन्हें कुछ न कुछ उपहार दे आता था।

मैं इस साक्षात्कार में कुछ महत्त्वपूर्ण विषयों को अवश्य सम्मिलित करता था। पहला, व्यक्ति का जीवन् वृत्त। मैं उनके परिवार की आर्थिक-सामाजिक स्थिति, परिवार में आपसी रिश्ते, साक्षात्कार किये जा रहे व्यक्ति के अपने भाई-बहनों से रिश्ते के बारे में पूछता था। एक बच्चे के रूप में उनके साथ कौन सी त्रासदी हुई थी, और उसका उनके ऊपर क्या प्रभाव पड़ा?

दूसरा, मैं आध्यात्मिकता के क्षेत्र में उनकी उपलब्धि के बारे में पूछता था। क्या उनमें आध्यात्मिकता की जीवनपर्यन्त रुचि बनी हुई थी? क्या कभी आकस्मिक प्रकटन या इल्हाम हुआ या जीवन में परिवर्तन लाने वाली कोई घटना हुई; यदि हुई तो किस आयु में? उन्हें किसने प्रभावित किया? क्या वे यह अनुभव करते हैं कि आध्यात्म के मार्ग पर चलना ही उसकी नियति है?

तीसरा, संन्यास लेने के उनके कौन से निजी कारण थे? उसके लिए साधु बनने का क्या मतलब था? एक साधु का समाज के प्रति क्या कोई दायित्व है? यदि हाँ तो वह उन्हें किस तरह पूरा करता है?

चौथा, साधु के रूप में उसका अपना अनुभव क्या है? उसका आरम्भिक अनुभव समय के साथ कैसे बदला? क्या वे समूहों या आश्रमों के साथ जुड़े थे? उसके परिवार वालों की क्या प्रतिक्रिया थी?

पाँचवाँ, (मैं आध्यात्मिक अनुभवों के बारे में उत्सुक था) जब वे साधु बनने चले थे तो क्या उन्हें किसी असाधारण अनुभव की आशा थी, जैसे ईश्वर से मिलना, देखना, सन्देश पाना? क्या उसने अपने स्व की हानि का अनुभव किया था? उन अनुभवों के साथ उन्होंने कैसी प्रतिक्रिया की थी? क्या इन अनुभवों को भावनात्मक समस्याओं का ही एक रूप तो नहीं कहा जा सकता? उन दोनों के बीच अन्तर कैसे किया जायगा?

छठाँ, (मैंने व्यक्ति का गुरु के साथ सम्बन्ध के बारे में पूछा) मैं जानना चाहता था कि उन्होंने अपने गुरु की कैसे खोज की और कैसे उनसे दीक्षा प्राप्त की? क्या अब भी वे उनके शिष्य हैं?

अन्त में, मैं संन्यासी जीवन के बारे में उनकी दिनचर्या क्या थी इसे, जानना चाहता था। मैंने उनकी जीवनचर्या के बारे में पूछा, दैनिक और वर्षपर्यन्त दोनों प्रकार की। जो घुमन्तू साधु थे उनसे मैंने भ्रमण के पीछे निहित उद्देश्य को तथा अन्य घुमन्तुओं के साथ उनके अपने सम्बन्ध को जानना चाहता था। मैंने उनसे एकान्त, सेक्स तथा आध्यात्मिक खोज के अन्तिम लक्ष्य से जुड़े प्रश्नों को भी पूछा

तथा यह भी जानना चाहा कि उनके लिए मोक्ष का क्या तात्पर्य है?

× × ×

कभी-कभी कुछ स्थान भी उतने ही महत्त्वपूर्ण हो जाते हैं जितने कि व्यक्ति। एक स्थान और एक क्षेत्र में घटित होने वाले अनुभवों और कार्यों को कितना आध्यात्मिक अर्थ दिया जा सकता है? साधुओं के व्यक्तिगत इतिहास पर गौर करने के पहले मैं उस क्षेत्र के बारे में कुछ कहना चाहता हूँ जहाँ मैंने इन संन्यासियों का साक्षात्कार किया था। मैंने ऋषिकेश में एक माह का आवास आरम्भ किया था। वहाँ लगभग तीन सौ आश्रम हैं और निकटवर्ती हरिद्वार में 600 आश्रम हैं। तीर्थाटन के मौसम में संन्यासियों की एक पूरी सेना देखी जा सकती है। ये पैदल पहाड़ियों पर चढ़ते हैं और गंगोत्री, यमुनोत्री, बद्रीनाथ तथा केदारनाथ के पावन केन्द्रों में जाते हैं जो सभी काफी ऊँचाई पर स्थित हैं। भक्तों का हजूम जो पवित्र गंगा में स्नान के लिए आता है वह संन्यासियों के चरणों में बैठता है। भक्त यह जानना चाहते हैं कि किस तरह अधिक परिपूर्ण जीवन जिया जा सकता है। गंगोत्री मेरी खास पसन्द थी। मैं 1984 से 2000 के बीच वहाँ तीन बार गया।

पहली बार मैंने अपनी पत्नी के साथ ऋषिकेश से चलकर बस से गंगोत्री की यात्रा की। यात्रा लम्बी थी, उत्तरकाशी में रात्रि विश्राम किया और फिर वाहन बदला। वाहन को रस्सी से बाँधा गया था जिससे कि उसे गिरने से रोका जा सके। उस वाहन में अनेक लोग, उनका सामान और पशु सभी ठूँस कर भरे हुए थे। इस यात्रा की मेरे मन में दो स्मृतियाँ स्पष्ट हैं। पहली, वह धुन जो बस ड्राइवर बजा रहा था—तेज द्वयर्थक गाने, जिससे तीर्थाटन करने चले यात्रियों को मजा आता था।

दूसरी स्मृति शंकर महाराज की है। वे एक वृद्ध स्वामी थे जिनके साथ एक नवयुवक था जो लम्बा, गोरा और कानों में कुंडल पहने हुए था। वृद्ध स्वामी खड़े-खड़े यात्रा कर रहे थे। जब बस रुक जाती थी और तो वे हर मुकाम पर चिल्लाते थे कि मैं बीमार हो गया हूँ। उसके उत्तर में युवा ड्राइवर लोगों से कहता था कि कोई यात्री इन्हें खिड़की की सीट दे दे नहीं तो इनकी गन्दगी आप लोगों को साफ करनी पड़ेगी। किसी ने उस बीमार साधु के लिए सीट खाली नहीं की। अन्त में ड्राइवर स्वामी जी की परेशानी से चिन्तित होकर चिल्लाकर कहा, स्वामी जी आप अपने कमंडलु में ही उल्टी करिए।

जब साधु महाराज बस से उतरे उनका कमंडलु—जिस पात्र को लेकर वह भिक्षाटन और भोजन करते थे—भरा हुआ था। ऐसा लगता था कि उन्होंने ड्राइवर के सुझाव को मान लिया था।

इन दोनों स्मृतियों से मैंने सीखा कि आध्यात्मिकता और भौतिक सांवेगिकता साथ-साथ रह सकते हैं। जब तीर्थयात्री उस स्वामी को सन्दर्भ से बाहर देखते हैं,

उन पर किसी ने ध्यान नहीं दिया और न तो उनके साथ सम्मानजनक व्यवहार ही किया। यदि वही स्वामी मृग छाले पर एक पहाड़ी गुफा में बैठे रहते तथा अपने सामने शिव के त्रिशूल को गाड़कर रखते तो मुझे भरोसा है कि यही तीर्थयात्री उनके चरणों में गिरकर उनके आशीर्वाद की माँग कर रहे होते।

बस से हम लंका पहुँचे, गंगोत्री से कुछ ही मीटर दूर एक कुटी थी। हम थके हुए थे और वहाँ से एक टैक्सी लेकर हम गंगोत्री गये जहाँ रात के नौ बजे पहुँचे। पूरा स्थान यात्रियों से भरा हुआ था और हमने ठंड, ऊँचाई की बीमारी और चूहों से परेशान पूरी रात स्थानीय सरकारी डिस्पेन्सरी में गुजारी। अँधेरे में ही हम उठ गये और शौच के लिए बाहर गये। उस समय नींद, थकान और बर्फीली हवा सब मिलकर मुझे घर वापस लौटने पर मजबूर कर रहे थे। थोड़ी देर बाद ही पूरब में रोशनी दिखने लगी और अँधेरे छँटने के साथ सुनहली पहाड़ियाँ भी चमकने लगीं। सूर्य उगकर, भगीरथ की पहाड़ियों पर चमकता हुआ दिखाई देने लगा और पहाड़ियों पर जमी बर्फ शीशे से लौटती किरणों को परावर्तित करती लग रही थी। मैं इन पहाड़ियों से निकलती हुई गंगा की धारा को देख सकता था, वैसे ही जैसा गंगोत्री की चट्टानों पर उसका बड़ा घोष सुनाई पड़ रहा था। नदी की गूँज इस सुन्दर स्थल पर बिताए दिनों की स्मृति के साथ निरन्तर जुड़ी रही है।

गंगोत्री का मुख्य आकर्षण वहाँ पर स्थित गंगा का मन्दिर है। यह केवल गर्मियों के दिनों में खुला रहता है। यहाँ मई-जून में खूब तीर्थयात्री आते हैं। उनमें से अधिकांश तो केवल दिन भर के लिए आते हैं किन्तु कुछ यात्री रात को भी रुक जाते हैं। वे यहाँ के तीन-चार आश्रमों में ठहरते हैं।

हमने एक छोटे से रेस्त्रां में जाकर गर्म-गर्म नाश्ता किया। यह जलपान गृह एक सँकरी गली में था जिसमें दोनों ओर दूसरे जलपान गृह और दूकानें थीं जिसमें हर तरह की चीजें बिक रही थीं। वे देवताओं को अर्पित करने के लिए प्रसाद बेच रहे थे, कुछ दुकानदार छोटी चीजें, पत्थरों के जेवर तथा पीतल और ताँबे के पात्र बेच रहे थे जिसमें लोग गंगा जल भर कर घर ले जा सकते थे। हिन्दू परम्परा में यह विश्वास किया जाता है कि मर रहे व्यक्ति के मुँह में पड़ने वाले गंगाजल की एक बूँद भी उसे सीधे स्वर्ग पहुँचा सकती है। जाड़े के महीनों में वहाँ कोई दुकान या जलपान गृह नहीं रहता है। पूर्वनिर्मित ढाँचे नीचे मैदान में अक्तूबर के अन्त तक ले जाये जाते हैं जिन्हें फिर अप्रैल के अन्तिम सप्ताह में वहाँ ले जाया जाता है। हम जब गये थे उस समय तीर्थाटन का मौसम उफान पर था और तीर्थयात्री निरन्तर आते जा रहे थे—उनमें कई ऐसे साधु थे जिनके कपड़े के रंग तथा उनके भस्म लगे शरीर पर बने चिह्न उनके पन्थ को बता रहे थे। कुछ साधु गंगा घाट मार्ग पर, शान्ति के साथ गंगा मन्दिर के पास इकट्ठे होकर कुछ पाने की आस में बैठे

रहते थे। वे बूढ़े, बीमार और मैले कपड़ों में थे। कुछ साधु ऐसे भी थे जो शरीर से हृष्टपुष्ट थे। वे छोटे-छोटे समूह में आगे बढ़ते थे और अपने देवी-देवताओं का उच्च स्वर में जयकारा लगाते थे। हम जैसे ही मन्दिर पहुँचे हमने कुछ साधुओं को वहाँ आत्ममरण में संलग्न पाया जिससे कि वे ईश्वर तक पहुँच सकें। कोई एक पैर पर दस साल से खड़ा था। कोई छह साल से अपने गले में चक्की लटकाए हुए था, एक साधु ऐसा भी था जो महीने में केवल एक बार ही खाता था। ऐसा हमें उन लोगों ने बताया जो उन्हें जान रहे थे। मन्दिर में भारी भीड़ थी। लोग तरह-तरह की पूजा कर रहे थे, वे अपने व्रत को पूरा करते हुए अथवा अपने पूर्वजों को पूजते हुए या केवल प्रार्थनारत दिखाई दे रहे थे और वहाँ के पंडे उनकी सहायता कर रहे थे। वे सभी पंडे एक परिवार के सदस्य थे और कई पीढ़ियों से मन्दिर की देखभाल की जिम्मेदारी उठा रहे थे।

हमें योगाश्रम में रहने का ठौर मिला। यहाँ तीर्थयात्रियों के लिए कुछ लकड़ी की कुटियाँ बनाई गयी थीं। यहाँ हमें सुबह की चाय, नाश्ता, दोपहर और रात्रि का भोजन मिल जाता था। रात में हम लोग अलाव के पास आश्रम के स्वामी जी से सत्संग करते थे जो हमें अलौकिक साधुओं की कथा सुनाते थे जिनसे वे कभी मिल चुके थे। जब मैंने उन्हें अपने पीठ के दर्द की बात बताई तो उन्होंने मेरे पीठ की मालिश भी की। उन्होंने कोई पैसा नहीं माँगा और अन्त में जो कुछ भी हमने दिया उसे विनम्रतापूर्वक स्वीकार भी कर लिया। पहला दिन हमने इधर-उधर घूमने में बिताया। हम लोग एक ऐसे बाबा को देखने गये जिनके बारे में यह प्रसिद्धि थी कि वे सौ वर्ष की आयु पार कर चुके हैं। ये फलाहारी बाबा थे जो केवल फल पर ही रहते थे। उन्होंने हमें भक्ति-साधना के बारे में बताया और यह भी बताया कि राम का नाम कैसे लेना चाहिए जिससे कि अपेक्षित लाभ हो। वह अपने बारे में बताने में संकोच कर रहे थे। वे वहाँ पर चालीस वर्षों से रह रहे हैं, गर्मी, जाड़ा हर मौसम में। उनका कहना था कि श्रीराम उनका भरण-पोषण करते हैं। कुछ साल पहले जब उन्हें आँख में मोतियाबिन्द का ऑपरेशन कराना था एक डॉक्टर अपनी टीम के साथ उनकी झोंपड़ी में ऑपरेशन करने आया था।

इस मृदुभाषी वृद्ध के विपरीत पर वहाँ एक बलिष्ठ स्वामी भी कुटी बनाकर रहते थे। वे एक चित्रकार, वास्तुकार और फोटोग्राफर थे। वे बहती लकड़ी के संकलनकर्ता भी थे। उनकी कला के नमूने कुटी की दीवालों पर तथा उनके छोटी सी वाटिका में भरे पड़े थे। व्यवहार में वे बड़े रूखे, क्रोधी तथा आत्मकेन्द्रित थे। अन्य स्वामियों के बारे में उनका विचार अच्छा नहीं था। इसके बाद हम एक युवा संन्यासी से भी मिले जो पहले मुम्बई में एक होटल के प्रबन्धक थे और उन्होंने उस दुनिया को छोड़ दिया था क्योंकि वे दैनिक जीवन के व्यापारीकरण को नहीं झेल

सके थे। वह प्रसन्नचित्त रहते थे पर दुखी भी लगते थे। लोग उन्हें पसन्द करते थे पर उनकी उपस्थिति में बेचैनी महसूस करते थे। कुछ साधु जिनसे हम मिले वे सभी फोटो खिंचाना पसन्द करते थे। उनमें से एक जब फोटो खिंचा रहे थे उस समय अपना शाल भी हटा लिया।

गंगोत्री गंगा का वास्तविक उद्गम नहीं है। वह बाइस किलोमीटर ऊपर एक गोमुख नामक ग्लेशियर से निकलती हैं, और हमने एक गाइड के साथ वहाँ पहुँचने की व्यवस्था की। उस रात हरी जीन्स, ऊँची टोपी और गर्म मफ़लर लपेटे एक कुली आया। वह दूसरों से अलग दिख रहा था। उसने हमें गोमुख से ऊपर तपोवन तक 15,000 फीट की ऊँचाई पर ले चलने की दावत दी। अगली सुबह जब हमारा भाड़े का गाइड नहीं आया तो हमने एक नेपाली को उसके बदले चलने के लिए आग्रह किया। वह हमें एक सँकरे रास्ते से ले गया जहाँ से नीचे गंगा की रेखा बहुत गहराई में दिखाई पड़ती थी। इस रास्ते में फँसने की बड़ी सम्भावना थी। हम 12,000 फीट की ऊँचाई पर भोज पास तक चलते रहे। यात्रा थकाऊ परन्तु रमणीक थी। रास्ते में बायीं ओर सफेद गुलाब से सजे बोल्डर थे, पीले और सफेद बेला और छोटे वृक्ष जिनकी पत्तियाँ ऊपर हरी और नीचे सुनहली थी। भोज पास के निकट एक आश्रम था जहाँ एक अनोखे स्वामी रहते थे जिनके बारे में हम लोगों ने कई कहानियाँ सुन रखी थीं। हमारी थकान, ऊँचाई की बीमारी, सूर्य-ताप से बेखबर उन्होंने हमें पेट भर खिचड़ी खाने का आग्रह किया। उन्होंने रात में हमें कमरा खाली करने के लिए कहा, ये कमरे अपने आप बन्द हो जाते थे। इसके बाद स्वामी जी ने हमें एक घंटे तक अग्नि-अनुष्ठान पूरा होने तक ठिठुरती ठंडी हवा के बीच खड़े रखा। आरती करने के बाद उन्होंने हमें फिर खाने को कहा—जब आप लोग तीन रोटी खा लेंगे तभी वापस कमरे में जा सकते हैं। दूसरों के लिए सेवा भी कठोर उपहार बन सकती है यदि उसे जबरन किसी के ऊपर लादा जाय!

अगले दिन हम जल्दी जग गये और सुबह 6 बजे गोमुख के लिए चल दिये। बर्फ की चट्टानें नदी में घुल रही थी पर इसमें शीतल पवित्र जल में नहाने से बूढ़े भी परहेज नहीं करते थे। एक स्त्री जो हमारे साथ गंगोत्री से आयी थी उसने गर्मी के वस्त्रों में, पूरे कपड़ों के साथ स्नान किया और फिर बर्फीली हवा में बिना जूते चलती रही।

हम आगे चलने में हिचक रहे थे—वह नेपाली इस यात्रा को हमें बड़ा आसान बता रहा था। उसने कहा कि आगे तपोवन है—सिर्फ 5 किलोमीटर की दूरी पर।

हमने सोचा बस 5 किलोमीटर ही तो है। जल्दी ही हम ग्लैशियर के ऊपर पहुँच गये। यह रास्ता बड़ा ही फिसलन भरा था। यहाँ सीधी चढ़ाई की चट्टानें थीं। हम पीछे मुड़कर देखते हुए सचेत रहना चाहते थे कि यहाँ ऊँचाई से भू पात

भी शुरू हो सकता है। हम नीचे देखने से बहुत डर रहे थे। चढ़ते-उतरते हमारी साँसें फूल रही थीं। ढाई घंटे बाद हम ऊपर उस जगह पहुँचे जिसे उस नेपाली ने, जिसका नाम चम्पक था, हमें दिखाया था।

अब हम वहाँ पहुँच गये हैं, अब केवल दो ध्वज हैं जिन्हें आप ऊपर देख सकते हैं, उसने कहा। उन पताकाओं तक पहुँचने में हमें दो घंटे लग गये फिर वहाँ से हमें दो किलोमीटर की चढ़ाई कर के शिमला बाबा के आश्रम में पहुँचना था और वहाँ हमें रात्रि निवास भी करना था।

तपोवन एक समतल क्षेत्र है—फुटबाल के मैदान जैसा—एक पहाड़ी की ऊँचाई पर। यहाँ एक हिमलिंग पहाड़ी की आधारशिला पर स्थित है। यहाँ पर गंगा की एक छोटी, पतली धारा भी प्रवाहित है।

हम शिमला बाबा की कुटिया पर पहुँचे। यह कुटी पत्थर, मिट्टी और तार्पोलिन से बनी हुई थी। बाबा अपनी चटाई पर बैठे थे नंगे बदन, लंगोट पहने हुए। हम लोग 12,000 से 15,000 फीट तक की ऊँचाई पर पहुँचने के कारण बीमार हो गये थे। बाबा ने हमें चाय पिलायी और खाने के लिए दाल रोटी भी दी। बाद में बाबा ने हमें कम्बल भी दिया जिसे लेकर हम एक दूसरी कुटी में आराम करने गये। यह कुटी वस्तु, लकड़ी, खाद्यान्न, आदि का भंडार था। हम कुछ घंटे सोये—फिर बाबा के साथ शाम की चाय पर मिले। इसके बाद बाबा ने हमें एक और संन्यासी से मिलाया जो तीसरी कुटी में थे। उन्होंने कहा कि आप लोग इनसे जरूर बात करें, ये चारों ओर हिमालय में अपनी लँगोट में ही घूमे हैं।

वह एक स्थूलकाय स्वामी थे जो नंगे पाँव तेजी से बर्फीली जमीन पर चलते थे, जब कि हम ठंडे कपड़ों, दस्ताने और टोपी में भी काँप रहे थे। उन्होंने हमें गर्म होने के लिए अलाव को घेर कर बैठने को कहा। उनकी वाणी गम्भीर और हँसी सहृदय थी। लोगों से बात करना और कहानियाँ सुनाना बड़ा प्रिय था। इस कुटी में समस्या सिर्फ यह थी कि आग में गर्मी थी पर धुआँ भी था क्योंकि लकड़ी भीगी हुई थी। उनका हर वाक्य 'श्री राम भरोसे' के साथ शुरू होता था, उन्हें भगवान राम की आश्वस्ति थी—और उनके सभी वाक्य इसी से शुरू होते थे।

जब हम आग के पास इकट्ठे हुए तो बाबा ने श्रोताओं में से एक के प्रश्न के उत्तर में एक नयी कहानी शुरू की।

बाबा की गम्भीर आवाज गूँज उठी : श्री राम भरोसे! मैं आपको सिखा सकता हूँ कि ब्रह्म राक्षस को कैसे पाया जा सकता है और उसे कैसे पालतू बना सकते हैं, श्री राम भरोसे! (एक राक्षस दुष्ट, पापी खतरनाक आत्मा होता है)। एक बार यह आपके हाथ में आ जायेगा। श्री राम भरोसे! तब आप जान पाओगे कि इस शक्ति का मानव कल्याण में कैसे उपयोग किया जा सकता है।

कुतूहल होने पर एक आदमी ने धीरे से कहा, कोई आदमी ब्रह्मराक्षस को कैसे पकड़ेगा? बाबा ने कहना शुरू किया—श्री राम भरोसे! पहले आपको कुछ तप करना होगा, जैसे प्रातः शीतल जल से स्नान करें, दिन में एक बार सात्विक आहार करें, और दिन भर प्रार्थना में लगायें। यह सब चालीस दिन तक करना होगा। चालीसवें दिन जो अमावस्या होगी, तुम्हें श्मशान जाना होगा जहाँ वट वृक्ष है।

कुटिया में धुआँ भर गया था, सबकी आँखों में जलन होने लगी और नाक भी बहने लगी थी। हर कोई अपनी आँखें मल रहा था और नाक पोंछता था। बाबा लकड़ी उकसाते थे और आग को अच्छी तरह जलाने की कोशिश कर रहे थे, उन्हें धुएँ की कोई खास परवाह नहीं थी।

स्वामी जी अपनी बात कहते रहे—श्री राम भरोसे! तुम्हें वट वृक्ष पर ऊपर चढ़ना होगा। जल्दी चले जाओ और पेड़ के पास प्रतीक्षा करो। आधी रात को ब्रह्मराक्षस पेड़ के नीचे विश्राम करने आयेगा। तुम, उस मंत्र का निरन्तर जप करना जो मैं तुम्हें दूँगा। श्री राम भरोसे! बिना रुके मंत्र जप करते रहो, फिर पेड़ के नीचे उतर कर उसके सिर के ऊपर के बाल को पकड़ो। उसके बाद, श्री राम भरोसे! ब्रह्मराक्षस तुम्हारा सदा के लिए दास हो जायेगा। एक आदमी ने पूछा, बाबा! वह मंत्र क्या है?'

कुटी में धुआँ पूरी तरह दुःसह हो चला था और हम बाबा के चरण छू कर बाहर चले गये। हमें इसका दुख बना रहा कि हम ब्रह्मराक्षस को पालतू बनाने वाला मंत्र कभी नहीं सीख सकेंगे। इसके बाद हम शिमला बाबा के पास पहुँचे, उन्होंने भोजन के लिए ताजी बनी दाल, सब्जियाँ और रोटी को प्यार से परोसा। उन्हें अपने बारे में कुछ ज्यादा कहने को न था। हमने शिमला बाबा से पूछा, बाबा आप यहाँ अकेले रहकर बोर नहीं होते, उन्होंने कहा कि सेवा करना और आध्यात्मिक अभ्यास करना दोनों हाथों में लड्डू जैसा है। जब लोग यहाँ रहते हैं तो मैं यह लड्डू एक हाथ से खाता हूँ और जब अकेले रहता हूँ तो दूसरे हाथ से, उन्होंने प्रेम से कहा।

हमें बताया गया था कि वे सिगरेट के शौकीन थे। हम सिगरेट खरीद कर अपने साथ ले गये थे और वे खुद और दुनिया से बेखबर शान्ति से उसका कश ले रहे थे। वहाँ से हम दूसरे दिन बड़ी सुबह ही चल दिये क्योंकि हम भोज पास पर बाबा के पास लौटते समय में नहीं रुकना चाहते थे। हम दिन भर चलते रहे—23 किलोमीटर की दूरी—गंगोत्री तक। लौटने में हम इन सभी के बारे में विचार करते रहे, जो भिन्न-भिन्न चरित्र के थे। यह शिमला बाबा दयालु, प्रसन्नचित्त तथा सदैव हँसमुख रहते थे। बाबा प्रातः 4 बजे बर्फीली ठंडक में केवल अपने लँगोट में योगाभ्यास करते थे। पूछे जाने पर उन्होंने धीरे से कहा यह तो कुछ नहीं है। मैं दिन भर आराम से आग के सामने पड़ा रहता हूँ। जहाँ तक हमारे गाइड चम्पक

की बात थी, वह शायद एक बेहतरीन मनोवैज्ञानिकों में से एक था जिनसे मैं अब तक मिल पाया था। वह अट्ठाईस साल का था, पीले ताँबे के रंग का था, शरीर में सुदृढ़ केवल मांसपेशियाँ थीं, कोई मोटापा नहीं था। यह बड़ा आश्चर्यजनक था कि वह कैसे हम अधेड़ आयु के शहरी लोगों को 10,000 फीट से 15,000 फीट की ऊँचाई पर दो दिनों में ले गया और वापस लाया। उसने हमें सदैव प्रोत्साहित किया और उसे पूरी तरह भरोसा दिलाया था कि हम यह सब कर सकेंगे। दयालुता और भरोसा वह गंगा मैया में गहरी आस्था से पाया था, उसका विश्वास था कि गंगा मैया इस देश में सबका मार्गदर्शन करती हैं।

मैं गंगोत्री 1998 में कनाडा के दो मित्रों के साथ वापस लौटा। हम दोनों एक शोध योजना पर मिलकर काम कर रहे थे। इसका उद्देश्य यह जानना था कि क्या पवित्र जनों के संन्यास-अभ्यास, शीजोफ्रेनिक के लिए एक सुरक्षित स्थल प्रदान करते हैं और क्या उनके दुर्लभ अहं, दैनिक जीवन के व्यवधानों से सुरक्षित रहते हैं। क्या वे अपने अस्पष्ट दार्शनिक विचारों का उदात्तीकरण कर पाते हैं, सार्थक और समाजस्वीकृत आध्यात्मिक अभ्यास के रूप में? इन सबके बारे में अधिक जानकारी पाने के लिए हमें उन कारणों की जाँच करनी थी कि लोग क्यों संन्यास लेते हैं, संन्यास उनके मानसिक जीवन को और समाज के साथ उनके सम्बन्ध को कैसे प्रभावित करता है।

हम पहले हरिद्वार गये फिर ऋषिकेश और फिर वहाँ से बद्रीनाथ। हमारे लिए हरिद्वार में, साधुओं से मिलना आसान था। विशेष रूप से उन साधुओं से जिन्हें यह लगता था कि बातचीत से रुपयों का उपहार मिलेगा। हमारे पास ऐसे लोगों की भीड़ लग गयी जो हमसे बात करना चाहते थे। हम कई तरह के साधुओं से मिले और जिनकी जीवन-कथा इसी अध्याय में आगे दी गयी है। इनमें से कुछ पूर्ण साधु थे, कुछ साइकोटिक तथा कुछ अंशकालिक साधु थे जो घर छोड़ तीर्थस्थानों पर कुछ महीने बिताते थे। इनमें कुछ नशीली दवाओं के भी आदी थे।

ऋषिकेश में हम शिवानन्द आश्रम में गये। वहाँ हमें बताया गया कि मुख्य स्वामी विश्राम करने जा चुके हैं। विश्राम के बाद हम उनसे मिले और अपना प्रयोजन बताया। वह एक हेड मास्टर की तरह कड़े ढंग से प्रश्न पूछ रहे थे। वह हमारे प्रश्नों का उत्तर खुद अपने प्रश्नों के साथ देते थे। एक युवा अंग्रेज महिला स्वामी के निकट बैठ हमारे वार्तालाप को टेपरिकार्डर से टेप कर रही थी। हमारे मूर्खतापूर्ण प्रश्नों पर वे अक्सर मुस्कराते दिखाई दिये। उनसे किया गया यह साक्षात्कार बहुत उत्साहवर्धक नहीं था। इसके बाद हम एक महिला साधु से मिले।

उस महिला साधु ने अपनी कथा सुनाई। उस महिला साधु को उसके माता-पिता ने एक आश्रम को अर्पित कर दिया था जहाँ उसकी एक चाची पहले से संन्यासी

थी। चौदह साल की उम्र होने पर उसकी चाची ने उसे विवाहित होने का विकल्प दिया। पर उसने धार्मिक जीवन को चुना और दीक्षा लेने का निश्चय किया। वह एक वैष्णव साधु थी और हमें अपने छोटे से घर में ले गयी जो शेषशायी विष्णु की कई प्रतिमाओं से सुसज्जित था। पर वहाँ एक त्रिशूल भी था जिसे देख मैं चकित था क्योंकि मेरे हिसाब से वह शैव अनुयायियों का प्रतीक है। घर के पास उसका एक छोटा सा भूखंड था जो मुकदमे में था। उसके साथ दो गोद ली गयी लड़कियाँ और एक भाई जो टीबी का रोगी था, रह रहे थे। उसने बताया कि उसका एक आश्रम श्रीनगर गाँव में है, पहाड़ी पर 100 किलोमीटर आगे जहाँ वह नौ लड़कियों की देखरेख करती हैं और उन्हें जीना, सिलना तथा पाक कला सिखाती हैं। उसे एक नागा गुरु ने दीक्षा दी थी। मुझे आश्चर्य था कि वह आध्यात्मिक कार्यों के बदले दूसरों की देख-रेख, पालन-पोषण में लगा रही थीं? उसने बताया कि उसे जो प्राप्त है उसे वह दूसरों को दे रही है। उसका दिन भजन गाने और लोगों को प्यार और खुशी देने में व्यतीत होता था।

मैं गंगोत्री तीसरी बार मई 2000 में आया। ऋषिकेश पहुँचने पर यह जानकर हमें बड़ा खराब लगा कि सभी रास्ते बन्द हैं। यहाँ से हम एक सप्ताह बाद ही जा सकते हैं। उस समय मन्दिर भी एक पखवाड़े के लिए बन्द था। एक सप्ताह बाद उत्तरकाशी से हम साढ़े तीन घंटों में गंगोत्री पहुँच गये। थोड़ी बर्फ थी पर रास्तों में रुकावट नहीं थी। लोग पूर्वनिर्मित ढाँचों को ठीक करने में जुटे थे जो अगले कुछ दिनों में रेस्त्रां और दूकान का रूप ले लेंगे। आसमान साफ था और भगीरथ पहाड़ की चोटी एक बार फिर शीशे जैसी चमक रही थी। गंगा की गर्जना बहुत तीव्र नहीं थी, क्योंकि प्रवाह तभी बढ़ता है जब पहाड़ियों पर बर्फ पिघलती है। उत्तरकाशी में स्वामी जी ने लंच पैक दिया था। यहाँ हम यह देख प्रसन्न हुए थे कि रेस्त्रां खुल गया था और वहाँ ताजी-ताजी बनी दाल रोटी भी मिल रही थी।

गंगोत्री में एक आदमी लोगों से पूछ रहा था कि क्या आप लोग गोमुख चलना चाहते हैं? उसकी आवाज ने हमारी स्मृतियों को कुरेदा। आसपास नजरें दौड़ाने पर हमने चम्पक को देखा जो वर्षों पहले का हमारा गाइड था, जो हमें तपोवन तक की यात्रा में ले गया था। उसने भी हमें पहचान लिया। वह मुक्त हँसी से खिलखिला पड़ा। वह थोड़ा दुबला हो गया था। शायद वह बीमार हो गया था जिसके कारण पिछले वर्ष वह गंगोत्री नहीं जा सका था। फिर भी वह पूरे जोश में था और आश्वस्त था कि गंगा मैया के आशीर्वाद से वह हमें एक बार फिर तपोवन तक ले जा सकेगा। रास्ते भर वह गंगा मैया के चमत्कारों की कथाएँ सुनाता रहा। उसने बताया कि एक दम्पति जिसे चलने में कठिनाई थी लगभग दो साल पहले ले आया था। चम्पक माता जी को तो ऊपर ले गया पर पुरुष नहीं चल सका। वह बैठ गया और रोने लगा।

गंगा मैया को दया आ गयी और चमत्कार की तरह वह आदमी सचमुच गोमुख तक चला गया। चम्पक ने हमें बताया कि एक और आदमी जो जीना नहीं चाहता था ग्लैशियर में भीतर चला गया और फिर कभी वापस नहीं लौटा। एक पन्द्रह साल की लड़की एक पत्थर से फिसलकर नीचे गंगा मैया की बाँहों में पहुँच गयी। हमें पता नहीं था कि यह एक सुखद या दुखद अन्त था पर चम्पक ने इसे गंगा मैया की दयालुता का ही प्रमाण माना। फलाहारी बाबा अभी भी जीवित हैं। चम्पक ने हमें बताया कि लोगों ने उन्हें शतायु बताया था। उनसे हम वर्षों पहले मिल चुके थे।

हमारे पास गोमुख और तपोवन तक जाने का समय नहीं था पर हम तीन किलोमीटर ऊपर पहाड़ पर फलाहारी बाबा को देखने जरूर गये। यह यात्रा हमने चम्पक तथा गंगा मैया की सहायता से पूरी की। हमने फलाहारी बाबा को एक एस्बेस्टस वाली छत और कंक्रीट के बरामदे में बैठा हुआ पाया। पिछली बार जब हम मिले थे, वह एक लकड़ी की कुटिया में रहते थे। इस बार उनका आवास एक कंक्रीट का कुटीर था जिसमें दो कमरे, जिनमें एक भोजनालय था और एक शौचालय।

मुझे नहीं लगता उन्हें हमारी पिछली मुलाकात का कोई ध्यान था इससे उनकी मुस्कान पर कोई प्रभाव नहीं पड़ा। फलाहारी बाबा से हमने अपनी पहले की यात्रा का जिक्र किया तो उन्होंने हमसे पूछा। 'आप बैंगलोर से आये हैं। क्या बैंगलोर में शान्ति है? क्या दिल्ली में शान्ति है?' वे इस प्रकार प्रश्नों को पूछ रहे थे जैसे प्राचीन काल में वनवासी ऋषि राजकुमारों से पूछा करते थे।

'आप क्या कर रहे हैं? आपके बच्चे क्या करते हैं? वह पूछते रहे। जब हमने उनके प्रश्नों का उत्तर दिया तो उनकी खुशी उनकी दन्तहीन मुस्कान से प्रकट होने लगी। फलाहारी बाबा ने पुनः प्रश्न किया कि क्या आप ईश्वर का नाम जपते हैं? यदि नहीं, तो शुरू करें। आरम्भ में प्रयास करना पड़ता है। बाद में यह प्रसन्नतादायी और अनायास हो जाता है। आप इसके बिना नहीं चल सकते।'

इसके बाद वह राम नाम का उद्‌घोष करने लगे।

हरे राम हरे राम राम-राम हरे-हरे।
हरे कृष्ण-हरे कृष्ण-कृष्ण-कृष्ण हरे-हरे॥

उन्होंने आगे कहा कि—'जब आप प्रवचन सुनने जाते हैं वह सत्संग है, आपस में अंतःक्रिया महत्त्वपूर्ण है। अपने आप स्वतः सीखना ज्यादा काम का नहीं है। आप अपने व्यक्तिगत प्रयास से आगे बढ़ते हैं। आप गंगोत्री आये क्योंकि आप आना चाहते थे।'

उनकी बातों में एक तरल मिठास थी, पर हमें उनमें कोई बौद्धिक तेज नहीं

दिखा। वह मेरी पत्नी से बात करते रहे जब मैं एक युवा साधु से बात कर रहा था जो बाबा के साथ पहले से बैठा था। उन्होंने फिर कहा—आप कितने दिन काम कर चुके हैं? आप अब कितना कमाते हैं? पिछली बार यहाँ आने के बाद कितना ज्यादा कमाये? आप अपनी कमाई का कुछ हिस्सा बाँटें ताकि हम यहाँ के लोगों को दे सकें। मैं यहाँ की पहाड़ियों से कुछ नहीं पा सकता था। वह ऐसे बात कर रहा था मानो हम पर उसका पूरा हक हो।

मैं वापस आया और पूछा, 'आपकी क्या उम्र है बाबा?'

'इसका क्या महत्त्व है? मैं रहूँगा राम का नाम लेते लेते जब तक वह चाहेंगे।' उन्होंने कहा।

मैंने उनका फोटो लिया और उस अन्धे बाबा ने ऐसा पोज दिया मानो सब कुछ देख रहा हो। जब मैं लौटते समय उनके आशीर्वाद के लिए गया, उन्होंने स्नेह से मेरी पीठ ठोंकी और एक बाल सुलभ खिलवाड़ के साथ मृदु स्वर में कहा, 'हरे राम कहते रहो।'

जब हम चलने को तत्पर हुए चम्पक, आश्रम के अन्दर गया, यहीं वह रह रहा था और वह सूखे ब्रह्म कमल का दुर्लभ पुष्प लेकर आया और मेरी पत्नी को दिया और कहा—इसे ले जाकर अपने घर में मन्दिर में रखना और अगले साल फिर आना। हमें तपोवन चलना है।

6

संन्यास की राह में पहला कदम

अपने भ्रमण के दौरान और अन्य दूसरी जगहों पर मैंने सौ से ज्यादा साधुओं का साक्षात्कार किया। जिन चालीस साधुओं का मैंने विस्तार से साक्षात्कार किया था उनमें से दो तिहाई पहले से ही साधु बनना चाहते थे। शेष के लिए यह खास अनुभव था। उन्होंने उन बाह्य परिस्थितियों की ओर संकेत किया जिन्होंने उनके चुनाव को प्रभावित किया था। कुछ साधु समान अनुभवों के बावजूद भिन्न-भिन्न व्यक्तित्व वाले थे और उनकी हर संघर्ष की कहानी, उन्हें अनोखा बना देती थी।

एक दल जिसका मैंने साक्षात्कार किया था, उसमें शामिल सदस्यों के लिए संन्यास का जीवन उनके बचपन से ही वांछित था। एक मनोचिकित्सक के अनुभव के बावजूद मुझे कोई ऐसी घटना नहीं मिली जो उनकी संन्यास की इच्छा की व्याख्या कर सकती हो। उन संन्यासियों ने मुझे बार-बार यह बताया कि उन्हें हमेशा से यह मालूम था कि यही उनकी नियति थी। कुछ ऐसे भी उदाहरण थे जब साधुओं ने दुनियादारी के काम—नौकरी, परिवार और बच्चों के पालनपोषण की जिम्मेदारी निभा चुकने के बाद यह मार्ग चुना। उनके परिवार के सदस्य कभी-कभी उनके निर्णयों के समर्थन में थे, पर हमेशा ऐसा नहीं था। कुछ अन्य साधुओं ने धार्मिक जीवन में आरम्भ से ही प्रवेश ले लिया था और वे कभी भी गृहस्थ जीवन में नहीं आ पाये थे। इन साधुओं ने संन्यासी का जीवन इसलिए अपनाया था कि उनका गहरा विश्वास था कि यही उनकी मूल स्वभाव है और वे प्रायः प्रसन्न और अच्छी तरह समायोजित थे।

स्वामी वासुदेवानन्द

स्वामी वासुदेवानन्द एक ऐसे संन्यासी थे जिन्होंने माता-पिता के विरोध का सामना कर संन्यास धारण किया था। जब वे स्कूली बच्चे थे तब वह विवेकानन्द की एक पुस्तक से बड़े प्रभावित हुए थे। आध्यात्मिक पुस्तकों में उनकी रुचि जब वे बी.ए. में थे तब काफी बढ़ गयी थी और अपने पढ़ाई के अन्तिम वर्ष में भागकर कलकत्ता

के एक आश्रम में पहुँच गये। यहाँ उनके माता-पिता ने उन्हें खोज निकाला और घर वापस ले आये। उन्होंने डिग्री की पढ़ाई पूरी की और दर्शन शास्त्र में एम.ए. की डिग्री प्राप्त की। इस समय वह दूसरी बार घर छोड़कर भागे। इस बार तीन महीने के लिए ऋषिकेश में थे, किन्तु उनके माता-पिता उन्हें एक बार फिर पकड़ कर वापस ले आये। इसके बाद उन्होंने एक और पाठ्यक्रम बी.एड. पूरा किया और दिल्ली में एक नौकरी के लिए आवेदन किया। नौकरी के लिए साक्षात्कार हेतु जाते समय रास्ते में उनके डिब्बे में एक संन्यासी आया जिससे उनका वार्तालाप हुआ और वे साक्षात्कार के लिए जाने के बदले ट्रेन छोड़कर संन्यासी के साथ उसके आश्रम में रहने चले गये। वह वहाँ एक वर्ष तक थे। इस बीच उन्होंने योग और संस्कृत का गहन अध्ययन किया। इसके बाद वह चारों ओर घूमते रहे। वे दूसरे आश्रमों और आध्यात्मिक केन्द्रों में भी गये और अन्त में हमारी भेंट के पाँच साल पहले उन्होंने संन्यास ले लिया था।

स्वामी घनश्याम दास

एक-दूसरे संन्यासी घनश्याम दास का भी हमने साक्षात्कार लिया। घनश्याम दास ने अन्दर की अनिवार्य प्रेरणा का वर्णन किया जिसके चलते उन्होंने संन्यास लिया था। उन्होंने अपनी कहानी कुछ इस तरह शुरू की। मैं बचपन में पढ़ाई करता था। जब मैं बड़ा हुआ तो काम करने लगा और माता-पिता को धन देने लगा। मेरा साधु का अस्तित्व मेरे द्वारा नहीं रचा गया। मैं अपने पूर्व कर्म द्वारा साधु बना।

उन्होंने बताया कि उनमें सेवा करने की बड़ी प्रबल इच्छा थी और जो कुछ भी उन्हें प्रेरित कर रहा था, वह उनके अपने नियंत्रण से बाहर था। उनका कहना था कि मेरे अन्दर जो है वही बोल रहा है। वह सब कुछ देख रहा है। वही सेवा भी कर रहा है। आगे उन्होंने कहा—

'साधु बनने में कोई खास योग्यता की आवश्यकता नहीं होती। मैं क्या कर सकता हूँ? सब कुछ ईश्वरप्रेरित था। यदि कहूँ कि जो कुछ मैं करता हूँ उसके लिए जिम्मेदार हूँ तो यह बेवकूफी होगी। ईश्वर हमें जो करने के लिए बाध्य करता है वही हम करते हैं।'

उनके माता-पिता किसान थे। यह पूछने पर कि क्या उनके भाई-बहनों और उनके बीच कोई अन्तर था? उन्होंने बताया कि कोई अन्तर नहीं था। हम सबने वही किया जो ऊपर वाला हमसे करवाना चाहता था।

भविष्य के बारे में उन्होंने कहा, 'मैं कैसे जान सकता हूँ? जो कुछ ऊपर वाला कहता है वही करना होगा। वह अगर बैठने को कहता है तो मैं बैठूँगा। अगर वह चलने को कहता है तो मैं चलूँगा।' उनके बारे में लोगों ने बताया कि किस तरह से वे हमेशा से साधु बनने को लालायित थे, किन्तु उन्हें पहले गृहस्थ जीवन की

परम्परा का पालन करना था।

संन्यासी रामानन्द गिरि

इसके बाद हम संन्यासी रामानन्द गिरि से मिले। रामानन्द गिरि साक्षात्कार लिए जाने के समय सत्तर साल के हो चुके थे। उन्होंने बताया कि मेरे पिता एक किसान थे। मेरे एक भाई और एक बहन हैं। मैं उनमें सबसे बड़ा हूँ। मैं पैंतीस साल का था जब संन्यास लेने के लिए घर छोड़ा था। आपके पूर्वजन्म के प्रभावों के फलस्वरूप जब आपके संस्कार जगते हैं, चाहे आप गृहस्थी के जंजाल में कितना भी उलझे क्यों न हों, भगवान कृष्ण आपका मार्ग प्रशस्त करते हैं। इसे संस्कार कहें, या भाग्य, दैव कहें या कर्म, ये सभी उसी के अलग-अलग नाम हैं।

इसके बाद रामानन्द गिरि ने यह बताने के लिए मुझे रामायण से एक कहानी सुनाई कि जब आप सन्यास के लिए तैयार हैं तो इसे सम्भव बनाने के लिए चीजें स्वतः होने लगती हैं।

मैंने पूछा, 'आप संन्यास के लिए पात्र कैसे बने?'

उन्होंने कहा, ''यह हमारा प्रारब्ध था। यह हमारे पूर्व जन्म के कर्मों का फल है।''

'मैं इसे समझता हूँ।' मैंने थोड़ा अधीर होते हुए कहा, 'मैं यह बात पहले भी कई बार सुन चुका हूँ। किन्तु आपके इस जन्म में ऐसे कौन से लक्षण थे जिन्होंने यह दिखाया था कि आपने ये कर्म अर्जित किये थे और वे सन्यास लेने के लिए तैयार थे?'

उन्होंने उत्तर दिया, ''इसके दो मुख्य कारण हैं, यही कारण आपको संन्यास की ओर ले जाते हैं। या तो आपको आपके भाई, बहन, पत्नी, बच्चे या घर के बाहर की दुनिया से झटका लगता है या फिर ये प्रवृत्तियाँ आप में बचपन से ही विद्यमान रहती हैं।''

मैंने उनसे पूछा, आपके मामले में ऐसा क्या था, 'क्या आप किसी अपने रिश्तेदार या मित्र के हाथों दुखी हुए थे?'

'नहीं, मैं बचपन से ही इसी राह पर था। मेरे भाई-बहन वह सब करते थे जो आम बच्चे करते हैं—जैसे खेल, शरारत, आदि, पर मैं सदा भजन-कीर्तन (ईश्वर की स्तुति के गान) में रुचि रखता था। मैं हमेशा मन्दिर जाता था। मेरे माता-पिता ऐसे नहीं थे, मेरे भाई-बहन भी नहीं, पर मैं कुछ ऐसा ही था।' वह कुछ गर्व के साथ बोले।

'क्या इसका अर्थ यह है कि आप धार्मिक जीवन में इतने डूबे थे कि स्कूल नहीं गए या विवाह नहीं किया?' मैंने पूछा।

'नहीं-नहीं, मैं सुशिक्षित हूँ। मैं स्कूल गया और मेरे पास आठवीं का प्रमाणपत्र

भी है। मेरे माता-पिता ने मेरे विवाह का भी प्रबन्ध किया था और दस-बारह वर्षों तक मैंने विवाहित जीवन बिताया। मेरे दो बेटे एक बेटी हुए। पर आप जानते हैं, ईश्वर की अनुकम्पा से कुछ बातें ऐसी हुईं कि मुझे अपने दायित्वों से छुटकारा मिल गया। पहले मेरी पत्नी की मृत्यु हुई, फिर माँ और अन्त में पिता की, एक के बाद एक, सभी दो साल के छोटे से अन्तराल में चले गए।'

उनकी मृत्यु को क्या वह ईश्वर की अनुकम्पा मानते थे, यह मैं पूछना चाहता था, पर शिष्टता ने रोक दिया।

'तो एक दिन, पैंतीस साल की आयु में मैंने अपने भाई से अपने बच्चों की देखरेख के लिए कहा और वृन्दावन की राह ली।' वह बता रहे थे।

'इसका मतलब' आपके भाई आपके बच्चों की देखभाल करने के लिए तुरन्त तैयार हो गए?, मैंने आश्चर्य से पूछा।

'नहीं-नहीं। उपयुक्त व्यवस्थाएँ की गयीं।'

'कौन-सी व्यवस्था?'

''क्या आपको यह पता नहीं है? मैंने सम्पत्ति में से अपना हिस्सा उन्हें इस आश्वासन के बदले दे दिया कि वह बच्चों की देखभाल करेंगे।' वह हँसी के साथ बोले। 'उसके बाद मैं चल पड़ा वृन्दावन, एक गुरु के साथ रहने। ऐसा था कि यह गुरु हमारे गाँव पहले भी कई बार आ चुके थे और मैं उनका शिष्य बनने का मन बना चुका था। मैं उनके आश्रम चला गया और स्वामी जी ने हमें अपने शिष्य के रूप में स्वीकार कर लिया। मैं वहाँ चार-पाँच वर्ष ब्रह्मचारी के रूप में रहा तब दीक्षा ग्रहण की।'

इसके बाद हमने एक अन्य संन्यासी का साक्षात्कार लिया उनका नाम अभिनव था। अभिनव अपने दीर्घकालिक लक्ष्य के प्रति सदैव सचेत थे। वे इस अर्थ में कम परम्परावादी थे कि उन्होंने विवाह नहीं किया था पर परिवार के अन्य सदस्यों की सहायता का दायित्व स्वीकार कर लिया था। वे तमिलनाडु से आये थे, हम उनसे बद्रीनाथ धाम में मिले थे।

अभिनव नामक उस संन्यासी ने बताया–

''मेरे चार भाई और एक बहन हैं। सभी तमिलनाडु में पढ़े-लिखे हैं। तमिलनाडु में शिक्षा का महत्त्व पहले है, सम्पत्ति का बाद में। जो शिक्षा हम पा रहे थे वह धार्मिक शिक्षा थी जो हमें वह मोक्ष की ओर ले जाती है। जीने की कला हमें बचपन से सिखाई जाती है। जीवन निर्वाह के लिए केवल थोड़ा धन चाहिए। जब धन अधिक मात्रा में आता है तब शान्ति नहीं आ पाती है। व्यक्ति को जीवन में कोई अन्तिम लक्ष्य नहीं रखना चाहिए। हमें एक-एक कदम चलना चाहिए। यही कर्म योग है। फल की चिन्ता किये बिना अपना कर्त्तव्य करो। मेरी प्राथमिक शिक्षा एक छोटे से

गाँव में हुई। उसके बाद मैं रामकृष्ण मिशन के स्कूल में दाखिल हुआ। वहाँ मुझे अनुशासन और बिना किसी इच्छा के जीवन को नियन्त्रित करना सिखाया गया ताकि हमारे दैनन्दिन कर्त्तव्य पूरे हो सकें। उन्होंने हमें योग, आसन और शारीरिक व्यायाम सिखाया। योग के सुख के साथ आप अपनी शारीरिक और मानसिक शक्तियों को भी बढ़ाते हैं। स्कूल में मैंने विज्ञान विषय लिया और फिर इंजीनियरिंग की पढ़ाई की। रीजनल इंजीनियरिंग कॉलेज में इलैक्ट्रानिक्स और कम्यूनिकेशन विषय लिया। इंजीनियरिंग के पाँच वर्षों के दौरान मैंने अपना समय अध्ययन में लगाया किन्तु कुछ घंटे योग भी करता रहा। अध्ययन पूरा करने के बाद भारतीय प्रबन्ध संस्थान (आई.आई.एम.) की परीक्षा दी और उसमें अच्छा किया। मैंने अपना अध्ययन कलकत्ता में जारी रखा और बाजार प्रबन्धन और मानव संसाधन के क्षेत्र में विशिष्टता अर्जित की।

इसके बाद एक बड़ी कम्पनी के दूरसंचार विभाग में नौकरी शुरू की और उद्योग में तथा अन्य क्षेत्रों में भी नौकरियाँ कीं। पर आध्यात्म मार्ग मेरे जीवन का, सदा का लक्ष्य था। चालीस की आयु में मैंने सोचा कि देश के लिए कुछ करना चाहिए। मैंने विवाह भी किया। जब आप विवाह करते हैं तो आप पारम्परिक जीवन पर ध्यान देते हैं और सारा समय विवाह और परिवार को दे देते हैं। मेरी योजना थी चालीस की उम्र में परिवार की आवश्यकताओं की पूर्ति करूँगा और उसके बाद अपनी आध्यात्मिक आवश्यकताओं पर ध्यान दूँगा। मेरे परिवार ने धीरे-धीरे मेरी योजना को स्वीकार कर लिया। संन्यास लेने के पहले मैंने अपने को बन्धन से मुक्त किया, पहले उस कम्पनी से जिसका मैं नौकर था और फिर परिवार से और उसके बाद अपने मित्रों दोस्तों से।'

अभिनव दास ने अपना व्यक्तित्व सरोवर में तैरते कमल की तरह बताया। 'जब लोग कमल पत्र या पुष्प के दलों पर पानी डालते हैं वह फिसल जाता है। मैं वैसा ही हूँ।'

'क्या आसपास के लोग यह जानते थे कि आपमें जन्म से ये विशेषताएँ हैं।'

'हाँ, हर कोई, मेरे माता-पिता, मेरे करीबी, सभी जानते थे कि मैं एक-दूसरे ही तरह का इन्सान था। उन्होंने मुझे इसके लिए कभी परेशान नहीं किया।'

स्वामी मुक्तानन्द

स्वामी मुक्तानन्द की कथा कई दृष्टियों से रोचक है। उन्होंने हमें बताया कि किस तरह बचपन की रुचियाँ प्रौढ़ावस्था के अभ्यास में परिवर्तित हो जाती हैं, उन्होंने नागा परम्परा में अपनी दीक्षा का बड़ा स्पष्ट वर्णन किया। तब हमें पता चला कि जल्दबाजी में किसी सम्प्रदाय के बारे में कोई आम राय बनाना ठीक नहीं है। नागा लोग बड़े

रूखे और झगड़ालू स्वभाव के जाने जाते हैं किन्तु मुक्तानन्द इसके अपवाद थे।

स्वामी मुक्तानन्द को मैंने पहली बार तब देखा था जब मैं एक संन्यासी का साक्षात्कार करने गया था। वह साक्षात्कार के दौरान बड़े ध्यान से बैठे रहे किसी भी तरह का प्रश्न पूछे बिना, किसी तरह का व्यवधान उपस्थित लिए बिना। साक्षात्कार समाप्त होने पर मुक्तानन्द का परिचय ऐसे कलाकार के रूप में कराया गया जो आश्रम की दीवारों पर दृश्य (मूरल) पेंट किया करते थे। इससे मैं उलझन में पड़ गया। वह एक साधु और कलाकार दोनों ही थे। मैंने उनसे पूछा कि क्या वह मुझसे बात करना पसन्द करेंगे। उन्होंने दोपहर के बाद मिलने के लिए कहा।

'मैं आपको कहाँ पाऊँगा।' मैंने पूछा।

'आप उस आश्रम में आएँ जहाँ मैं रहता हूँ और पेंटर स्वामी को पूछें' वह हँसकर बोले।

मैं उसी दिन शाम को पहुँचा और उन्हें एक बाँस की झोंपड़ी के बाहर एक बड़े मूरल को पेंट करते पाया जिसे ध्यान करने के लिए बनाया गया था। उन्होंने टेप रिकार्डर चलाने के लिए कहा। वे पेंटिंग कर रहे थे और बात भी करते रहे। उनकी पीठ मेरी ओर थी। मेरे प्रश्नों के प्रति वे तब तक उत्सुक नहीं हुए जब तक कि वह आकर मेरे सामने जमीन पर नहीं बैठ गये। फिर उन्होंने नागा सम्प्रदाय की विस्तृत चर्चा की। 'नागा' शब्द नग्न से बना है जिसका अर्थ है वस्त्रहीन। नागा साधु अपनी उद्दंडता और रूखेपन के लिए प्रसिद्ध हैं, वे थोड़ा उकसाने पर लड़ाई पर आमादा हो जाते हैं। एक बार कुछ नागा साधु मुझे दौड़ा लिए थे जब उन्होंने देखा कि मैं उनका फोटो खींच रहा हूँ। उनका अतीत बड़ा प्राचीन है पर सोलहवीं शताब्दी में एक संन्यासी मधुसूदन सरस्वती ने सम्राट अकबर से संन्यासियों की एक खास जमात तैयार करने की अनुमति ली जो हथियार से लैस संन्यासियों की रक्षा में जुटे थे और जो प्रायः मुस्लिम फकीरों के आक्रमण का शिकार होते थे। ये आधुनिक नागा साधुओं के पूर्ववर्ती थे।

मुक्तानन्द ने मृदु स्वर में और चेहरे पर मुस्कान लिए अपनी कहानी बतायी। वह गुजरात के एक मध्यवर्गीय परिवार से आये थे। उनके पिता एक कपड़े की मिल में बुनाई के उस्ताद थे। वे बड़े ही धार्मिक थे। उनके एक गुरु थे जो धार्मिक तथा दूसरे मामलों में राय देते थे। मुक्तानन्द के दो बड़े भाई हैं और एक बड़ी और एक छोटी बहन। उनके सबसे बड़े भाई जिलाधीश हैं और दूसरे नम्बर के भाई का मकान खरीदने-बेचने का कारोबार है। दोनों बहनें अच्छे परिवारों में ब्याही गयी हैं और अपने-अपने घर सुखी हैं।

मुक्तानन्द का जन्म श्रीकृष्ण भगवान के जन्मदिन जन्माष्टमी को रात ग्यारह बजे हुआ था। उपहास में उन्होंने कहा कि यदि वह अर्द्धरात्रि को जन्मे

होते (जब श्रीकृष्ण जन्मे थे) तो एक सच्चे सन्त हुए होते। उनकी जन्मकुंडली की भविष्यवाणी थी कि एक दिन वह साधु हो जाएँगें। बचपन से ही मुक्तानन्द का धार्मिक कार्यों के साथ बड़ा लगाव था और अपना अधिकांश समय घर के पास बने मन्दिर पर बिताते थे न कि दूसरे बच्चों के साथ खेलकूद में। उनके बड़े भाई ने उनकी कुंडली को ध्यान में रख छोटे मुक्तानन्द को मन्दिर जाने से निरुत्साहित करते थे और यह सुनिश्चित करते थे कि वह भी दूसरे बच्चों की ही तरह स्कूल जाता रहे।

अपनी स्कूली शिक्षा पूरी करने के बाद एक दिन मुक्तानन्द ने खुलकर स्पष्ट रूप से कहा कि वह संन्यासी बनना चाहते हैं। उन्होंने मुझे आश्वस्त किया कि उनका घर सुखी था और जब वह बड़े हो रहे थे तो उनमें किसी तरह का कोई तनाव नहीं था। इस साहसी घोषणा के बाद घर के सदस्यों ने परिवार के गुरु से राय ली जिन्होंने सुझाया कि 'मुक्तानन्द को आकर उनके साथ रहने दिया जाय। वह अपनी साधना मेरी देख-रेख में कर सकते हैं, यदि यह उनकी वास्तव में दिली इच्छा है तो हमें उन्हें संन्यास लेने देना चाहिए और यदि वह ऊब जाते हैं तो मैं उन्हें घर भेज दूँगा।' गुरु ने कहा।

मुक्तानन्द ऊबे नहीं। उन्होंने आश्रम के दैनिक कार्यकलाप में बड़ी रुचि ली। आठ साल तक गुरु के पास रहने के बाद उन्हें आध्यात्मिक शिक्षा के लिए हरिद्वार में एक महामंडलेश्वर के पास भेज दिया गया था। मंडलेश्वर अखाड़ों से जुड़े होते हैं (बड़े संस्थान जहाँ नागा साधु रहते हैं)। नागा साधुओं के आठ मुख्य अखाड़े हैं जिनके मुख्यालय प्रमुख तीर्थस्थानों पर हैं और शाखाएँ और स्थानों पर। हर अखाड़े का एक महन्थ होता है जो उसका मुख्य प्रशासक होता है पर आध्यात्मिक शिक्षा अखाड़े से जुड़े मंडलेश्वर ही देते हैं।

मुक्तानन्द ने वहाँ चार वर्ष तक अध्ययन किया उसके बाद उन्हें दीक्षा दी गयी। चूँकि उनके शिक्षक एक खास नागा संस्थान से जुड़े थे, मुक्तानन्द भी एक नागा साधु हो गये। एक नागा साधु की दीक्षा एक विलक्षण अनुष्ठान होता है। विभिन्न धार्मिक कृत्यों को पूरा करने के बाद गुरु व्यक्ति के लिंग पर जोर से प्रहार करता है। मुक्तानन्द ने इसे 'जननांग खंडन' का कृत्य कहा जो व्यक्ति को सेक्स की दृष्टि से नपुंसक बना देता है। मुक्तानन्द का यह विश्वास था कि यह क्रिया सचमुच में व्यक्ति को नपुंसक बना देती है। गुरु लिंग के चारों ओर एक चाँदी की कड़ी रिंग पहना देते हैं जो सेक्स क्रिया को रोकती है। बिना किसी हिचक के मुक्तानन्द ने अपना अधोवस्त्र नीचे खिसका कर अपने लिंग पर लगे रिंग को दिखाया, उन्होंने आश्वस्त किया कि इससे मूत्र विसर्जन में बाधा नहीं पड़ती है। यह रिंग (कौमार्य पेटी) का पुरुष रूप लिंग को कामेच्छा होने पर बड़ा आकार लेने से रोकता है।

अन्य-अन्य साधुओं ने अपनी जिन्दगी की अलग-अलग घटनाओं के कारण संन्यास ग्रहण किया था। कई बचपन में अनाथ हो गये थे और किसी साधु द्वारा अपना लिए गए थे।

स्वामी माधवानन्द

स्वामी माधवानन्द आरम्भ से ही साधु बनना चाहते थे पर उनका पूरा नजरिया उनके शैशव में घटी त्रासदी से प्रभावित था। उन्होंने अपने साक्षात्कार में बताया–

मैं लगभग आठ साल का था और अपने माता-पिता के साथ यात्रा कर रहा था। ट्रेन एक पुल से गुजर रही थी और पुल टूट गया। ट्रेन नदी की धारा में गिर पड़ी। सभी 700 यात्री जिनमें मेरे माता-पिता भी थे अकाल ही काल कवलित हो गए। मैं ही एक मात्र जीवित बचा था, पुलिस मुझे लगभग एक महीने तक रखी थी, "जब तक छानबीन चल रही थी। इतनी लाशों को देखना एक भयानक अनुभव था।" मैं अपने माता-पिता की लाशों को पहचान गया था।

तब मेरे नाना आये और मुझे अपने गाँव ले गए। मैंने उनके परिवार के साथ रहकर दसवीं कक्षा तक पढ़ाई की। मैं जब मैंने स्कूल की पढ़ाई पूरी की तब मेरे चाचा मेरी नौकरी और शादी की बात करने लगे। मैंने कहा, जहाँ तक जीविका का प्रश्न है, कोई समस्या नहीं है पर मैं शादी नहीं करूँगा। मेरे चाचा ने पूछा, "क्यों? क्या तुम नहीं चाहते कि कोई तुम्हारी और तुम्हारे घर की देखभाल करे?" मैंने कहा, "वही जो रेलवे दुर्घटना के बाद मेरी देख-भाल कर रहा था, करेगा।" इस बातचीत के बाद मैंने घर छोड़ दिया और एक आध्यात्मिक गुरु की खोज में चल पड़ा। मैं रामकृष्ण आश्रम में अपने गुरु से मिला। यह तीस साल पुरानी घटना है।

मदन मोहन दास

जब हम मदन मोहन दास से मिले तो वे काफी वृद्ध थे। उन्होंने अपनी आयु का अनुमान अपने दीक्षा के वर्ष को याद कर जो 1918 था, अनुमान लगाया। अब वे बयासी साल के थे। उनकी माँ की मृत्यु जब वह बहुत छोटे थे तभी हो चुकी थी, उनके पिता एक छोटे व्यापारी थे, जब मदन बारह वर्ष के थे तभी वे चल बसे। मदन मोहन अकेले एक महात्मा के साथ रहने चला गया जिसके पास उसके पिता जाया करते थे। उन्होंने अपनी जायदाद बेच कर महात्मा के आश्रम को सौंप दी। दीक्षा के बाद वे अपना दिन साधना में और महात्मा की सेवा में बिताने लगे। उस महात्मा के देहान्त के बाद मदन मोहन आश्रम की और उससे सटे मन्दिर की देखभाल करने लगे, पर यह जिम्मेदारी बहुत अधिक थी। वह देश के तीर्थस्थलों की यात्रा के लिए चल पड़े और पूरे देश में चारों ओर भ्रमण किया। वे कभी-कभी एक आश्रम में कुछ दिन के लिए रुक जाते थे, फिर वहाँ से दूसरी जगह चल पड़ते थे।

पहले वह पैदल चलते थे पर इस बार महाराष्ट्र से बस में बैठ कर आए थे। वह गंगोत्री तक की शेष दूरी पैदल चलकर पूरा करना चाहते थे।

'आप एक जगह स्थिर होकर रुक क्यों नहीं गए?' यह एक जगह से दूसरी जगह घूमते रहने की जिद क्यों हैं?' मैंने उनसे पूछा।

'आप दूसरे ज्ञानी सन्तों से और कैसे मिल सकते हो? मैंने देशाटन के दौरान बहुत कुछ सीखा है।' उन्होंने उत्तर दिया।

'क्या आपने कभी यह महसूस किया कि आपने गलत राह चुनी है और यह सोचा कि विवाह कर कहीं घर बसाना ज्यादा ठीक रहा होता?' मैंने कहा।

'यह बात कभी मेरे मन में नहीं उठी। मैं स्वतंत्र अनुभव करता हूँ और जब मैं यात्रा करता हूँ तो मेरा हृदय भक्ति भावना से आप्लावित रहता है।' उन्होंने कहा।

साधु ओम नाथ

ओमनाथ एक साधु थे जिन्होंने जीने की यह शैली तब चुनी जब उन्हें कोई राह नहीं सूझ रही थी। जब वह एक छोटे बच्चे थे और उनके माता-पिता एक बस में यात्रा कर रहे थे तो बस एक खड्ड में गिर पड़ी। इस दुर्घटना में उनके माता-पिता दोनों मारे गए। अघोर पंथ का एक साधु अपने साथ इस अनाथ बच्चे को ले चला। यही अनाथ बच्चा आगे चलकर साधु ओम नाथ हुआ।

स्वामी गोरख गिरि

अप्रिय पारिवारिक रिश्ते भी कुछ लोगों के लिए साधुओं के जीवन की ओर जाने का कारण बन जाते हैं। स्वामी गोरख गिरि महाराष्ट्र के एक गाँव से थे, जहाँ उनके पिता एक छोटे किसान थे। जब वे 15 वर्ष के ही थे उनकी माँ चल बसी थीं और पिता ने दूसरा विवाह किया था। उनकी सौतेली माँ से, तीन वर्ष में दो बच्चे हुए। उस सौतेली माँ ने उनके साथ अच्छा बर्ताव नहीं किया। वह जो कुछ करते थे उस पर वे सवाल और आलोचना करती थी। वह अपने को अकेला और दुखी महसूस करने लगे। उनका सबसे गहरा रिश्ता अपनी माँ से था और वह अब जीवित नहीं थीं। उनके पिता उनकी शिकायतों को सुनने को तैयार नहीं थे। उन्हें अक्सर लगता था कि अब जीने की कोई वजह नहीं है। वह शहर में मन्दिरों और आश्रमों में जाने लगे और महात्माओं की वाणी सुनते थे, इससे उनके मन को शान्ति मिलती थी। एक दिन जब उनकी सौतेली माँ ने बहुत ज्यादा ताना मारा तो उन्होंने अपने पिता से कहा कि वह साधु हो जायेंगे।

'तो जाओ और साधु हो जाओ' उनके पिता ने कहा। उन्होंने तुरन्त घर छोड़ दिया और कई मन्दिरों और आश्रमों की खाक छानी। उन्हें कभी-कभी कुछ

दिन तक भोजन मिल जाता और कभी कुछ दिन भूखे रहना पड़ता था। वह इतने दुखी हुए कि उन्होंने ट्रेन से कटकर जान देने का फैसला कर लिया। इस समय वह लगभग 23 वर्ष के थे। आत्महत्या का मन बनाकर वह एक रेलवे पटरी के किनारे मालगाड़ी का इन्तजार कर रहे थे—मालगाड़ी के नीचे आना सवारी गाड़ी की तुलना में आसान है क्योंकि उसके नीचे थोड़ी जगह होती है—तभी एक साधु ने उन्हें देख लिया। यह समझकर कि यह आदमी कुछ गड़बड़ करने वाला है साधु उनके पास आया, और कान पर जोर का थप्पड़ मार कर पूछा कि वह वहाँ क्या कर रहा था? गोरख रो पड़े और उस साधु को अपनी व्यथा-कथा सुनायी। गोरख ने कहा कि वह इतने बेकार थे कि शहर का कोई साधु उन्हें अपना शिष्य नहीं बनाना चाहता था, इस साधु ने गोरख को समझाया कि वह आत्महत्या का विचार छोड़कर जीवन के वास्तविक उद्देश्य को सीखना आरम्भ करे। उन्होंने बताया कि मानव जीवन चौरासी हजार योनियों के बाद मिलता है और ऐसी अमूल्य धरोहर को जानबूझकर त्यागने की चेष्टा किसी को नहीं करनी चाहिए। उस साधु महात्मा ने उन्हें तुरन्त दीक्षा नहीं दी। साथ ही उन्होंने एक मंत्र और नया नाम गोरख गिरि भी दिया। यह उनके जीवन का ऐसा मोड़ था जिसने उनकी राह बदल दी।

संन्यासी अजय सिंह

एक साधु का जीवन कठिन होता है, खास तौर पर उनके लिए जो यायावर होते हैं। अशक्तता भी कभी-कभी व्यक्ति के लिए संन्यास का कारण बन जाती है। अजय सिंह की कहानी इसी की ओर संकेत करती है। जब मैंने उनसे संन्यास लेने का कारण पूछा तो उन्होंने जवाब दिया—'ऐसा है कि मेरा बायाँ हाथ बेकार है। तो मैंने सोचा यही अच्छा होगा कि सब छोड़ भजन किया जाये।'

'आपके करीबी इसके लिए तैयार हो गये?' मैंने पूछा।

'नहीं। कोई भी यह नहीं चाहता था कि उसके परिवार का एक सदस्य इस तरह चला जाय।' उन्होंने कहा।

'क्या आप कहीं इलाज कराने के लिए भी गये थे?'

'हाँ, पर डॉक्टर बोले कि एक ऑपरेशन करना पड़ेगा और इसकी कोई गारंटी नहीं कि इसके बाद यह ठीक हो जायेगा।'

'मैं इसलिए कह रहा हूँ कि मैं एक डॉक्टर हूँ और मुझे लगता है कि हाथ पूरी तरह ठीक न भी हो पर इलाज के बाद अच्छा जरूर हो जायेगा। अच्छा यह बताओ तुम्हारे माता-पिता जीविका के लिए क्या काम करते हैं?' मैंने पूछा।

'वे एक फैक्ट्री में काम करते थे।'

'कोई भाई-बहन।'

'मेरी कोई बहन नहीं है, केवल तीन भाई हैं जो मुझसे छोटे हैं।'

'क्या परिवार के अन्य सदस्य अच्छी तरह जीवन बसर कर रहे हैं?'

'हाँ, बाकी परिवार अच्छी तरह है। किसी तरह की कोई बीमारी नहीं है।'

'कितने दिनों से यह हाथ चोटीला है?'

'पिछले पाँच या छह साल से।'

'पर तुमने कहा कि तुम पिछले दस साल से साधु हो। तो क्या इसका यह अर्थ है कि तुम हाथ की समस्या के कारण साधु नहीं हुए?'

'मैं इसके पहले भी साधु बनना चाहता था। मैं घर छोड़कर समय-समय पर साधुओं के साथ रहता था।'

'तो जब तुम साधु बने तो यह हाथ बिल्कुल ठीक था?'

'हाँ यह ठीक था। मैं साधुओं के लिए भोजन पकाता था, पचास-साठ साधुओं के लिए एक साथ। मैं आश्रम के लिए भोजन तैयार करता था। एक बार खाना बनाते हुए मैंने अपना हाथ जला लिया।'

'मैं देख सकता हूँ कि तुम्हारा हाथ जला हुआ है। तुमने कहा कि तुम अक्सर घर छोड़कर चले जाते थे, क्यों?'

'कुछ समस्याएँ थीं।'

'घर पर? क्या तुम्हारे माता-पिता तुम पर नाराज हो जाते थे?'

'मैं आपको सच्चाई बताता हूँ। चूँकि मेरे माता-पिता का गाँव में बड़ा आदर था, यदि मैं अन्य लड़कों के साथ बाहर जाता था तो वहाँ कोई भी गलती करे तो सजा मुझे मिलती थी।'

'इसका मतलब यह हुआ कि तुम गलत संगति में थे?'

'मैं क्या कर सकता था यदि गाँव में सभी बच्चे वैसे ही हों। मुझे उनके साथ जाना ही था। मैं हमेशा अकेले नहीं रह सकता था। इसलिए मैंने घर छोड़ दिया।'

'गाँव के लोग और खास तौर पर तुम्हारे माता-पिता, उन्होंने तुमसे क्या कहा जब तुमने घर छोड़ने का निश्चय किया?'

'सब ने घर न छोड़ने के लिए कहा।'

'और तुम कभी वापस नहीं लौटे।'

'हाथ जलने के बाद मैं जरूर वापस आया। मेरे माता-पिता ने कहा रुक जाओ। परिवार तुम्हारी देख-भाल करेगा। पर मैंने अपने मन में सोचा मान लो मैं रुक जाऊँ और विवाह हो जाय और उस समय मेरे भाई मुझे सहयोग न दें, तब मैं क्या करूँगा।'

'पहले छह वर्षों में जब तुम्हारा हाथ नहीं जला था, तुमने क्या किया?'

''मैं सीधे हरिद्वार गया। मैं बचपन से ही भोजन बनाने में अच्छा था। साधु लोगों ने आश्रम में मुझे रसोइया बनने को कहा। उसके बाद एक दिन मेरा हाथ

जल गया। उन लोगों ने इलाज कराया पर घाव पूरी तरह से नहीं भरा। फिर मैंने छोड़ दिया।'

'क्या तुमने दीक्षा ली?'

'नहीं, मैंने दीक्षा नहीं ली। मैं मात्र एक घुमन्तू साधु हूँ। जब मेरा समय आयेगा मैं दीक्षा ले लूँगा। जब तक समय पूरा नहीं होता कोई भी दीक्षा नहीं पा सकता।'

'पर क्या आप विश्वास करते है? क्या आप भगवान के बारे में सोचते है?'

'जरूर, मैं भक्ति में विश्वास करता हूँ। यदि मैं ऐसा नहीं करता तो साधुओं के साथ इस तरह नहीं घूमता।'

'क्या तुम साधु की तरह इसलिए घूम रहे हो कि तुम भगवान को पाना चाहते हो या कि यह हाथ जल जाने के कारण ऐसा करने के लिए विवश हुए।'

'मैं भगवान में जरूर विश्वास रखता हूँ पर परिस्थितियों से भी मजबूर हूँ।'

'तुम क्या करना चाहते हो।'

'मैं अन्दर से टूट चुका हूँ। मैं हमेशा दुखी रहता हूँ। मैं चाहता हूँ कि ठीक रहूँ। तब मैं दूसरों की तरह काम करता था तो लोगों को दान देता था जैसे आप देते हैं।'

'तुम अपना समय कैसे बिताते हो।'

'यह कई बातों पर निर्भर करता है। यदि मुझे अच्छी संगति मिल जाती है तो मैं साधुओं के साथ घूमता हूँ और जब नहीं मिलती है, कहीं भी चला जाता हूँ जहाँ चाहता हूँ। जब जाने की इच्छा जगती है तो मैं किसी भी चीज की प्रतीक्षा नहीं करता।'

एक अन्य साधु

यह ऐसा साधु था जिसने यह जीवन दुर्भाग्य से बचने के लिए अपनाया और फिर पाया कि यह साधु का जीवन उसके लिए ठीक है। उसने बताया कि जब मैं बीस साल का था तो एक ज्योतिषी ने हमारे माता-पिता को बताया कि मैं तेईस साल की उम्र में मर जाऊँगा। ऐसी मान्यता है कि यदि आप साधु बन जायें तो इस तरह की भविष्यवाणी को सच होने से रोका जा सकता है। मैं दसवीं तक की पढ़ाई पूरी कर चुका था। मेरे माता-पिता मुझे एक गुरु को सौंपने का निश्चय कर चुके थे। उन्होंने मुझे आश्रम में भेज दिया। मैं जब तेईस साल का हुआ तब मेरे माता-पिता आश्रम आए और कुछ धन दे मुझे वापस ले जाने को तैयार थे। मैंने वापस जाने से मना कर दिया।'

'क्या यह आपका निर्णय था कि आप साधु बने रहें या गुरु का दबाव था?'

'यह मेरा फैसला था।'

'क्यों?'

'अपने गुरु के शब्द और ग्रन्थों को पढ़ने और मनन करने के बाद जीवन का मर्म मेरे समझ में आ गया। जीवन दुख, रोग, दबाव, और मोह के भार से बोझिल है। यहाँ तक कि एक अमीर आदमी भी पीड़ा पाता है। अगर मैं एक साधु का जीवन जीता हूँ तो मुझे मोक्ष मिलेगा अर्थात् इस रूप में फिर वापसी नहीं होगी जिसमें कष्ट ही कष्ट हैं। गुरु के साथ बिताए गए वर्षों में मैंने इस तरह के जीवन के प्रति वैराग्य को विकसित कर लिया था और इस शरीर के कष्टों से छुटकारा पाने की बाट जोह रहा था।'

पचपन नारायण

ऐसे साधु जो अपनी जिन्दगी की परेशानियों के कारण संन्यास ग्रहण किए थे वे उन लोगों की तुलना में जीवन से कम सन्तुष्ट थे जो अपने स्वभाव के आधार पर चल रहे थे।

पचपन नारायण के लिए एक साधु का जीवन बुढ़ापे की चुनौतियों से जूझने का तरीका था।

हम लोग बद्रीनाथ के रास्ते में जोशीमठ नामक स्थान में ठहरे हुए थे। यहाँ हमें एक वृद्ध साधु मिले जो एक हनुमान मन्दिर के पास धूप सेंक रहे थे। वह बड़े साँवले थे, सफेद पके बाल, गेरुआ वस्त्र, वे रुद्राक्ष की माला धारण किये हुए थे। नाम पूछने पर उन्होंने कहा, 'पचपन नारायण' अर्थात पचपन देवता (वह हँसे) 'मेरा कोई परिवार नहीं है, मेरे पास कोई सम्पत्ति नहीं है, कुछ भी नहीं है। कुछ लोग मुझे पागल कहते हैं, फिर सुधारा 'वे पहले पागल कहते थे अब नहीं। मैं कहीं नहीं जाता—बस केवल इस मन्दिर की देखभाल करता हूँ।'

'आपका जन्म कहाँ हुआ था?'

'तमिलनाडु के मदुरै जिले में।'

'आपके माता-पिता क्या करते थे?'

'वे खेत पर काम करते थे।'

'आपका बचपन कैसे बीता?'

'मैं लोगों के घरों में नौकर का काम करता था और उसके बाद मन्दिर में छोटे-मोटे काम भी करता था। कभी-कभी मैं मन्दिर में भोजन पकाने में सहायता भी करता था। फिर मैं इन सब बातों से थक गया और बम्बई चला गया। यह तब हुआ जब मैं तीस साल का था और मेरा परिवार नहीं था—मैं शादीशुदा नहीं था। माता-पिता को बताए बिना मैं दूर चला गया।'

'मैंने पच्चीस साल बम्बई में बिताया। मैंने एक सेठ के मकान में लिफ्टमैन की नौकरी की। फिर मैं बड़ा हुआ और सेठ ने मुझे नौकरी छोड़ देने को कहा।

मैंने नौकरी छोड़ दी। मैं दिल्ली चला गया और फिर वहाँ से काशी। दिल्ली में एक आश्रम में रहा। पाँच साल एक जगह से दूसरी जगह जाते हुए मैं यहाँ पहुँचा।'

'क्या आपके कोई गुरु हैं?'

'हाँ, मुझे काशी में एक नागा बाबा ने दीक्षा दी थी।'

'यहाँ आने पर क्या हुआ?'

'मैंने एक साधु की सेवा की जो इस मन्दिर की देखभाल में लगे थे। मैं कोई बुरा काम नहीं करता हूँ। कभी-कभी मैं एक दूकान पर जाकर बैठ जाता हूँ, जो एक टेलीफोन बूथ है। यदि कोई यात्री इस इलाके के बारे में जानना चाहता है तो मैं उन्हें रास्ता बताता हूँ। वे हमें कुछ पैसे दे देते हैं।'

'जिस साधु की आप सेवा कर रहे थे उन्हें क्या हुआ था।'

'उन साधु का देहान्त हो गया। लोग उनका सारा सामान उठा ले गये पर यह छोटा कमरा खाली पड़ा था, जैसे पहले था। मैं यहाँ बैठता हूँ और वह सब काम करता हूँ जो वृद्ध साधु करते थे, जैसे मन्दिर की देखभाल करना।'

'क्या आपके लिए यहाँ अकेले रहना मुश्किल नहीं है?'

'कभी-कभी लोग मुझे पागल कहते हैं।'

'क्या आपको कभी अपने घर की याद सताती है?

'मैं एक बार अपने घर गया था। मुझे गेरुए वस्त्र, जटा, घुँघराली लटें, और दाढ़ी में देखकर लोग मेरे ऊपर हँसने लगे। वे मुझे एक मन्दिर में ले गये और मेरा सिर घुटा कर मुँडन करा दिया। मैं कुछ महीने वहाँ रहा पर ऊब गया और यहाँ वापस आ गया। इस आयु में मैं कोई काम नहीं कर सकता। मैं केवल भोजन कर सकता हूँ (वह फिर हँसने लगे)।'

'क्या आपने यहाँ आसपास भ्रमण किया है?'

'मैं एक बार बद्रीनाथ गया हूँ। मैं वहाँ साधुओं की एक जमात के साथ रहा पर उन्होंने धोखा दिया। वे गलत बात भी करते थे–गाँजा पीते थे–मैं कभी कोई गलत काम नहीं करता था।'

× × ×

प्रायः एक साधु से यह कभी अपेक्षा नहीं होती कि वह परिवार से अपना सम्बन्ध बनाये रखे। परन्तु कई साधुओं का परिवार के साथ एक तनाव का रिश्ता बना रहता है। वे यह जानते थे कि उनमें परिजनों में कौन जीवित है और कैसे रह रहे हैं। एक साधु इंटरनेट कैफे से ई-मेल की सहायता से कभी-कभी परिवार से सम्पर्क करते थे। परिजनों का कष्ट देख कर वे घर पर भी प्रायः जाया करते थे। एक युवा साधु ने तेरह साल उम्र में बिना बताये घर छोड़ दिया था। उसने बताया कि मैंने परिवार के लोगों की गैरजानकारी में अपना घर छोड़ दिया था। किसी को पता नहीं

था कि मैं कहाँ चला गया था। मैं बारह तेरह साल तक घूमता रहा। एक दिन एक परिचित आदमी मिला, उसने पूछा क्या तुम अपने गाँव गये थे? क्या तुमने अपनी उस माँ की हालत देखी जिसने तुम्हें जन्म दिया था? वह रो-रोकर अधमरी हो रही है। तब मैं तेरह साल बाद गाँव गया और मैंने माँ को देखा–रोने से उसके आँखों की रोशनी चली गयी थी। जब उसने देखा वह खुश हुई कि मैं एक साधु था। लोगों का शक था कि मैं कोई अपराध करके भाग गया हूँ। बाद में उसकी आँख तेजी से सुधर गयी। इस साल दिवाली पर मैं फिर गाँव गया था। मेरी माँ ने मुझे एक शाल और मेरी चाची ने एक कम्बल दिया। मेरी चाची ने मुझे बाईस साल बाद देखा और तब भी उन्होंने मुझे पहचान लिया।

× × ×

ऊपर की चर्चा से यह स्पष्ट है कि संन्यास की दुनिया में प्रवेश की कई राहें हैं। मैं दो साक्षात्कारों पर विस्तार से चर्चा करुँगा जो इस तरह संन्यास में आने वाले अवरोधों को स्पष्ट करते हैं। एक तो एक युवा स्त्री की कहानी है जो कई वर्षों तक लड़ती रही और अपने लक्ष्य तक पहुँचने के लिए अनेक बाधाओं को पार किया। अधिकतर संन्यासी पुरुष होते हैं पर कई स्त्रियाँ भी संन्यास की राह चुन लेती हैं। दूसरी कहानी एक पुरुष की है जो धीरे-धीरे धार्मिक जीवन की ओर प्रवृत्त हुआ और फिर वृद्धावस्था में संन्यास ग्रहण किया।

गीता अपने परनाना के घर पली बढ़ी थी क्योंकि उसके पिता विदेश में अरब अमीरात में नौकरी करते थे। परनाना एक जानकार व्यक्ति थे और हिन्दू शास्त्रों में पारंगत थे। उन्होंने गीता का अक्षरारंभ कराया और उसे ढाई साल की उम्र से पौराणिक कथाएँ पढ़ाने लगे। चार साल की उम्र में वह पढ़ने और लिखने लगी। इस छोटी आयु में वह पौराणिक कथाओं की पत्रिका पढ़ सकती थी। वस्तुतः वह घर में पहली लड़की थी जिसे पत्रिका पढ़ने की अनुमति मिली थी। वह इन पत्रिकाओं को अपनी चाची के पास ले जाती थी और उन्हें कहानियाँ पढ़कर सुनाती थी। इसके बाद ही परिवार के किसी सदस्य को पत्रिका पढ़ने को मिलती थी।

हालाँकि उसके दादा बच्चों को कम उम्र में स्कूल भेजने के खिलाफ थे, उसने उनको समझाने की कोशिश की, जैसे घर के और बच्चे जा रहे थे वह भी स्कूल जायेगी। स्कूल के साक्षात्कार में उसकी पढ़ने की क्षमता और गणित की योग्यताओं की परीक्षा ली गयी और उसके ज्ञान के आधार पर उसे ऊँची कक्षा में प्रवेश दिया गया। उसे स्कूल से बड़ा प्यार था, वह घर पर आध्यात्मिक साहित्य पढ़ने में अपना समय बिताती थी।

जब वह आठ साल की हुई उसके पिता विदेश से वापस आ गये तो वह परिवार के साथ बम्बई चली गयी। वहाँ उसे एक अँग्रेजी माध्यम के स्कूल में भेजा

गया। यहाँ वह ऊब गयी और बड़ी दुखी हुई। वह पढ़ाई में फेल हो गयी उसने फिर कोशिश करने से मना कर दिया। कुछ साल बीतने पर एक रिश्तेदार ने, जो उनके साथ रहने आये थे, यह पाया कि यह सब उसके अँग्रेजी के खराब ज्ञान के कारण था। उन्होंने गीता को अँग्रेजी भाषा सिखाने की जिम्मेदारी ली और अँग्रेजी सीखने के बाद वह जल्दी ही कक्षा में ऊँचे स्थान पर पहुँच गयी।

गीता कॉलेज में डॉक्टरी पढ़ने के विचार से गयी थी। मेडिसिन में पहले साल वह स्वामी दयानन्द से मिली। गीता घर पर कभी भी खुश नहीं थी क्योंकि उसके पिता क्रोधी स्वभाव के थे, वे पत्नी के साथ झगड़ते रहते थे और उनके कायदे कानून पर न चलने की हालत में पीटते भी थे। वस्तुतः उसे प्रश्न पूछने से निरुत्साहित किया जाता था। स्वामी जी ने उसे प्रभावित किया। वह हास्य से भरे हुए, सरल और सहृदय थे, उन्हें चिढ़ाने में मजा आता था, कभी-कभी वे आइसक्रीम माँगते थे, जो एक संन्यासी से अपेक्षित नहीं था। उन्होंने अपनी विनम्रता से भी गीता को प्रभावित किया। जब गीता ने उनकी यह कहकर परीक्षा ली कि, 'क्या आप मेरे पूछे किसी भी सवाल का जवाब देंगे?' उन्होंने कहा, 'यदि मुझे उत्तर ज्ञात होगा तो जरूर दूँगा।'

'मैं आपसे कहाँ मिल सकती हूँ?'

'आश्रम पर क्यों नहीं?'

'मेरे पिता वहाँ आने नहीं देंगे।' उसने कहा।

'तब जहाँ कहीं मिल सकती हो मिलो।'

यह छह महीने पहले की बात है जब वह उनसे अपने एक मित्र के घर मिली। उन्होंने फिर चिढ़ाया, 'तुम मुझ पर आक्रामण करने की धमकी दे रही थीं, क्या हुआ?'

वह मानने को तैयार नहीं थी। उसके पिता सभी गुरुओं, स्वामिओं और आध्यात्मिक शिक्षकों को, उन्हें धोखेबाज मानते हुए अस्वीकृत कर चुके थे।

गीता ने 1974 में एम.बी.बी.एस. पूरा किया। जब वह मेडिकल की पढ़ाई कर रही थी, तब भी उसने स्वामी दयानन्द के आश्रम नियमित जाने वाली एक दोस्त के नोट लेकर वेदान्त का अध्ययन जारी रखा। मेडिकल डिग्री पूरी कर उसने स्वामी जी द्वारा दिये भगवद्गीता के बारह दिवसीय पाठ्यक्रम को पूरा किया। यह उसके लिए रहस्योद्घाटन था।

'मुझे कभी भी इतनी प्रसन्नता नहीं हुई थी जितनी इस पाठ्यक्रम के दौरान हुई।' उसने कहा, जीवनभर एक प्रश्न उसके सामने खड़ा मिलता था, जब भी कुछ समाप्त होता था, इसके बाद क्या?

'अब इस तरह का कुछ भी शेष नहीं था। मुझे मालूम था कि शेष जीवन

आध्यात्मिक खोज में लगाऊँगी।' उसने कहा। स्वामी के उद्‌बोधनों से कई आधारभूत प्रश्न, जो रुपये पैसे, वस्तुओं के महत्व तथा सम्बन्धों के अर्थ और भविष्य से जुड़े थे, फिर कभी उसे परेशान नहीं किये।

उसने तय किया कि वह शेष जीवन शास्त्रों के अध्ययन में बितायेगी। किन्तु ऐसा नहीं हो सका। उसके पिता स्वामी जी के साथ उसके सम्पर्क के विरुद्ध थे और स्वामी जी ने उससे स्वयं कहा कि वह किसी और बात के बारे में सोचने के पहले एम.डी. स्नातकोत्तर डिग्री पूरी कर ले। उसने खूब परिश्रम किया और ढाई साल में एम.डी. पूरी कर ली। इस बीच वह अपने एक चाचा के दुर्भाग्य से दुखी थी जो किसी राजनेता की ठगी से फँसे थे पर उनकी बात नहीं चली क्योंकि वे राजनैतिक ढंग से असुविधाजनक थे। चाचा ने इस्तीफा दे दिया था और थोड़े दिनों बाद उनकी मृत्यु हो गयी थी। युवा गीता के लिए यह बात महत्त्वपूर्ण थी। वह स्वयं से पूछती थी कि जीवन का क्या लक्ष्य है?

पिता से उसका विरोध चलता रहा। पिताजी चाहते थे कि वह पढ़ाई पूरी कर विवाह करे पर उसने मना कर दिया। उसके पिता क्रुद्ध होकर उस स्वामी जी को जान से मार देने की धमकी देने लगे जिसने उनकी बेटी के दिमाग में ये विचार भरे थे। उन्होंने गीता से वचन लिया कि वह एक साल तक स्वामी से न मिले। वह यह वचन नहीं निभा सकी क्योंकि छह महीने बाद उसकी माँ बीमार हुई और स्वामी जी का सहारा पाने के लिए उनसे मिली। स्वामी जी उसके पिता के विचार से उलझन में थे। इस युवती से वह यह नहीं कह सकते थे कि यह पिता का धर्म नहीं था कि अपने बच्चे से इस तरह का वचन ले और उसके पिता यह नहीं जानते कि अपने बच्चों से कैसे प्यार किया जाता है। ये भावनाएँ उसके पिता ने और भड़काईं और गीता से कहा कि वह विवाह करे या घर छोड़ दे।

उसकी माँ ने भी सहयोग नहीं किया। उन्होंने कहा, 'तुम्हारे पक्ष में यही हितकर है। तुम्हारे पास यौवन है पर तुम्हारे पिता के पास कुछ भी नहीं, इसलिए मुझे उनके साथ रहना होगा।'

गीता घर छोड़ कलकत्ता में वहाँ पहुँच गयी जहाँ स्वामी जी का प्रवचन चल रहा था। पीछे-पीछे उसके पिता भी पहुँचे और स्वामी जी से झगड़ पड़े। इस दुखद घटना के बाद स्वामी जी ने गीता से घर जाने को कहा और बोले, 'यदि तुम नहीं जाओगी तो तुम्हारे पिता जी तुम्हारी बहनों को आघात पहुँचाने लगेंगे।' वह वापस लौटी और एक गाँव में चिकित्सक का काम शुरू करते हुए समय बिताने का फैसला किया। उसने एक मिशन अस्पताल में काम शुरु किया और बारह साल तक उस काम को विस्तार दिया और उस अस्पताल को अच्छा बनाया। जब उसने इसे छोड़ा तो वह आर्थिक रूप से एक आत्मनिर्भर संस्था का रूप ले चुका था। इस अवधि

में उसने संस्कृत सीख ली और स्वामी जी के सम्पर्क में हमेशा बनी रही। अन्त में उसके पिता ने आधे मन से स्वामी जी के पास जाने की अनुमति दे दी।

'जाओ, पर जरूरत पड़ने पर मेरे पास न लौटना।' उसके पिता ने कहा।

'क्या आप अभी भी यही मानते हैं कि मैं अपनी देखभाल खुद नहीं कर सकती?' उसने पूछा।

उसने स्वामी जी के कोयम्बटूर आश्रम में कार्य शुरू किया, मेरे साक्षात्कार लेने के पहले।

यह कार्य करने के एक साल बाद उसके पिता को प्रोस्टेट का कैंसर हो गया। वह घर जाकर उनकी देखभाल करने लगी जैसे उसके मन में कोई दुराव न हो। जब वह ठीक हो गये वह आश्रम लौट आयी और उसके आश्रम के जीवन को स्वीकार कर लिया जो उसकी दृष्टि में सही था।

मेरे साक्षात्कार के छह महीने पहले गीता ने संन्यास ले लिया था। मैंने इस बारे में कई प्रश्न किये।

'संन्यास ही क्यों? क्या तुम बिना औपचारिक संन्यास के वह सब कुछ नहीं कर सकती थी जो कर रही थी?'

'हर चीज को उसका मुकम्मल अंजाम देना चाहिए।' वह हँसी।

'पर तुमने मेडिकल का काम क्यों छोड़ा? अपने शिक्षा और विशेषज्ञता को जो उस व्यवसाय में पाया था उसे व्यर्थ कर रही हो?'

'ईमानदारी की बात यह है कि स्वामी जी के लेखन में मुझे इतना कार्य करना होता है कि मैं पूरी तरह मेडिकल का काम नहीं कर सकती। पर मैंने इसे पूरी तरह से नहीं छोड़ा है। आश्रम में जब कोई आपातकालीन स्थिति होती है तो मैं उसे जरूर देखती हूँ।'

उसके चेहरे पर एक कान्तिपूर्ण हँसी थी। मैं कौन होता था उस आदमी से पूछने वाला जिसने बचपन से पाले लक्ष्य तक पहुँचने के मार्ग की तमाम बाधाओं से पार पा लिया है?

सर्वभूतानन्द

मैं श्री सर्व की जीवन यात्रा को कई साल तक अनुगमन करने में भाग्यशाली था। मैं पहली बार दक्षिण भारत में स्वामी दयानन्द के आश्रम में उनसे मिला जहाँ मैं अपने शोध को आगे बढ़ाना चाहता था। पहली सन्ध्या को स्वामी जी ने समूह के सम्मुख मुझे एक शोधकर्ता के रूप में प्रस्तुत किया और कहा कि वह यह कुछ प्रश्न करना चाहते हैं। मैंने उनसे कहा कि मैं यह जानने को उत्सुक हूँ कि कैसे जीवन या जीवन की घटनाएँ एक व्यक्ति को आध्यात्मिक खोज की दिशा में आगे ले जाती हैं और इस यात्रा में उनके क्या अनुभव थे? क्या वे किसी दिशा में बदले? क्या उनका जीवन

कम पीड़ादायी बना? उनमें कई ऐसे लोग थे जिन्होंने अपना हाथ ऊपर उठाया और मुझसे बात करने की इच्छा व्यक्त की। किन्तु श्री सर्व ने ऐसा नहीं किया तथापि दो दिनों बाद मुझसे सम्पर्क किया जब मैं अकेले खड़ा था, उन्होंने धीरे से कहा कि यदि मैं उनसे बात करना चाहता हूँ तो वह प्रसन्नतापूर्वक उत्तर देंगे। उन्होंने मिलने का समय, स्थान और मुझे कितना समय चाहिए आदि जानकारी ठीक से नोट की। वह एक सतर्क व्यक्ति लगे, बड़े अनुशासित और शायद बाध्यताग्रस्त।

अन्त में मैं जब उनसे मिला तो उनसे बात करना बड़ा मुश्किल लगा।

'मुझसे प्रश्न कीजिए और मैं उत्तर दूँगा।' उन्होंने कहा।

हालाँकि धीरे-धीरे वह पिघले और जब हमने उन्हें छेड़ा तो वह मुझे आवश्यक सुझाव देने लगे। हमारी बातचीत परिहास के साथ समाप्त हुई। मुझे अच्छा लगा, बातचीत के क्रम में वे खुल चुके थे। उन्होंने अपनी कहानी टुकड़ों में कही, पर मैं यहाँ उसे एक निरन्तर क्रम से दे रहा हूँ।

श्री सर्व एक निम्न मध्यवर्गीय परिवार में पैदा हुए थे। उनके पिता रेलवे में एक छोटे अधिकारी थे। फिर भी उनके पिता ने उन्हें एक अच्छे स्कूल में भेज दिया था किन्तु कोई और सुविधा उन्हें नहीं मिली। उदाहरण के लिए उन्हें पाँच-छह मील चलकर स्कूल जाना पड़ता था क्योंकि परिवार बस का किराया नहीं जुटा पाता था। वह एक अच्छे विद्यार्थी थे और मन में उच्च शिक्षा के लिए विदेश जाने का सपना पाले हुए थे, पर परिवार की आर्थिक स्थिति से यह सम्भव नहीं था। इसके कारण वे अन्य साथियों से पिछड़ गये, इसने उन्हें पिछड़ा बना दिया। उनके पास वे आर्थिक संसाधन नहीं थे जो उनके साथियों को प्राप्त थे। उन्होंने कठिन परिश्रम करने, खूब रूपया कमाने और अच्छे पद पर पहुँचने का निर्णय लिया जिससे कि वह सब कुछ पा सकें, जो वह चाहते थे।

उनकी योजनाओं का अच्छा फल हुआ। इंजीनियरिंग का डिप्लोमा पाकर वह एक कम्पनी से दूसरी में जाते रहे, तीस वर्ष की आयु में वह एक ऐसी कम्पनी में पहुँचे जिसके विदेशी सम्बन्ध थे और जिसने उन्हें जिम्मेदारी का पद सौंपा। उन्होंने कम्पनी को सफलता दिलायी पर एक मतभेद के चलते अचानक उस कम्पनी को छोड़ दिया। वह हैदराबाद चले आये जहाँ उन्होंने एक छोटी सी कम्पनी खरीदी और पाँच साल के भीतर उसे एक लाभ कमाने वाली कम्पनी में बदल दिया। उनका अगला उद्यम कम सफल हुआ था और जिसके कारण उन्हें अपना हिस्सा बेच कर अपनी छोटी कम्पनी में वापस लौटना पड़ा। उनकी पत्नी उनके साथ हमेशा खड़ी रहीं। इसी बीच वह स्वामी दयानन्द के सम्पर्क में आये और वे तथा उनकी पत्नी स्वामी जी के बड़े करीब आ गये। समय बीतने पर उन्होंने अपना व्यापार अपने बच्चों को सौंप दिया और पत्नी के साथ बेंगलुरु चले गये और धर्म का कार्य करने

लगे और स्वामी दयानन्द के साथ अपना सम्बन्ध भी बनाये रखा। दुर्भाग्यवश उनकी पत्नी बीमार पड़ीं और चल बसीं। उस समय पूरा परिवार उपस्थित था सिर्फ एक लड़की को छोड़ जो अमेरिका में थी और गर्भवती होने के कारण नहीं आ सकी। फिर आँखों में आँसू भरकर उन्होंने कहा–

'आप जानते हैं, एक सप्ताह के बाद मेरी बेटी ने एक कन्या को जन्म दिया जिसके वे ही नक्षत्र थे जो मेरी पत्नी के थे।' मुझे इस घटना के महत्त्व के बारे में खुद ही निष्कर्ष निकालने के लिए छोड़ दिया।

पत्नी के देहावसान के बाद बेटों ने वापस हैदराबाद चलने पर जोर दिया। पत्नी के जाने के बाद, तथा बच्चे को सुव्यवस्थित और आर्थिक रूप से स्वतंत्र होने के कारण वह संन्यास लेने के बारे में फिर सोचने लगे। मैंने उनसे पूछा कि संन्यासी बनकर वह क्या कुछ अतिरिक्त कर सकेंगे जो अभी नहीं कर पा रहे हैं। उन्होंने उत्तर दिया, 'कोई प्रारब्ध (पूर्व जन्म के कर्मों पर आधारित भाग्य) से नहीं बच सकता' और यही उनका प्रारब्ध था, वह यह जानते थे।

मैंने उनसे पूछा कि स्वामी दयानन्द के साथ उनके साहचर्य का उनके लिए क्या तात्पर्य था। उन्होंने भावना के प्रवाह में भारी आवाज में कहा–

'स्वामी जी ने मुझे अपनी भावनाओं के साथ चलने में मदद की है। आप जानते हैं जब मेरी पत्नी की मृत्यु हुई, मैंने स्वामी जी को फोन किया और उन्होंने कहा, वह एक महान आत्मा थीं, आप परिपक्व हैं और मैं आपके साथ हूँ।'

जब वे पत्नी की मृत्यु से दुखी थे, यह वह समय था जब उन्हें जीवन अर्थहीन प्रतीत होने लगा था। फिर आश्रम में आकर उन्होंने तीन महीने वेदान्त के गम्भीर अध्ययन में बिताये।

आगे के तीन वर्षों में मैं उनके सम्पर्क में था। वह मुझे ई-मेल से सन्देश देते और समय-समय पर जो सूझ मिलती उसे बताते। मैं उनके सभी सन्देशों के उत्तर तो नहीं दे पाता था, किन्तु वे अपने कई सुझाव भेजते रहते। मैं मानता हूँ कि सूझें इतनी नाटकीय नहीं थीं। ज्यादातर वे ब्रह्म के साथ एकाकार होने, संन्यास, गुरु की विशेषताएँ आदि पर केन्द्रित थीं, संन्यासियों द्वारा आम जनता को दिये जाने वाले प्रवचनों जैसी। मैंने पाया कि उनके लिए इन बातों का विशेष महत्त्व था। एक दिन सन्देश मिला कि वह अब स्वामी सर्वभूतानन्द हो गये हैं। जब ऋषिकेश आश्रम में तीसरी यात्रा में मैं उनसे मिला तो उन्हें गेरुए चोगे में देखा। सिर घुटा हुआ, चेहरे पर मुस्कान। मुझे लगा कि वह बड़े प्रसन्न और प्रफुल्लचित्त हैं। चाय पर उनसे लम्बी बात हुई जिसमें उन्होंने बताया कि वह धीरे-धीरे अपने इस विश्वास और आस्था में स्पष्ट होते गये कि वह एक संन्यासी होना चाहते हैं।

'यह स्पष्टता कैसे आयी?' मैंने पूछा, 'क्या आपको कोई दिव्य दृष्टि या कि

कोई असाधारण सन्देश या ज्ञान मिला है?'

'नहीं, वह यूँ हुआ कि कुछ समय से जब मैं लोगों के सम्पर्क में आया, मुझे लगा कि उनके साथ अन्तःक्रिया अधिकाधिक मुश्किल होती जा रही है। मुझे इस सांसारिक दुनिया से दूर रहने की जरूरत महसूस हुई।'

'क्या स्वामी दयानन्द ने आप से कहा कि आप संन्यास के लिए तैयार हैं।'

'नहीं। सच तो यह है कि स्वामी जी दीक्षा के समय को यह कहकर टाल रहे थे कि इसके बारे में बात करेंगे।'

फिर भी हमारी बातचीत से एक महीने पहले स्वामी दयानन्द ने आठ लोगों को संन्यास दिया जो पिछले कुछ सालों से उनके अनुयायी और भक्त थे। वस्तुतः पिछले एक साल में उन्होंने छब्बीस लोगों को संन्यास की दीक्षा दी। एक स्वामी इतने लोगों को संन्यास की दीक्षा दे यह एक अभूतपूर्व घटना थी।

'शायद उन्हें लगा कि उम्र बीत रही है और उन्हें इस संसार के दायित्वों को पूरा कर देना चाहिए।' सर्वभूतानन्द ने कहा।

'आपने कब पाया कि स्वामी जी ने आपको दीक्षा देने का निर्णय ले लिया है?' मैंने पूछा।

'केवल दो-तीन दिन पहले इसकी जानकारी मुझे दी गयी थी।'

'आपने अपने को इसके लिए कितना तैयार महसूस किया? आपने स्वयं को कैसे तैयार किया? क्या आपने शास्त्रों को पढ़ा है?' मैं पूछता रहा।

'नहीं, मैं केवल स्वामी जी के प्रवचनों को और टेप को सुन रहा था। मैं यह स्वीकार करूँगा कि मुझे मूल शास्त्रों का प्रत्यक्ष ज्ञान नहीं था,' उन्होंने उत्तर दिया।

'क्या आपने अपनी सभी वस्तुओं को त्याग दिया है क्योंकि संन्यासियों के लिए यह अपेक्षित है।'

'एक तरह से हाँ,' उन्होंने उत्तर दिया। 'मैंने अपने पुत्र को अपनी सारी सम्पत्ति का पावर आफ अटार्नी दे दिया है।'

'क्या इसका वास्तव में वही अर्थ है जिसे सर्वस्व का त्याग कहते हैं?' मैंने बात को रूखे स्वर में जारी रखा।

'एक तरह से हाँ' वे बोले। 'आज के सामाजिक परिवेश में जब समाज साधुओं के प्रति अपनी जिम्मेदारी नहीं अनुभव कर रहा है, सब कुछ अचानक त्याग देना मूर्खता होगी। स्वामी जी किसी से यह अपेक्षा नहीं रखते।'

'इस बारे में क्या कहना है कि आप इस आश्रम के सदस्य हैं? क्या आश्रम आपकी मूल आवश्यकताओं को पूरा नहीं करेगा?' मैंने पूछा।

'यह आश्रम आश्रितों के प्रोत्साहन नहीं है। लोग इसका दुरुपयोग करेंगे। यह

आश्रम सीखने-पढ़ने का उपयुक्त माहौल देता है।' उन्होंने कहा।

× × ×

सर्वभूतानन्द ने अपनी दीक्षा का वर्णन विस्तार से किया। यह एक पद्धति है जो चौबीस घंटे चलती है। पहले अभ्यर्थी के बाल उतारे जाते हैं और उसे अनुष्ठानपूर्वक स्नान कराया जाता है। फिर उसे एक श्वेत वस्त्र धारण करने को कहा जाता है, जो अनधुला वस्त्र होता है। इसके बाद पुरोहित आता है और शिष्य को तर्पण कराता है। यह एक संस्कार है जो सभी पितरों के आदर में किया जाता है। इसके बाद होम होता है–अग्निशोधन अनुष्ठान। उसके बाद शिष्य को गायत्री मंत्र का जप रात भर करना होता है–अगले दिन प्रातः स्वामी जी शिष्य को गंगा जी ले जाते हैं जहाँ शिष्य को सभी वस्त्र उतार फेंकने होते हैं।

वस्त्रहीन होकर शिष्य उत्तर दिशा की ओर मुड़ता है, मानों वह अपना जीवन समाप्त करने हिमालय जा रहा हो। इस क्षण स्वामी जी शिष्य को यह कहते हुए वापस बुलाते हैं कि 'न जाओ। यहाँ आओ। मैं तुम्हें संन्यास दूँगा।' अर्थात् जीवन का अन्त अभी नहीं है।

इसके बाद गुरु शिष्य को उसका नाम देते हैं। यह पहले से तय नहीं होता। यह गुरु की प्रज्ञा में तत्क्षण उभरता है। यदि नाम पूर्वनिश्चित हो तो सार्थक नहीं होता, स्वामी दयानन्द कहते हैं। इसके बाद गुरु सद्यःदीक्षित साधु को नये जीवन के बारे में समझाते हैं और निर्देश देते हैं। नये साधु के लिए तीन निर्देश अनिवार्य होते हैं। अहिंसा, प्रतिस्पर्धा का अभाव, और याचना न करने की मनोवृत्ति। संस्कार के बाद एक साधु इस संसार में सांसारिक व्यापारों का हिस्सा बने हुए बिना रह सकता है।

जब स्वामी सर्वभूतानन्द ने संस्कार का वर्णन किया तो मैंने पूछा कि क्या आपके परिवार के सदस्य उपस्थित थे?

'नहीं। केवल अन्य संन्यासी ही मौजूद थे। परिवार बाद में मिलने आया। अब मैं उनका परिजन नहीं रहा।'

बाद में मैंने सुना कि ये मामले स्वामी दयानन्द के आश्रम में व्यवस्थित रूप में सुलझाये जाते हैं। नये साधुओं को दिये वस्त्र बड़े अच्छे और बहुमूल्य होते हैं। संस्कार के बाद शिष्य प्रथम भिक्षाटन के अनुष्ठान के लिए काली कमली वाले अन्नक्षेत्र में कार में ले जाते हैं यहाँ साधु को अन्य साधुओं की तरह कतार में नहीं खड़ा होना पड़ता। उसे अलग से अन्दर ले जाते हैं और भोजन कराते हैं।

मुझे यह भी पता चला है कि एक वर्ष में 26 शिष्यों को स्वामी दयानन्द द्वारा दीक्षा दिये जाने की भी कटु आलोचना हुई थी। प्रायः गुरु दीक्षा की तिथि को टालता है और शिष्य के सामने कठिन चुनौतियाँ रखता है।

यहाँ वर्णित संस्कार संन्यास लेने वालों के लिए सामान्य संस्कार हैं। होम का अनुष्ठान शिष्य द्वारा स्वयं किया जाता है मानो अब वह दुनिया के लिए मृत है और उसके कोई सम्बन्धी नहीं हैं जो यह कृत्य उसके लिए करेंगे। एक साधु का कोई परिजन नहीं होता। यह रोचक है कि दक्षिण में विवाह में संन्यास से मिलता-जुलता संस्कार होता है। वर होम अवश्य करता है। मानो उसे वाराणसी आगे अध्ययन के लिए जाना है। उसके भावी ससुर उसे पकड़ कर यह कहते हुए वापस लाते हैं 'न जाओ मैं अपनी पुत्री तुम्हें देता हूँ।'

7
गुरु और ईश्वर

आध्यात्मिक ग्रन्थ चार भिन्न तरह के योगों का उल्लेख करते हैं जो जिज्ञासु को शुद्ध चैतन्य की ओर ले जा सकते हैं। ये उन सबके लिए है, जिनका शुद्ध मन है। सबसे अच्छा मार्ग ज्ञान योग है जो अन्तर्दर्शन और विश्लेषण पर जोर देता है। अति सक्रिय मन वालों के लिए राजयोग है, जो मन की शान्ति के लिए मनोशारीरिक अभ्यास तथा नैतिक दृष्टि का विधान करता है। पर हममें से अधिकांश लोगों के लिए कर्म-योग का ही मार्ग है जिसका तात्पर्य है परिणामों की चिन्ता किये बिना सही काम करना। चौथा मार्ग है भक्ति-योग का जिसमें व्यक्ति स्वयं को अपने इष्टदेव के प्रेम और अनुग्रह के लिए आत्मार्पण कर देता है और भाग्य जो भी लाये उसे स्वीकारने की मनोवृत्ति होती है। इसे अतिशय भावुक लोगों के लिए ठीक माना गया है। पहले भाग में वर्णित मेरी अपनी अन्तर्यात्रा राजयोग के मार्ग पर थी। सभी समूहों के साधु सामुदायिक स्थितियों में या फिर अनिश्चित स्थानों वाले घुमन्तू, दोनों तरह के हो सकते हैं।

यद्यपि हम चारों मार्गें के तथा विभिन्न सम्प्रदायों के साधुओं से मिले, विशेष रूप से घुमन्तू साधुओं से जिनका कोई खास समूह नहीं था, उन सबके बीच काफी समानता थी। वे सभी ब्रह्म और आत्मा के एकत्व की बात कर रहे थे। इनमें से कुछ शिव के अनुयायी शंकराचार्य की परम्परा में थे जो सभी सम्प्रदायों में स्वीकृत है। सभी साधु प्रतिदिन साधना या आध्यात्मिक अभ्यास करते हैं। यह अभ्यास सम्प्रदाय के हिसाब से अलग होते हैं। वेदान्ती अपना जीवन ग्रन्थों को पढ़ने में लगाते हैं ताकि बौद्धिक विमर्श से विचार बदलें। कुछ दूसरे हैं जो भक्ति की भावनात्मक प्रक्रियाओं का पालन करते हैं। वे स्तुति और भजन से अपने देवताओं के प्रति भक्ति दिखाते हैं। कुछ योग का पालन करते हैं जिसमें शारीरिक और मानसिक प्रवृत्तियों का समावेश होता है। कुछ ऐसे व्रत लेते हैं जिन्हें पूरा करना कठिन होता है। कभी-कभी ये व्रत शारीरिक क्षमता का भोथरा प्रदर्शन होते हैं जिसे दूसरे साधु अस्वीकृत करते हैं। संन्यास के अन्य प्रकारों में ऐसे भी व्रत होते हैं जैसे कभी भोजन

नहीं करेंगे, केवल फल पर रहेंगे। मैं एक स्वामी से मिला जो 102 वर्ष की आयु के थे। उनका व्रत था कि 11000 फीट की ऊँचाई पर स्थित अपनी कुटिया कभी नहीं छोड़ेगे। एक बार वे बीमार पड़े और ऑपरेशन की जरूरत पड़ी। उनके भक्तों को शल्य चिकित्सक और उनकी टीम को हेलीकाप्टर से लाना पड़ा क्योंकि उन्होंने अपनी कुटिया छोडने से मना कर दिया। दूसरे कुछ सदा चलते रहने का व्रत लेते हैं क्योंकि एक जगह ठहरने से भावनात्मक लगाव बढ़ता है।

× × ×

गुरु भारतीय परम्परा में प्रमुख व्यक्ति होता है और वास्तविकता गुरु का मिलना बड़ा महत्त्वपूर्ण है। हमने नये साधु के स्वागत तथा आश्वस्त करने में गुरु की भूमिका के बारे में कई कथाएँ सुन रखी थीं और वस्तुतः यह रिश्ता कभी-कभी दीक्षा पाने के बाद वर्षों चलता रहता है और शायद जीवनभर। आदर, कृतज्ञता और भक्ति, साधु और गुरु के बीच के रिश्ते से जुड़े प्रश्नों के प्रति आम प्रतिक्रिया होती है।

रामानन्द गिरि ने कहा था—'गुरु और शिष्य का सही जोड़ तब होता है जब उनके मन आपस में गहरे मिल जाते हैं। गुरु के साथ मेरा रिश्ता इसी तरह का था। ऐसी स्थिति में पूछने की खास गुंजाइश नहीं बचती और न ही निर्देश की जरूरत होती है। सही बातें अपने आप होने लगती हैं।'

एक नागा साधु ने बताया कि उनके गुरु कैसे मिले और उनके साथ उनका क्या सम्बन्ध था। उस नागा साधु ने कहा—

'मैं अपने एक मित्र साधु के साथ दिल्ली गया था वहाँ हम एक आश्रम में गये। वहाँ हमने एक कोने में नंग-धड़ंग एक साधु को बैठे देखा। हमने उन्हें चाय दी। वह चिढ़े हुए थे और उन्होंने पूछा—क्या तुम अपने गुरु के साथ हो या बिना गुरु के? मैंने कहा कि मैं एक ब्रह्मचारी, एक नौसिखुआ हूँ और मेरा कोई गुरु नहीं है। वे बोले यदि मैं आश्रम के प्रमुख का शिष्य हो जाऊँ तो मुझसे चाय ग्रहण करेंगे। इसलिए मैं आश्रम प्रमुख का शिष्य हो गया।'

'शिष्य स्वीकारने के पहले क्या आपकी परीक्षा हुई थी?'

'हाँ। मेरे गुरु ने 500 रूपये दिये और घर वापस जाने के लिए कहा। मैंने रुपये मना कर दिये। मैंने कहा, 'मुझे रुपया, सोना, चाँदी या आपका घर कुछ भी नहीं चाहिए। यदि आप उस पेंड़ के नीचे पूरी जिन्दगी बिताने को कहें तो मैं वही करूँगा। यदि आप कहें सदा घूमते रहो, मैं वैसा ही करूँगा। मैं केवल संन्यास चाहता हूँ, एक संन्यासी बनना ही मेरा लक्ष्य है। मुझे तुरन्त दीक्षा नहीं मिली। मैं गुरु के साथ बाईस दिन तक रहा। फिर वे अपने साथ मुझे इलाहाबाद ले गये और मेरा दीक्षा संस्कार किया। उन्होंने मेरी जाति पूछी। वे नीची जाति के व्यक्ति को दीक्षा नहीं देते। मैं ठाकुर था इसलिए मुझे दीक्षा मिली।'

जब उनसे गुरु के साथ रिश्ते के बारे में पूछा गया उन्होंने बड़ी स्पष्टता से बताया, 'हमारे गुरु हमें अपने बच्चों जैसे रखते थे उन्होंने योग सिखाया और अन्य ग्रन्थ पढ़ाये। जब हम अच्छी तरह पढ़ते थे, वह प्यार देते थे पर गलती करने पर बड़ा गुस्सा करते थे। योग प्रशिक्षण के दौरान यदि सो गये तो हमारे मुँह पर पानी के छींटे डाल हमें फिर से अभ्यास कराते। उन्होंने हमारे शरीर को सुदृढ़ और सबल बनाया। इसी प्रशिक्षण के कारण मेरा शरीर स्वस्थ है। अगर मैं बीमार भी पड़ूँ तो अपने को योग से ठीक कर सकता हूँ। मैंने अपने जीवन में कभी कोई औषधि नहीं ली।'

स्वामी मुक्तानन्द ने अपने गुरु के बारे में भावविभोर होकर बताया, 'मेरे गुरु थे, अभी हैं—निर्दोष और निर्मल प्रेम के सागर। उन्होंने एक पिता से अधिक अच्छी तरह मेरा पालन किया। वह स्वयं रात में तीन बजे जगते थे और अपने प्रातः पूजन के बाद गर्म दूध देते और स्नान के लिए गर्म पानी। तभी वह मुझे जगाते थे। जाड़े में वह उर्द की दाल के बने लड्डू और सूखे मेवे देते। ये लड्डू शरीर गर्म रखते हैं और बुद्धिवर्धक भी हैं। उन्होंने मुझे दीक्षा दी और वेदान्त के ग्रन्थों को पढ़ाया। मैं सचमुच भाग्यशाली था कि इस कलियुग में मुझे ऐसे गुरु मिले।' यह कहते हुए उनकी आँखों में आँसू आ गये।

जब मैंने रामानन्द से गुरु का नाम पूछा तो इन्होंने कहा, 'उनका नाम है श्री श्री 108 स्वामी विशिष्टानन्द। अब वह नहीं रहे।'

मैंने एक ऐसी बात के बारे में समाधान चाहा जिसे मैं कभी भी नहीं समझ सका : 'नाम के पहले 108 की संख्या रखने का क्या अभिप्राय है?'

उन्होंने अपनी आँखें बन्द कीं और कुछ क्षण बाद उत्तर दिया, 'श्री श्री किसी को आदर देने का एक तरीका है। 108 शिव की माला में मुन्डों की संख्या को व्यक्त करती हैं। 36 कपाल एक ओर, 36 दूसरी ओर, 8 हृदय पर, 8 गले पर, और 20 मेरु पर। कुल मिलाकर 108। यह संख्या शरीर के भीतर विभिन्न जोड़ों के तुल्य है। क्या आप जानते हैं? शिव की आत्मा और आपकी आत्मा एक है, क्या ऐसा नहीं है? जब आप यह सच्चाई जान लेते हैं कि ईश्वर आप स्वयं हैं, आप 108 की पदवी के योग्य हो जाते हैं।'

'पर यह कौन तय करेगा कि आप इस सच्चाई को जान चुके हैं?' मैंने पूछा।

'क्या आपके शिष्य या अन्य साधु यह निर्णय लेते हैं?'

'नहीं-नहीं। यह सत्य तो खुद अपनी प्रज्ञा से अनुभूत होता है और जब आप ऐसा करते हैं आप स्वयं को इस पदवी से पुकार सकते हैं,' इस तरह के प्रश्नों पर पटाक्षेप करते हुए वे बोले।

दीक्षा पाने के पहले वे अपने गुरु के साथ पाँच वर्ष तक रहे। तीन-चार साल

बाद उन्होंने आश्रम छोड़ दिया और गुरु के बताये मार्ग पर चल पड़े।

× × ×

जो साधु हमसे बात करने को तैयार हुए वे भिन्न-भिन्न हिन्दू परम्पराओं के थे। कुछ को धर्मग्रन्थों में व्यापक विस्तृत प्रशिक्षण मिला था और धर्मशास्त्र के प्रश्नों पर गहरा अध्ययन था। कुछ बड़े शिक्षित थे। अक्सर चुना हुआ पन्थ उस गुरु द्वारा निर्धारित था जो शिष्य को स्वीकारने को इच्छुक था। उनमें से कुछ ने दूसरों से कहा कि वर्तमान जीवन पूर्वजन्म के प्रभावों के कारण पहले से ही है। हिन्दू पौराणिक परम्परा बड़ी समृद्ध है पर देवताओं, देवियों और उनके सहायकों की धार्मिक बहुलता का यह दृढ़ सूत्र है कि सभी वस्तुओं की एक अन्तिम एकता में विश्वास। श्री रामकृष्ण, जो उन्नीसवीं सदी के धार्मिक बहुलता के पुरोधा थे, उन्होंने लिखा है :

'ईश्वर के कई नाम और असीम रूप हैं जिनके माध्यम से पहुँचा जा सकता है। सत्य एक है, जिसका नाम और रूप भिन्न है। कुछ लोग इस सच्चाई को अल्ला, कुछ ईश्वर, कुछ ब्रह्म, कुछ काली, कुछ राम, जीसस, दुर्गा और हरि के रूप में जानते हैं। ईश्वर रूप या आकारहीन है और उसके रूप भी हैं। वह वह भी है जो आकार और निराकार दोनों से भी परे है।'

जो भी उनके पारस्परिक सम्बन्ध हों, अधिकांश साधु जो मिले इस तरह की सोच के अनुरूप थे।

एक परम्परागत हिन्दू का अन्तिम लक्ष्य है मोक्ष या जन्म-चक्र के बन्धन से छूटना। अपनी बातचीत में हमारी रुचि मुख्य रूप से यह कि साधु स्वयं किस तरह धार्मिक जीवन को देखते हैं, उनकी प्रेरणा, उनका संघर्ष और उनकी सन्तुष्टि। कुछ साधुओं में धार्मिक निर्देश का एक समान रूप था जो वे जीवन में अपने इष्टदेव को देते थे। अन्य साधुओं में दैवी/ईश्वरीय भाव को व्यक्तिगत रूप से कम अनुभूति थी। सभी जीवन में एकता और पारस्परिक सम्बन्ध की बात कहना पसन्द करते थे। व्यक्ति की आत्मा वस्तुतः उसी देवता का अंश है पर इस सत्य की समग्रता में अनुभूति आसानी से नहीं होती है।

हमारे टैक्सी ड्राइवर ने हमें बताया कि बद्रीनाथ के मार्ग में एक गणेश मन्दिर है, जहाँ एक बड़ा आध्यात्मिक साधु रहता है। उसने गाड़ी एक साधारण घर के सामने रोक दी। वहाँ एक विशाल दाढ़ी वाले साधु, गणेश जी की काष्ठ प्रतिमा के सामने बैठे थे। प्रतिमा की पृष्ठभूमि में दीवालों पर राम-सीता, लक्ष्मण, हनुमान और कृष्ण भगवान के चित्र थे। मन्दिर उस बिन्दु पर था, जहाँ गंगा की एक प्रच्छन्न धारा नदी की मुख्य धारा से मिल रही थी। नदी की ओर एक टिन की छत वाला छोटा सा लकड़ी का काटेज था जिसमें वह साधु निवास करते थे। उसका नाम स्वामी माधवानन्द था। स्वामी माधवानन्द ने अपने माता-पिता को एक रेल दुर्घटना में खो

दिया था और वे मान चुके थे कि यह ईश्वर ही था जिसने उनकी रक्षा की और अब उसका उनके जीवन पर पूर्ण नियन्त्रण है। वह ईश्वर ही था जिन्होंने उन्हें दीक्षा दी थी, गुरु ने केवल प्रक्रिया पूरी की। यह पूछने पर कि वह हरिद्वार कैसे पहँचे, उन्होंने उत्तर दिया, 'ओह मैंने कुछ भी जानबूझ कर नहीं किया था। भगवान मुझे जहाँ ले गया वहाँ गया। आप देखें, यह मन्दिर 250 साल पुराना है। किसी को तो इसकी देखभाल करनी चाहिए। मैंने यह काम हाथ में ले लिया। आप देखिये, गणेश भगवान की प्रतिमा पत्थर की नहीं है। यह काष्ठ की बनी हुई है। मैं प्रतिदिन प्रातः मन्दिर स्वच्छ करता हूँ और भगवान के सामने अनुष्ठान करता हूँ। मैं पूरे साल यहाँ रहता हूँ—बारह महीने।'

'तब भी जब बर्फ पड़ती है।' मैंने पूछा।

'यहाँ ज्यादा बर्फ नहीं पड़ती। यह स्थान एक ऊँची पहाड़ी की छाया में है, पर यह स्थान बड़ा ठंडा हो जाता है।'

'भोजन कैसे होता है?'

'ओह, मेरी जरूरतें बहुत थोड़ी हैं। मैं चाय नहीं पीता। मैं धूम्रपान नहीं करता। ट्रक ड्राइवर यहाँ रुकते हैं, कभी-कभी वे मेरे लिए भोजन लाते हैं।'

'आपको यहाँ अकेलापन नहीं लगता?'

'मैं अकेला नहीं हूँ। ईश्वर हमेशा मेरे साथ रहता है। और फिर आप जैसे आगन्तुक भी हैं। कई विदेशी यहाँ रुकते हैं बस केवल मुझे देखने के लिए। आपकी तरह लोग मुझसे वे सवाल नहीं पूछते जो आप पूछ रहे हैं। हाँ, उन्हें फोटो खींचना पसन्द है।'

'आप अपना समय कैसे बिताते हैं।'

'मंत्र दुहराते और ईश्वर से पूरे दिन बात करते।'

'आपका मतलब उस मंत्र से है जो आपके गुरु ने दीक्षा के समय दिया था?'

'मेरे गुरु ने मुझे मंत्र नहीं दिया था। वह मेरे मन में स्वतः आया था। बस मैंने गुरु को मन्त्र के बारे में बताया और उन्होंने कहा कि यह बिल्कुल ठीक है।'

'पर फिर भी—यहाँ अकेले रहते हुए?'

'अकेले रहना आप कहते हैं। हर कोई अकेले आता है और अकेले जाता है और मैंने जैसा कहा, भगवान हमेशा मेरे साथ रहता है। कुछ साल पहले एक बड़ा भूकम्प आया था जो छह घंटे तक चला। हर दिशा से पत्थर उड़ रहे थे। तब भी मैं जीवित बच गया।'

'यह मेरी नित्य की दिनचर्या है : मैं प्रातः 6 बजे से रात 9:30 तक यहाँ रहता हूँ। उसके बाद मैं नीचे कुटिया में जाता हूँ और भोजन बनाता हूँ। भोजन दिन में

एक बार लेता हूँ। मैं रात में 12:30 या 1:00 बजे सोता हूँ और 3:00 बजे प्रातः उठ जाता हूँ फिर मैं प्रार्थना करता हूँ और कुटिया में भजन गाता हूँ। यह सब तीन घंटे चलता है, उसके बाद मैं यहाँ मन्दिर में अपनी ड्यूटी करने आ जाता हूँ।

'क्या आप भगवान को देखते हैं? यदि हाँ तो किस रूप में?'

'हाँ मैं ईश्वर को देखता हूँ। मैं हर चीज में ईश्वर को देखता हूँ। यह पीपल का पेड़ देखें—इसका अनोखा आकार देखें, क्या आपको इसमें ईश्वर नहीं दिखते? यह नदी, यह पहाड़, ये सभी ईश्वर हैं। फिर किसी खास रूप में भगवान को देखने की क्या जरूरत है? आप देखिए, अलग-अलग भगवान नहीं हैं। अलग-अलग धर्म नहीं हैं। देश एक ही है, हर जाति-प्रजाति और धर्म एक ही है। सब कुछ सनातन धर्म है अनादि और अनन्त। हाँ क्रिश्चियन और मुस्लिम भी हुए हैं। पर उनके आने के पहले केवल सनातन धर्म था। यह तब भी रहेगा जब कोई धर्म नहीं रहेगा।'

उनके अन्दर की आस्था का भाव असामान्य नहीं था। कई साधुओं ने प्रारब्ध, पूर्व जन्म के कर्मों के इस जीवन के कर्मों पर प्रभाव की बात की है। घनश्याम दास नामक साधु ने हमसे कहा कि 'सब कुछ ईश्वर द्वारा संचालित है। यदि मैं यह सोचता हूँ कि 'मैं जो कुछ करता हूँ उसके लिए जिम्मेदार हूँ', तो यह केवल घमंड है। झूठा अभिमान है। हम जो करते हैं उसे वही हमसे कराता है। वे यह नहीं जानते कि भविष्य के गर्भ में क्या छिपा है। मैं कैसे जानूँ? वह जो कुछ करेगा होगा। जब वह बैठने को कहता है बैठता हूँ अगर वह कहता है कि चलो, मैं चल पड़ता हूँ।'

वह कहते रहे, 'आप केवल ईश्वर का अनुभव कर सकते हैं। वह उद्धरण देते हैं—'वह वायु की तरह है जिसे आप महसूस कर सकते हैं पर कभी पकड़ नहीं सकते। किसी ने ईश्वर को देखा है या नहीं, वह हमेशा यहाँ है।'

उड़ीसा के एक साधु ने हमसे कहा कि उन्होंने सचमुच में ईश्वर का दर्शन किया था, हाँ विभिन्न रूपों में। जब आप ध्यान में रहते हैं आप ईश्वर को जिस रूप में देखना चाहते हैं चुन सकते हैं और वह वैसा दिखाई देता है। कल मैंने गंगा माता का दर्शन किया था।

प्रेमदास ने शिव को अपना गुरु माना था और कहा कि उनका शिव के साथ सीधा संवाद हुआ था। उन्होंने उनके दर्शन भी किये हैं। प्रेमदास ने बताया कि 'एक बार जब वे उनके दर्शन के लिए बड़े व्याकुल थे तो उन्हें मानव रूप में देखा था। मानव के रूप में उन्होंने कहा कि ठीक है मैं आऊँगा पर तुमसे बात नहीं करूँगा। मैं आधी रात जहाँ लिंग स्थापित है वहाँ आऊँगा। आधी रात को लिंग चाँदी की तरह चमकने लगा और फिर वह आये—लम्बी, बड़ी दाढ़ी और बड़े बाल। वह आये, मुझे देखा और चले गये।

वही एक समय था जब प्रेमदास ने शिव को देखा था पर वह उन्हें सुनते हैं और शिव, जब वह चाहते हैं, उनसे बात करते हैं।

रामसुख दास ने हम लोगों को बताया कि उन्होंने एक बिन्दु को छुआ था जहाँ उन्हें सम्पूर्ण अस्तित्व अखिल ब्रह्मांड का दर्शन हुआ था। अपनी बात को स्पष्ट करने के लिए कहने पर उन्होंने कहा, 'मैं आपको इसे बताता हूँ। यदि मैं किसी प्रसिद्ध और ज्ञानी बड़े साधु से मिलता हूँ, यह कभी नहीं चाहूँगा कि उन्होंने जो अर्जित किया है वह मुझे दे दें। मैं यह चाहूँगा कि अपने पात्र को उन्होंने जहाँ भी भरा है, उसी स्रोत से मैं भी जल लूँ, चाहे वह एक बूँद ही क्यों न हो।'

'इसलिए आप ज्ञान सीधे ईश्वर से पाना चाहते हैं?'

'हाँ। यदि मुझे केवल एक बूँद मिले और मैं यह जान जाऊँ कि यही वह स्रोत है, तो काल-क्रम में, मैं पूरा पात्र भी भर लूँगा।'

उन्होंने यह भी कहा कि उन्होंने महाकाल शिव के दर्शन किये हैं।

'यदि आपने महाकाल के दर्शन किये हैं तो आप यह अनुभव करेंगे कि यह जीवन निरन्तरता में एक क्षण है। इसे पाने के लिए मैंने कुछ खास नहीं किया। यदि आपका लक्ष्य है, आप अनायास समाधि में चले जाएँ तो आप उस स्थिति को प्राप्त कर लेते हैं। ध्यान की अवस्था में आप वही देखते हैं जो देखना चाहते हैं।'

8

सड़क पर : घुमन्तू साधु

आमतौर पर एक साधु या तो समूह का जीवन अपनाते हुए एक आश्रम में रहते हैं या किसी निर्जन स्थान जैसे गुफा या झोंपड़ी में संन्यासी का जीवन जीते हैं—जैसे माधवानन्द ने किया, वे निरन्तर भ्रमण वाला यायावरी जीवन जीते हैं। जब हिमालय में बर्फ पिघलती है, तो वहाँ की सड़कें तीर्थ यात्रियों से पट जाती हैं उनमें बहुत से साधु भी होते हैं।

सौभाग्य से हम इनमें से कुछ साधुओं से बात करने में सफल हो सके थे। तीर्थाटन और देशाटन को हिन्दू परम्परा में बहुत महत्त्वपूर्ण माना गया है।

एक नागा साधु जिससे हम मिले थे, एक घुमन्तू साधु थे, उन्होंने घुमन्तू साधुओं के जीवन का वर्णन करते हुए बताया कि—

'मैं सभी धामों को जा चुका हूँ, ये चार पवित्र स्थल हैं : केदारनाथ, जमुनोत्री, बद्रीनाथ, गंगोत्री। मैं पहली बार यहाँ आया और एक साधु बाबा के साथ रहा। फिर मैं एक दूसरे गुरु जो यहाँ से 15 किलोमीटर दूर रहते थे, उनके पास गया। इस तरह मैं एक स्थान से दूसरे स्थान तक घूमता रहा।'

'क्या आप अकेले भ्रमण करते हैं?' मैंने पूछा

हाँ, कुछ लोग दोस्तों के साथ घूमना चाहते हैं पर मैंने सोचा यदि दूसरों के साथ घूमूँ और विचारों, मनोवृत्तियों या आदतों में फर्क हो तो दूसरों से परेशानी पैदा हो सकती है, इसलिए मैंने अकेले घूमना पसन्द किया।'

'क्या अकेले चलने में आप भयभीत नहीं हुए?'

'नहीं, कभी नहीं। मैं हर तरह के स्थानों पर गया हूँ, ऐसी जगहों पर जहाँ साधु मदिरा या गाँजा लेते हैं। मैंने ऐसे साधु भी देखे हैं जिनके पास मृत शरीर में प्राण देने की शक्ति थी।'

जो साधु घुमन्तू जीवन व्यतीत करते हैं वे कैसा जीवन बिताते हैं?' मैंने फिर पूछा।

'अरे यह अद्भुत जीवन है। आप अपने मन में विराजते भगवान के साथ

घूमते हैं। आप ईश्वर पर ध्यानस्थ हो सकते हैं। आप घने जंगल से गुजरते हैं तब भी नहीं डरते। आप भोजन से निश्चिन्त होकर चलते हैं। अचानक कहीं आपको एक कुटी मिलती है जहाँ आग है और भोजन पक रहा है। अचानक बर्तन दिखेंगे। आप भोजन पाते हैं और सोते हैं। प्रातःकाल उठते हैं और न कुटिया, न आतिथेय, न आग और न बर्तन-भांडे। घुमन्तू साधुओं में ऐसी शक्तियाँ होती हैं। ऐसी शक्ति वाले साधु अनाम रहना चाहते हैं। यदि लोग उनकी शक्तियों के बारे में जान जायँ तो साधु की तपस्या खंडित हो जायगी।'

'भ्रमण में आपको कौन-सा सुख मिलता है?' मैंने पूछा।

'बीते दिनों पहले कोई टेलीफोन या तार नहीं था। केवल भ्रमण से ही खबरें एक स्थान से दूसरे स्थान तक पहुँचती थीं। जैसे आप एक बम्बई से आने वाले साधु से कहते हैं कि बद्रीनाथ के पास एक जगह भोज है। इसी तरह अन्य खबरें भी पहुँचती हैं।'

'लगातार भ्रमण का एक अन्य उद्‌देश्य यह भी है कि आप किसी एक जगह से जुड़ नहीं जाते। हम साधुओं को सीख दी जाती है कि अलग-अलग घरों से भोजन पायें। हमको पाँच घरों से भोजन की भिक्षा लेनी होती है। पहले घर का भोजन चींटियों को, दूसरे घर का गौ को, तीसरे से जल को, चौथे से स्वयं को, और पाँचवे को जो भी घर आये उसे खिलाते हैं। यदि हम सभी पाँच घरों से एकत्र भोजन करें, यह न हमें लाभ पहुँचायेगा और न उन्हें आध्यात्मिक लाभ पहुंचायेगा जिन्होंने भोजन दिया था।'

'मैं देख रहा हूँ आप बिना जूते के चल रहे हैं। आपको ठंड नहीं लगती?'

'नहीं हम इसके आदी हो गये हैं। हमारे पैर देखिए, कोई नाखून नहीं हैं, पैरों के तलवे पत्थर की तरह सख्त हैं। यह एक जूते के सोल जैसा है। पत्थर और ठीकरे हमें फूल जैसे लगते हैं। ऐसा लगता है मानो भगवान ने हमें चलने के लिए गुलाब की एक सड़क बिछा दी है।'

'यह विलक्षण लगता है।'

'हम किसी चीज से दुखी नहीं होते।' हम एक भक्त द्वारा किसी साधु को समझाते हुए देखते हैं तो विचलित हो जाते हैं। 'उस आदमी को देखें। वह साधुओं को छोटे सिक्के दे रहा है। 25 पैसा में या 50 पैसे में इन दिनों आप कुछ नहीं पा सकते अगर वह एक साधु को एक पूरा भोजन दे तो उसे ईश्वर की अदालत में अच्छी साख मिलेगी।'

'बाबा, आपने एक संन्यासी का जीवन अपना लिया तब भी एक समय आपका जीवन खत्म हो जायेगा। क्या आपने कभी मृत्यु भय महसूस किया है या सोचा है कि कब आपके जीवन का अन्त होगा?' मैंने प्रश्न किया।

'नहीं, नहीं' उन्होंने भावुक होते हुए कहा, 'मृत्यु से मिलने में क्या भय है? आत्मा का कभी मरण नहीं होता। वह केवल शरीर छोड़ता है, पुराने वस्त्र की तरह। क्या आपको कपड़े बदलने में किसी तरह का डर लगता है? मृत्यु एक दिन आनी हैं....कुछ दिनों में कुछ वर्षों में या दस हजार साल बाद भी—इसे आना ही है। डरें क्यो? जब किसी ने महाकाल की पूजा की है, वह महाकाल से क्यों डरे? एक बार एक आदमी एक ब्राह्मण के पास गया और कहा कि वह राक्षस या प्रेत से प्रभावित है। ब्राह्मण बोला, मुझे साढ़े ग्यारह रुपये दो और मैं इसे दूर कर दूँगा। उसके पास एक पैसा नहीं था। ब्राह्मण ने कहा यदि आपके पास कुछ नहीं है तो राक्षस आपका क्या बुरा कर सकता है? मैं नागा साधु हूँ; मैं किससे डरूँ?'

'यदि ईश्वर सर्वत्र है, तो लोग बद्रीनाथ में क्यों एकत्र होते हैं?'

'बात यह है कि हम यहाँ की शान्ति और प्राकृतिक दृश्य से प्यार करते हैं। मन पूजा पर केन्द्रित होता है। इस जगह से कुछ किलोमीटर आगे चलें तो वहाँ आप ध्यान के लिए आदर्श वातावरण पायेंगे।'

'आप यहाँ कितनी बार आते हैं?'

'मैं यहाँ अठारह साल की उम्र से आ रहा हूँ।'

'अब आप कहाँ जायेंगे।'

'और कहीं जाएँगे। कुम्भ मेला 2007 जा सकते हैं?'

'क्या आप अँग्रेजी समझ सकते हैं?'

'थोड़ी-थोड़ी। मैं निरक्षर हूँ पर मैं आप जैसे लोगों से भाषाएँ सीख लेता हूँ। यदि हम एक-दूसरे के साथ समय बितायें तो हम सभी एक-दूसरे की भाषा सीख सकते हैं।

'क्या आप गाँजा पीते हैं?'

'जरूर, गाँजा पीने से पूर्ण शान्ति मिलती है। ठंड का अनुभव नहीं होता है। यह इस क्षेत्र में पैदा होता है।'

इस बातचीत से मुझे पता चला कि यह आदमी पूरा भारत घूम चुका है। उस साधु ने बताया कि 'पहली बार जब मैं चार धाम गया तो पैदल गया था। उसके बाद मैं वहाँ मोटर से कई बार गया। मैं लद्दाख गया हूँ। वहाँ एक दरगाह है जहाँ डेढ़ टन तेल दीप में जलता है। एक पुजारी बत्ती, तेल डालता है, बनाता है, दूसरा दीप को स्वच्छ करता है और तीसरा प्रज्वलित करता है। मैं कश्मीर गया हूँ और बम्बई भी; वहाँ अपने एक सम्प्रदाय के आश्रम में गया था। मैं तब तक भ्रमण करता रहूँगा जब तक कि शरीर दुर्बल न हो जाय। पर मेरी वास्तविक इच्छा बद्रीनाथ के नीचे एक आश्रम खोलने की है जहाँ देवस्थान आने वाले साधु आ कर विश्राम कर सकें।'

हमने एक और साधु का साक्षात्कार किया जो अक्सर उड़ीसा और दिल्ली के

आश्रमों में रहा करते थे। पर जब उनसे हम मिले वह हिमालय की तीर्थयात्रा पर थे। उन्होंने बताया कि 'मैं एक आश्रम से दूसरे में भ्रमण करता हूँ। यह हिमालय की तीसरी यात्रा है। मैं एक बार फिर बदरी और केदार जाऊँगा। इसमें डेढ़ महीने लगेंगे। मैं कभी-कभी अकेले और कभी-कभी और लोगों के साथ यात्रा करता हूँ। अकेले होने पर मैं काफी समय ध्यान में बिताता हूँ। मित्रों के साथ धर्म ग्रन्थों के विवेचन में शेष समय बिताता हूँ।'

वस्तुतः यात्रा और तीर्थ स्थान जाना साधु जीवन का एक महत्त्वपूर्ण अंग है। उसके प्रेरक और कारक भिन्न-भिन्न हो सकते हैं। भ्रमण साधुओं को भूख, अवहेलना, और अच्छे घर की कमी जैसी विपत्तियों का सामना करना सिखाता है। कभी-कभी भ्रमण गुरु द्वारा एक निर्धारित कार्य होता है जो दीक्षा के पूर्व उसके आकांक्षी व्यक्ति की लगन की परीक्षा के लिए कहा जाता है। कुछ के लिए भ्रमण एक चुनौती भी होती है और एक साहसिक कार्य भी। जितनी ही अधिक कठिन चुनौती उतनी ही सन्तोषदायी।

इससे मार्ग में महात्माओं से मिलने का अवसर मिलता है जिनसे सीख सकते हैं। कुछ साधु हिन्दू परम्परा के ज्ञान-प्रसार के लिए घूमते हैं और कुछ शायद आर्थिक स्थिति को सुधारने की युक्ति देने के लिए भी।

हालाँकि एक संन्यासी सैद्धान्तिक रूप से सभी सांसारिक बन्धनों से अलग होता है, फिर भी उसकी सामाजिक पृष्ठभूमि प्रासंगिक हो सकती है। जो संन्यासी ऊँची जाति और ऊँचे तबके की पृष्ठभूमि से आते हैं उन्हें आश्रमों में स्थान मिलना आसान होता है। गरीब और निम्न जाति से जाने वाले संन्यासी उतनी सरलता से आवास नहीं पाते। वे एक जगह से दूसरी जगह पर अस्थायी आवास पाने के लिए घूमते रहने के लिए बाध्य होते हैं। एक अन्य साधु ने खुलकर माना कि उन्हें भिक्षा की नयी जगहें पाने के लिए भ्रमण करना पड़ता है। कभी-कभी भ्रमण की इच्छा दूसरे अवसरों द्वारा बाधित हो जाती है। जैसे रामानन्द गिरि को अपनी अन्तर्यात्रा में प्रगति के लिए अधिक एकान्त पाने की चाह थी जिसके लिए वे हरिद्वार की ओर चल पड़े। इस यात्रा के बारे में रामानन्द गिरि ने हमें बताया–

'मुझे कुछ भी पता नहीं था कि वहाँ भोजन कैसे मिलेगा और यह मेरी पहली यात्रा थी। मैंने गंगा जी में स्नान किया और किसी ने मुझे एक अन्नक्षेत्र का मार्ग बता दिया जहाँ मैंने भोजन ग्रहण किया। तदुपरान्त मैं संन्यासियों के एक समूह में सम्मिलित हो गया जो ऋषिकेश जा रहा था। वहाँ मुझे काली कमली वाले अन्नक्षेत्र की ओर निर्दिष्ट किया गया। किसी ने मुझसे कहा कि मैं ऋषिकेश में आराम से रुक सकता था। उस अन्नक्षेत्र में प्रातःकालीन भोजन पा सकते हैं और शाम का भोजन नेपाली अन्नक्षेत्र में। यह एक अद्भुत जगह थी। लगभग 200 महात्मा वहाँ

शाम को भोजन प्राप्त करते। प्रबन्धक तीन-चार दिन वहाँ रहने देने के लिए तैयार हो गये।'

अगले दिन मैं कथा-सत्र में गया जहाँ धर्म ग्रन्थों की कहानियाँ सुनाई जा रही थीं। ऐसा हुआ कि कथावाचक की आँख में संक्रमण था और वे अच्छी तरह पढ़ नहीं सकते थे। मेरे मन में आया कि मैं उस दिन कथा कहूँ। एक नये आदमी की बात देख श्रोता मंडली हँस पड़ी और यह सोच कि मैं बुद्धू बनूँगा मुझे आगे बढ़ा दिया पर आप समझें, मैं जब मन में कोई विचार आता है तो ज्यादा नहीं सोचता। लोगों को मेरी शैली इतनी अच्छी लगी कि उन्होंने प्रतिदिन एक कथा कहने के लिए कहा। उस दिन के बाद से मैं नेपाली आश्रम में रहने लगा।'

'मुझे किसी तरह का प्रशिक्षण नहीं मिला था। आपको कैसा प्रशिक्षण चाहिए? आप जन्म के बाद से दिन-रात ये कथाएँ सुनते रहते हैं और यदि इसकी रुझान है और अपने को लेकर ज्यादा सचेत नहीं हैं तो कोई भी आदमी कथा कह सकता है।'

उन्होंने भ्रमण की इच्छा और तीर्थाटन की योजना छोड़ दी। 'मुझे ऐसा करने की जरूरत नहीं थी। लोग महात्माओं से मिलने के लिए तीर्थ यात्रा करते हैं। प्रतिदिन 100 या अधिक महात्मा यहाँ आते हैं। उनके साथ विचार-विमर्श मेरे सभी सन्देह दूर कर देता है। दो साल पहले मेरे भक्त मुझे राजस्थान में एक जगह ले गये। मुझे एक मन्दिर में रखा और राजसी व्यवस्था की, पर मुझे महात्माओं की संगति की कमी खलती रही। मैं छह महीने बाद लौट आया।'

9
धार्मिक समुदाय

घुमन्तू साधुओं ने अपने धार्मिक जीवन का एक विस्तृत चित्र प्रस्तुत किया। फिर भी हम ऐसे साधुओं के साथ अधिक समय बिता सके जो एक स्थान पर स्थिर हो गये थे। हमने उनकी जीवन-शैली का अधिक विस्तृत विवरण संकलित किया। कुछ साधु स्थिर जीवन-शैली के आलोचक थे। हमारे एक घुमन्तू सूचनादाता भी उन्हें नहीं पसन्द करते थे जो एक आश्रम की अपेक्षाकृत सुरक्षित व्यवस्था में रह रहे थे। जब हमने उन साधुओं के बारे में पूछा जो शहरों में प्रवचन देते हैं और आश्रम स्थापित कर चुके हैं, तो उन्होंने उत्तर दिया कि वे आलसी हो चुके हैं। वस्तुतः वे धनी लोगों द्वारा दी गयी विलासिता की वस्तुएँ चाहते हैं और इसी के लिए उन्होंने आश्रम भी बनाया है। हिमालय का जीवन कठिन है। गुफाओं में रहना, अगला भोजन कहाँ से आयेगा इसका ध्यान रखे बिना। यह डरावना है। इसीलिए वे मैदानों में रहते हैं। जब आप एक उपक्रम स्थापित कर लेते हैं, तो आपकी साधना, आपका अभ्यास व्यर्थ हो जाता है।

उनकी बातों में दम था पर मुझे मालूम था कि प्राचीन काल में भी ऐसे सन्त थे जो सुविधाजनक आश्रमों में रहते थे। कुछ का वर्णन हिन्दू महाकाव्यों में मिलता है, जो राजकुमारों के गुरु थे। ऐसे आश्रम भी थे जहाँ जन साधारण आध्यात्मिक ज्ञान के लिये जा सकता था। मैंने दो आश्रमों को अध्ययन के लिए विशेष रूप से चुना। ये दोनों दो भिन्न परम्पराओं का पालन करते थे। एक ऋषिकेश, जो हिमालय में था और भक्ति परम्परा का पालन करता था। दूसरा वेदान्त के दृष्टिकोण वाला था और इसका मेरा मुख्य अनुभव दक्षिण भारत का था हालाँकि इसकी उपस्थिति ऋषिकेश में भी थी। ऋषिकेश में निवास के दौरान, मैं एक दक्षिण भारतीय मठ के प्रमुख का साक्षात्कार कर सका था जो पवित्र तीर्थों की यात्रा पर थे।

स्वामी रामदेव पाठी

मेरे एक परिचित ऋषिकेश के आश्रम में दो साल पहले ठहर चुके थे और उन्होंने के

व्यवस्थापक रामदेव पाठी की बड़ी प्रशंसा की थी। मैं उनसे मिलने के लिए उत्सुक था। भक्ति का सिद्धान्त इस आश्रम में बड़ा प्रभावशाली था और ईश्वर की भक्ति तथा सबकी सेवा करने को बड़ा महत्त्व दिया जाता था।

जब मैं और मेरी पत्नी पहुँचे तो हमें वहाँ एक स्वच्छ स्थान, प्रचुर हरियाली, वृक्ष, घास और फूल, अव्यवस्थित ढंग से लगे होने पर भी घरेलू और बड़े प्यारे लगे थे। मैं बाद में रामदेव पाठी को अच्छी तरह से जान सका। उन्होंने मुझे बताया कि वे पौधों से प्यार करते हैं पर वह इस स्थान को आश्रम जैसा रूप देना चाहते थे न कि किसी पर्यटन स्थल जैसा। वह ज्यादा लोगों के आवागमन को भी पसन्द नहीं करते थे जो वहाँ की हरियाली को खराब करें।

जैसे हम आगे बढ़े हमने एक बन्द बरामदे में एक दीर्घकाय, बलिष्ठ और स्थूल व्यक्ति को सोफे पर बैठे देखा। उसके सामने आठ लोग बैठे थे। वे मोटे लेंस का चश्मा लगाये हम लोगों को उसके अन्दर से घूर रहे थे। यह जान कर कि हम नवागन्तुक थे जिनसे वह पहले नहीं मिले थे, उन्होंने हमारा स्वागत किया और उपस्थित जनों से हमारे लिए जगह बनाने के लिए कहा। यह देख कि मैं आर्थोपेडिक गले की कालर पहने था उन्होंने एक कुर्सी दी, मेरी पत्नी जमीन पर औरों के साथ बैठ गयीं। उन्होंने अपने सहायक को बुला कर पीने के लिए पानी देने को कहा और जब वह यह जान गये कि हम आराम से हैं, वह रुकी हुई बात को आगे बढ़ाने लगे।

वह एक तीस साल के युवक को बता रहे थे कि उसे आश्रम में नौकरी मिल सकती है। उसे पगार, रहने का घर, खाने का भोजन और उचित चिकित्सकीय सहायता भी मिलेगी। जिस व्यक्ति से बात हो रही थी वह चिन्तित और अवसादग्रस्त दिख रहा था। हम जिस स्वामी से मिलने आये थे उन्होंने उस आदमी के बारे में बताकर हमें भी बातचीत में शामिल कर लिया। उन्होंने बताया कि यह गरीब अकेला है। उसकी पत्नी ने उसे छोड़ दिया है। वह अँधेरा होने पर ठीक से देख नहीं सकता है और इसलिए उसे कोई काम भी नहीं मिल पाता है। वह लोगों से डरा हुआ है और जब कोई उससे बात करता है तो किंकर्तव्यविमूढ़ हो जाता है। इन हालातों की चिन्ता के कारण वह रात में सो भी नहीं पाता है।

मैंने कहा कि मैं एक डाक्टर और मनोचिकित्सक हूँ। मैंने पूछा कि क्या मैं कुछ सहायता कर सकता हूँ।

'देखिये, जब जरूरत पड़ती है, सहायता हमेशा आ जाती है,' स्वामी जी ने वहाँ पर उपस्थित सभी व्यक्तियों को सम्बोधित करते हुए कहा। फिर उस आदमी की ओर देखते हुए बोले, 'देखो तुम्हारे भगवान (रक्षक) आ गये हैं। अपने सभी कष्ट इनसे कहो।'

उस आदमी ने वह सब दुहराया जो स्वामी जी हमें बता चुके थे, वह आदमी

ऊपर से चिन्तित दिख रहा था। उसकी नाड़ी 100 प्रति मिनट की गति से चल रही थी और उसे खूब पसीना आ रहा था। जब मैंने यह कहा कि मैं कुछ सहायता कर सकता हूँ, वह बड़े कृतज्ञ भाव से भरा दिखा। वह दीवार पर लिखे बडे अक्षरों को नहीं पढ़ सकता था। मैंने स्वामी जी को बता दिया कि चिन्ता के लिए मैं उसे उचित दवा दूँगा पर उसे एक आँख के विशेषज्ञ के पास जाँच के लिए जाना होगा। स्वामी जी ने एक पेन और कागज दिया और मैंने आवश्यक दवा लिख दी। स्वामी जी ने एक दूसरे सहायक को बुलाया, उसे कुछ रुपये दिये और दवा लाने के लिये कहा। रोगी से उन्होंने कहा कि अब बन्दोबस्त हो गया है। वह काम करना शुरू कर दे ताकि अँधेरा होने से पहले कुछ किया जा सके। सब कुछ इतनी सरलता से, अच्छी तरह और प्यार से किया गया कि मैं बड़ा सहज महसूस करने लगा। मैंने उनसे कहा कि मैं एक उद्देश्य से यहाँ आया हूँ और पूछा कि क्या वह इस आश्रम के स्वामी हैं? उन्होंने कहा कि 'वह केवल एक चौकीदार हैं। उनका कर्तव्य आश्रम की देखरेख और आगन्तुकों का ख़्याल रखना है।' उन्होंने पूछा क्या हम चाय लेंगे और हमारे यह कहने पर कि हम चाय ले चुके हैं उन्होंने एक रोगी के बारे में बताया, जो मिर्गी से पीड़ित था, उसे गायों की देखभाल के लिए नियुक्त किया किन्तु उसे काम के समय पाँच बार दौरे पड़ चुके थे।

मेरे साथ के मित्रों ने स्वामी जी से कहा कि यह आदमी यहीं आश्रम में मर सकता है, स्वामी जी ने तीन महीनों की दवा खरीदकर उसे वापस घर भेज दिया। वह उस आदमी के बारे में भी चिन्तित थे। उन्होंने कहा कि यहाँ अक्सर आने वाले गरीब बीमार लोगों के बारे में चिन्ता करते हुए वह सो नहीं पाते। यह बात वह केवल भावनावश नहीं कह रहे थे। उनके सरोकार काफ़ी हद तक वास्तविक थे और उनमें ईमानदारी झलक रही थी।

इसके बाद उन्होंने मुझसे पूछा–'तो आप संन्यासियों के अध्ययन के लिए आये हैं, और बिना उत्तर की प्रतीक्षा किये उन्होंने पंजाब के एक अत्यन्त विशिष्ट व्यक्ति की कथा बताने लगे जो अपने से आधी उम्र की स्त्री के साथ आये थे और उनसे संन्यास लेना चाहते थे। यह कहने पर कि सम्बन्धित व्यक्तियों के बारे में बिना अच्छी तरह जानकारी लिए वे संन्यास नहीं देंगे। कुछ दिनों बाद लौटकर आने की बात कह वह जोड़ा वापस चला गया। कुछ दिनों बाद वही दम्पति किसी और से दीक्षा लेकर, गेरुआ चोगा डाले पहले आश्रम में आया। स्वामी जी ने उनका, बिना किसी टीका टिप्पणी के स्वागत किया और उन्हें रहने को अलग कमरे दिये। जब उन्होंने देखा कि वे एक ही कमरा चाहते थे, उन्होंने यह स्थान छोड़ देने को कहा और एक बार फिर सुझाव दिया कि किसी को संन्यास का उपयोग ऐसे उद्देश्य के लिए नहीं करना चाहिए। यह जोड़ा कहीं और जा कर रुक गया। उन्होंने कहानी का समापन

यह बताते हुए किया कि एक दिन एक स्त्री गंगा में कूद कर जाने देने की धमकी देते आश्रम में दौड़ी आयी। एक पिता की उम्र का व्यक्ति, जो उसके इस तरह के हिस्टीरिया के दौरे से थक चुका था और उसके द्वारा आत्महत्या कर लेने के भय से इस विचित्र रिश्ते से बचना चाहता था। पता यह भी चला कि वह आदमी पहले से शादीशुदा था और उसके बाद उसने युवती के साथ सम्बन्ध स्थापित किया और इससे एक बच्चा भी है। उसने अपनी पत्नी और बच्चों को छोड़ दिया और इस तरह उसने इस युवती के साथ अपना सम्बन्ध बनाये रखने का नायाब तरीका ढूँढ़ लिया।

स्वामी जी बात करते रहे और फिर अपने गुरुओं के बारे में बताने लगे कि वे कैसे बड़े अच्छे लोग थे। वह एक बड़े अच्छे किस्सागो थे और हम लोगों को उन्होंने कई इस तरह के प्रसंग सुनाये। मैं उनसे कई बार मिला, केवल इसलिए नहीं कि मैं उनका अच्छी तरह साक्षात्कार करना चाहता था बल्कि मैं उन्हें पसन्द करता था क्योंकि वे अपने पास आने वाले हर किसी के लिए अपनत्व दिखाते थे। उन्होंने अपने बारे में काफी जानकारी दी, साथ ही और दूसरी कहानियाँ बताने से वे अपने को रोक नहीं सके। मैंने उनकी जीवनगाथा पर ही अपना ध्यान केन्द्रित किया।

स्वामी रामदेव, गरीबदास सम्प्रदाय के एक सदस्य हैं। गरीबदास की परम्परा इस प्रकार है--गरीबदास प्रसिद्ध सन्त कबीर के अवतार के रूप में माने जाते हैं। वह एक भक्त कवि थे जो जाति-पाँति में विश्वास नहीं रखते थे और धार्मिक सहिष्णुता पर जोर देते थे। गरीबदास सबको समान मानते थे, चाहे वह हिन्दू हो या मुसलमान, स्त्री हो या पुरुष। वह जातिवाद के खिलाफ थे। उनका कोई भी अनुयायी हो सकता था और उनसे दीक्षा ले सकता था। अस्पृश्य वर्ग के कई लोग उनके अनुग्रह से संन्यासी हो गये थे।

रामदेव पाठी पीलीभीत के पास नेपाल से लगे तराई क्षेत्र में एक गाँव में पैदा हुए थे। वह एक अच्छे भले परिवार के पाँच बच्चों में तीसरे थे जिसके पास खेत और मवेशी थे। जब रामदेव छह महीने के थे, एक संन्यासी आया और पालने से उन्हें चुरा ले गया। परिवार बच्चे की खोज में लगा रहा और कुछ घंटों में संन्यासी और बच्चे को बरामद भी कर लिया। संन्यासी ने जो कुछ किया उसके लिए उसने क्षमा नहीं माँगी। उसने कहा, यह बच्चा अधिक दिन नहीं जियेगा। यह आपके काम का नहीं और फिर अपने रास्ते चला गया।

रामदेव परिवार में यह एक असामान्य बच्चा था, न केवल इस घटना के कारण बल्कि इसलिए कि बाल्यावस्था में अन्य बच्चों की अपेक्षा उसमें अधिक धार्मिक भावनाएँ थीं और वे बच्चों को पूजा करने और ध्यान लगाने के लिए उत्साहित करते, यह कहते हुए कि यदि कोई आधे घंटे के लिए पूजा करे तो भगवान उस बच्चे को एक रुपये का एक हिस्सा देगा। उनकी हिकमत यह थी कि वे उस चटाई के नीचे

एक सिक्का रख देते थे, जहाँ बच्चा आँख बन्द किये बैठा रहता था। केवल रामदेव ही ये सिक्के पाते थे; क्योंकि दूसरे बच्चे पर्याप्त अभ्यास नहीं कर पाते थे।

जब रामदेव ग्यारह वर्ष के हुए, एक संन्यासी आकर गाँव के बाहर रहने लगा। रामदेव उसके साथ घंटों समय बिताते। इस संन्यासी के बारे में उन्होंने दो कहानियाँ बतायीं। एक बार संन्यासी को पूजा-पाठ के लिए कुछ घी की आवश्यकता थी, जो उनके पास समाप्त हो गया था। उन्होंने रामदेव से नदी के पास जाकर नदी से कुछ घी माँगने को कहा। नदी का नाम क्षीर गंगा था, जिसका शाब्दिक अर्थ है दूध की धारा बहाने वाली नदी। हिमालय में कई क्षीर गंगाएँ हैं जहाँ पानी उफान से बहता है, नदी के जल को क्षीर कहते हैं। कहानी है कि यह नदी कभी सचमुच में दूध की नदी थी जब एक पापी आदमी ने अपने वस्त्र इस नदी में धोये तो दूध पानी में बदल गया। रामदेव इस अनोखे आदेश को सुनकर चकित थे पर उन्होंने वैसा ही किया जैसा कहा गया था। नदी से घी माँगने के बाद, उन्होंने नदी से पात्र में पानी भरा और संन्यासी के पास ले आये। संन्यासी ने उस पात्र में एक लकड़ी डाली और रामदेव की हथेली पर रखा। वह वस्तुतः घी था। इससे इस छोटे बच्चे की ईश्वर में आस्था और दृढ़ हो गयी और उसने स्वयं एक संन्यासी बनने का निश्चय किया। एक और अवसर पर संन्यासी ने बच्चे को एक साधु की धूनी से एक चिंगारी लाने को कहा, पवित्र आग, जो एक पहाड़ी की ऊँचाई पर थी। रामदेव जंगली पशुओं से बिना डरे दौड़ गये और एक तेंदुए के सामने पहुँचे, वह तेंदुआ उनके ऊपर कूदने को तैयार था। रामदेव इतने प्रतिबद्ध थे और उनमें यह दृढ़ विश्वास था कि तेंदुआ उन पर आक्रमण नहीं करेगा और फिर वे उसके सामने से निकल गये। वे पहाड़ पर साधु के आश्रम पहुँचे और एक जलती लकड़ी का टुकड़ा उठाया और उसे लेकर संन्यासी गुरु के पास नीचे दौड़कर पहुँचे। उसके बाद वह किसी से भी नहीं डरे।

कुछ महीनों बाद संन्यासी एक भक्त के पास जाने के लिए गाँव छोड़ कर चला गया। रामदेव को गुरु की कमी खलने लगी और उन्होंने उस संन्यासी गुरु की खोज में घर छोड़ दिया। इन्हें याद था कि संन्यासी ने दिल्ली के एक आश्रम का उल्लेख किया था जहाँ वह प्रायः जाते थे। रामदेव उस आश्रम की तलाश में दिल्ली चल पड़े। उनके पास संन्यासी का पता नहीं था इसलिए वह उस आश्रम को ढूँढ़ नहीं पाये। ये तीन दिन घूमते रहे फिर एक पुलिस वाले ने पकड़ लिया। रामदेव ने झूठ बोला कि वह अनाथ हैं और पुलिस वाले से कहा कि उन्हें किसी आश्रम में रखवा दें। दिल्ली में वे नरसिंह गिरि के आश्रम में पहुँचे और वहाँ रहकर स्कूल जाना शुरू किया। उन्होंने बारहवीं की परीक्षा पास की और फिर पॉलीटेक्नीक से डिप्लोमा किया, फिर एक कॉलेज से बी.ए. तथा एम.ए. की डिग्रियाँ प्राप्त कीं। दिन में वह आश्रम का काम करते थे। जब रामदेव बीस साल के हुए तो उनके सारे

आध्यात्मिक प्रयास बिखर गये और वह आर्य समाज आन्दोलन से जुड़ गये। वे वहाँ आर्य समाजियों के व्याख्यान सुनते थे। आर्य समाजी मूर्ति पूजा का खंडन करते थे और हिन्दू धर्म के सुधार की बात करते थे। एक दिन वहाँ कोई बाहरी व्यक्ति आया, उसने आर्य समाज के संस्थापक के फोटो को टूटे जूतों की माला पहनायी। व्याख्यान के आयोजक बड़े क्रुद्ध हुए और पूछा कि कैसे इस आदमी ने गुरु के अपमान की हिम्मत की। उस व्यक्ति ने उत्तर दिया—'मैंने सोचा कि तुम मूर्तिपूजा में विश्वास नहीं करते फिर यह सब तुम्हें क्यों परेशान करता है?'

इस घटना ने युवक रामदेव के मन को गहराई तक प्रभावित किया। अब उनका मन आर्य समाज से दूर चला गया।

अपनी डिग्री की परीक्षा पास कर रामदेव दिल्ली के पास एक स्कूल में दो साल अध्यापक रहे, पर साधु बनने की इच्छा बनी रही। एक दिन वह स्कूल छोड़कर हरिद्वार के लिए चल पड़े किन्तु रेलवे स्टेशन से वापस लौट आये क्योंकि साधु जैसा रहने के लिए वे अभी पूरा साहस नहीं जुटा सके थे। भिक्षाटन उन्हें लज्जाजनक लगा फिर भी दो महीने बाद उन्होंने हिम्मत जुटाई और 47 रुपये लेकर वह हरिद्वार के लिए चल पड़े। हरिद्वार से उन्होंने ऋषिकेश की ओर चलना आरम्भ किया। ऋषिकेश को जाने वाली सड़क, जंगली जानवरों से भरे हुए जंगल से गुजरती है पर वह चलते रहे और काली कमली वाले अन्नक्षेत्र में पहुँचे और वहीं रुककर रात बितायी।

काली कमली वाले—एक ऐसे साधु थे जो 19वीं सदी में हुए थे और जो हिमालय में रहते थे। यह देख कि साधुओं के भोजन माँगने जाने वाले स्थानों की कमी है उन्होंने बद्रीनाथ और गंगोत्री की राह में 108 टपरे बनवाये। इनमें से सेकसरिया अभी अस्तित्व में हैं और एक ट्रस्ट द्वारा संचालित हैं।

अगली सुबह रामदेव एक गुरु की खोज में निकल पड़े और कुछ संन्यासियों द्वारा दुतकारने पर वह एक व्यक्ति के आश्रम पहुँचे जो बाद में उनका गुरु हुआ। गुरु उस समय कुछ छात्रों को शिक्षा दे रहे थे और रामदेव को उनके शब्द अपने मन में उठने वाले प्रश्नों के उत्तर जैसे लगे। व्याख्यान के बाद संन्यासी ने इस युवक से आने का कारण पूछा।

'साधु बनने के लिए।' रामदेव ने उत्तर दिया।

'क्यों?' क्या तुम खराब शादी से बचना चाहते हो? या क्या तुमने अपने माता-पिता से झगड़ा किया है? अथवा परीक्षा में फेल हुए हो?' संन्यासी ने पूछा।

'इनमें से कुछ भी नहीं है।' रामदेव ने कहा और अपनी पूरी कहानी सुना दी। पर संन्यासी ने उन्हें भगा दिया। हठीले रामदेव तीन दिन तीन रात, बिना भोजन वहाँ बैठे रहे जब तक कि संन्यासी ने आकर उन्हें उठाया नहीं और उन्हें एक छात्र के रूप में स्वीकार करने का वादा नहीं किया।

इसके बाद का समय रामदेव के लिए बड़ा व्यस्त था। शास्त्रों का नियमित पाठ करने तथा शारीरिक श्रम करने पर गुरु खास तौर पर जोर देते थे। रामदेव अपना खाली समय गंगा के तटबन्ध को सुदृढ़ करने के लिए पत्थर ढोने में लगाते थे। वे ऐसे दिन थे जब ऋषिकेश अभी भी एक जंगल के रूप में था। गुरु और उनके शिष्य एक लकड़ी की कुटिया में रहते थे जो घास-फूँस से ढँकी थी। आश्रम में भोजनालय नहीं था। सारा भोजन अन्न क्षेत्रों से आता था। आठ वर्ष संन्यासी की सेवा करने और शास्त्रों को पढ़ने के बाद रामदेव ने दीक्षा की याचना की।

'पर तुम सबसे पहले गोमुख जाओ और वहाँ से जल लाओ,' गुरु ने कहा। उन्होंने पैदल यह यात्रा पूरी की जिसमें वहाँ से वापस आने में तीन महीने लग गये। फिर उन्हें देश के ज्योतिर्लिंगों की तीर्थ यात्रा पर भेजा गया। भारत में बारह मन्दिर हैं जिन्हें ज्योतिर्लिंग कहा जाता है, ऐसा लिंग जो प्रकाश बिखेरता है।

'तुम्हें हमेशा पैदल चलना होगा बिना जूते के और कभी किसी के घर में नहीं रहना। कभी किसी स्त्री के साथ नहीं सोओगे और हर रात बताया गया जप करोगे।' ये गुरु के निर्देश थे।

रामदेव पहले पूर्व में कलकत्ता तक गये, फिर दक्षिण में भुवनेश्वर, फिर पश्चिम में महाराष्ट्र। महाराष्ट्र से वह दक्षिण में तिरुपति और अन्त में रामेश्वरम गये। फिर पहुँचे उत्तर में पश्चिम घाट में कराँची के पास तक गये। इसके बाद पूर्व में गुजरात और राजस्थान आश्रम में साढ़े तीन साल रहने के बाद लौटे। अन्त में गुरु ने उन्हें संन्यास की दीक्षा दी। इसी समय गुरु उन्हें अपने साथ गंगोत्री ले गये जहाँ वे तीन साल तक रहे। फिर वे ऋषिकेश के आश्रम में लौट आये। वहाँ से रामदेव ने पंजाब और हरियाणा में प्रतिवर्ष कुछ महीनों तक भ्रमण किया।

वह पिछले 16 वर्षों से रामदेव आश्रम के प्रमुख हैं। उनके गुरु 1986 में लम्बी बीमारी के बाद एक अस्पताल में दिवंगत हो गये थे। मृत्यु के पहले उनके गुरु चेतना में आये और रामदेव से कहा कि वह उन्हें आश्रम प्रमुख बनाना चाहते थे। उनका निर्देश था कि प्रतिदिन प्रातः और सन्ध्या जप किया जाय। आश्रम के चारों ओर दीवाल बनाई जाय तथा आश्रम में जो भी आये उसे भोजन दिया जाय, कोई भी व्यक्ति यहाँ से भूखा न जाय।

रामदेव ने आश्रम प्रमुख के रूप में गुरु के आदेश के अनुसार सब कुछ किया तथा अन्य कार्य भी किये। बिना माँगे रुपये की सहायता मिली। अब आश्रम में 16 कमरे, एक स्कूल, 1 कार, तथा 10 गायें हैं। दूध कभी बेंचा नहीं जाता, उसे अतिथि-सेवा में लगाया जाता है, चाहे वे साधु हों या आम आदमी।

स्वामी रामदेव के अपने दुख भी थे। दो बार वे अस्पताल में भर्ती हुए, एक बार अल्सर के कारण और दूसरी बार जब उन्हें हृदयाघात हुआ। वे गहन चिकित्सा में

थे। हृदयाघात के बाद उन्होंने ईश्वर से चार या पाँच वर्ष माँगे जिससे कि कुछ अधूरे कार्य पूर्ण कर सकें। उन्होंने वादा किया कि वह मंत्र का लाख बार जप करेंगे।

स्वामी रामदेव प्रातः 3 बजे उठते हैं और जप तथा चार घंटे पूजा करते हैं। वह सात बजे प्रातः बरामदे में जाते हैं जहाँ दो घंटे तक भक्तों या नवागन्तुकों से मिलते हैं। यह वह समय होता है जब वे वहाँ उपस्थित श्रोता मंडली को उपदेश देते हैं और अपने हार्दिक उद्‍गार भी व्यक्त करते हैं। दोपहर में भोजन के बाद चार बजे शाम तक विश्राम करते हैं। इसके बाद दो घंटे तक लोगों से मिलते हैं। फिर वह आश्रम के कार्यक्रमों का जायजा लेने के लिए वहाँ का चक्कर लगाते हैं। इसके बाद फिर वह दो घंटे पूजा और जप के लिए बैठते हैं। उन्होंने यात्रा स्थगित कर रखी है, उन्होंने मुझसे कहा कि संभावना यही है कि वह अब मृत्युपर्यन्त आश्रम नहीं छोड़ेंगे।

स्वामी रामदेव के एक सुयोग्य सहायक हैं, बत्तीस वर्ष के स्वामी महिम्नानन्द। स्वामी महिम्नानन्द 16-17 वर्षों की आयु में स्वेच्छया उनके निकट आये। उनके माता-पिता स्वामी रामदेव जी के परिचित थे और उन्होंने बच्चे को जाने की अनुमति दे दी थी। बाद में वे चिन्तित हुए और बच्चे को आश्रम से वापस ले आये और उसकी इच्छा के विरुद्ध उसके विवाह का प्रबन्ध किया। महिम्नानन्द भाग कर आश्रम पहुँच गये और वापस जाने से मना कर दिया। फिर परिवार ने उसकी हत्या की कोशिश की ताकि उसकी पत्नी का छोटे भाई से विवाह कर दिया जाय। अच्छा यह हुआ कि ऐसा हो नहीं सका। बाद में गाँव वालों और स्वामी रामदेव के बीच एक बैठक हुई जिसमे महिम्नानन्द ने स्वेच्छया और कानूनी तौर पर अपनी सम्पत्ति का अधिकार अपने बड़े भाई को दे दिया।

आश्रम में महिम्नानन्द ने संस्कृत का एक पाठ्यक्रम पूरा किया और एक उच्चस्तरीय योग्यता के लिए प्रयत्न करने लगे। एक वर्ष पहले उन्हें दीक्षा मिली। स्वामी रामदेव की कई वर्ष तक सेवा करने के बाद वह अभी भी सेवारत हैं। वह प्रातः 4 बजे उठते हैं और 11 बजे रात को सोते हैं। इस बीच वह निरन्तर आश्रम के प्रबन्ध और अतिथि सेवा में सक्रिय रहते हैं। वह अपने गुरु की तरह एक प्रसन्नचित्त और मृदुभाषी व्यक्ति हैं और उनके संभावित उत्तराधिकारी हैं।

अपनी यात्रा में मैंने स्वामी रामदेव को उनके पास आये हुए लोगों की समस्याएँ सुलझाने का तरीका देखा। उन्होंने एक माँ को दिलासा दिया, जिसके पुत्र की हत्या की गयी थी। एक दूसरा युवा जो कुछ दिन पहले अपने पिता को खो चुका था और 'अब वह अपने पारिवारिक व्यापार को देख रहा था, उससे स्वामी जी ने प्यार से कहा, अब बड़े हो जाओ और परिवार की जिम्मेदारी लो।' यह कहकर कि 'अब तुम सबसे बड़े हों,' स्वामी जी ने उस युवक को निर्देशित किया कि वह अपने क्रोध का उपहार उन्हें दे। यह दूसरों के प्रति क्रोध न करने की बात कहने का एक तरीका

था। वहाँ और भी लोग थे जिनको स्वामी जी ने मेरे सामने आश्वस्त किया या राय दी। लोगों के साथ उनकी बातचीत के लहजे में कई खास बातें थीं। वह हर व्यक्ति से उसके विश्वास के दायरे में बात करते थे। एक महिला जिसके देवता शिव थे, उसे उन्होंने 'ओम नमः शिवाय' जपने को कहा जब कि खुद उनका अलग सम्प्रदाय था। वह लोगों की बात को अच्छी तरह सुनते हैं और उपदेश देने के पहले उस व्यक्ति की जीवन-शैली को समझ लेते हैं। वह बच्चों के साथ खेलते भी थे और मनोविनोद करते थे। वह अपनी बात को समझाने के लिए धर्मग्रन्थों के सटीक श्लोक या पुराणों से कहानियाँ उद्धृत करते थे। फोन पर भी वह लोगों से ऐसे बात करते थे मानो उनके सामने साक्षात् उपस्थित हैं। वह बहुत ज्यादा माँगने वाले लोगों को सँभालना जानते हैं। एक स्त्री चाहती थी कि वे उसके चाचा को क्रोध न करने के लिए निर्देशित करें। स्वामी जी ने पहले उसे अपने क्रोध से छुटकारा पाने को कहा। स्वामी जी बड़े काव्यात्मक ढंग से सलाह-मशविरा देते थे। एक भक्त से वे बोले—'आपका काम है अपने हृदय में ईश्वर की छवि को पकड़ना। यदि शीशा गन्दा हो तो वह छवि को नहीं पकड़ सकेगा। इसलिए इस शीशे को साफ करो, अच्छे विचार रखो। यदि शीशा हिलता रहेगा तो आप उसमें ईश्वर की छाया को नहीं पकड़ पायेंगे। इसलिए यह जरूरी है कि आपके हृदय का शीशा स्थिर रहे।'

मैंने उनसे कुछ और भी प्रश्न किये।

'गुरु के साथ आपका क्या सम्बन्ध था?'

'जैसा एक पुत्र का एक पिता के साथ होता है।' वह भावपूर्ण थे और ऐसे अवसर भी आते थे जब वह हमें गले लगा लेते थे। ऐसे भी मौके थे जब उन्होंने मुझे दृढ़ बनाने की कोशिश की। एक बार मैंने एक पत्थर गिरा दिया जिसे मैं ढो रहा था। मैं रोने लगा, मैंने कहा कि मुझे अस्पताल ले चलो। मेरे गुरु ने मुझे शान्ति से समझाया कि घाव पर अपना मूत्र लगा दूँ। मूत्र एन्टीसेप्टिक माना जाता है। मैं गुस्से में आ गया और बोला, 'क्या एक निःसन्तान स्त्री प्रसवपीड़ा समझ सकती है?' उन्होंने धीरे से मुझे आश्रम से बाहर चले जाने को कहा। मैं बाहर जा कर आश्रम की सीमा पर बैठ गया। शाम को वह आये और पूछा मैं अभी तक क्यों नहीं गया? 'मैं कहाँ जा सकता हूँ?' मैंने पूछा। गुरु मुझे वापस लाये और अपने हाथों से खाना खिलाया।

'उन संन्यासियों के बारे में, जो एक स्थान से दूसरे स्थान घूमते रहते हैं, आप क्या सोचते हैं?' मैंने उनसे पूछा।

'भ्रमण करना अच्छा है, विशेषतः जब आप युवा हों। बिना रुपये या सहायता के घूमना अच्छा है ताकि आप सीखें कि एक सच्चे साधु की तरह कैसे रहा जाता है। भ्रमण में ऐसे लोग भी मिलेंगे जो आपके प्रति दयालु होंगे और ऐसे भी लोग मिलेंगे जो आपका दुरुपयोग भी कर सकते हैं। एक घुमन्तू साधु, दोनों को सँभालना

सीख लेता है। आप भूख और भय को सँभालना सीख जाते हैं। भ्रमण में आपको अन्य महात्माओं से मिलने का अवसर मिलता है। इसके अतिरिक्त आपको यह भी पता चलता है कि कौन-सा स्थान आपके लिए उपयुक्त है, यदि आप कहीं स्थिर होना चाहते हैं इससे ज्यादा निरन्तर घूमना बेवकूफ़ी है। हर साल गंगोत्री या बद्रीनाथ जाने में क्या बात है? यह एक चुनौती है? यह मात्र एक व्यसन है।'

'मोक्ष के बारे में आपका विचार है?' मैंने फिर प्रश्न किया।

'अपने को ठीक-ठीक समझना और अपने प्रति सचेत रहना, यही मोक्ष है।' स्वामी जी ने कहा।

स्वामी दयानन्द

दूसरे आश्रम का नजरिया रामदेव पाठी की भक्ति और सेवा की शैली के नजरिये के पूरी तरह विपरीत था। वह आश्रम वेदान्त की परम्परा का पालन करता है। मेरा घर दक्षिण भारत में था और मैं एक सप्ताह आश्रम में बिताने को सोच रहा था। यहाँ एक राष्ट्रीय स्तर पर प्रसिद्ध शास्त्रपारंगत विद्वान साधु अध्यक्षता कर रहे थे। मेरा उद्देश्य यह समझना था कि आश्रम किस तरह संचालित हो रहा है। मैंने स्वामी दयानन्द का साक्षात्कार किया, कुछ अन्य साधुओं का और कुछ अन्य आम आदमी जो आध्यात्मिक शिक्षा के लिए आश्रम में आते हैं, उनसे मिला। स्वामी दयानन्द प्रवचन करते हैं तथा अन्य दो आश्रमों एक ऋषिकेश और दूसरा सेलोसबर्ग, पेंसिल्वैनिया (अमेरिका में), के निर्देशन के लिए भारत के अन्य भागों में और विदेश भ्रमण करते हैं। स्वामी दयानन्द की उपस्थिति में मैंने एक सप्ताह तक आश्रम में रहने की व्यवस्था की। सौभाग्य से तभी आश्रम में वेदान्त पर तीन महीने का पूर्णकालिक आवासीय पाठ्यक्रम शुरू हुआ था जिसमें 100 प्रतिभागी थे। ये प्रतिभागी न केवल भारत के विभिन्न भागों से थे बल्कि यूरोप, अमेरिका, दक्षिण अमेरिका और अफ्रीका से भी आये थे। एक दक्षिण अमेरिका महिला थीं जो श्वेत होने पर भी बताया कि वह हिन्दू है। वह साड़ी पहने थीं। उसने धार्मिक चिह्न धारण किया था–जैसे ललाट पर तिलक। वह सरलतापूर्वक संस्कृत के श्लोकों का उच्चारण कर रही थीं। उसने बताया कि अर्जेंटाइना में कई हिन्दू हैं। वे एक स्वामी के प्रभाव में हिन्दू हुए जो कई वर्षों तक दक्षिण अमेरिकी में आते रहते थे। कुछ ऐसे हिन्दू भी थे जो अमेरिका में बस गये थे और अपने बच्चों को हिन्दू ग्रन्थों और हिन्द आध्यात्मिक परम्परा से परिचित कराने के लिए लाये थे। वहाँ यूरोपवासी और अमेरिकी भी थे जो पश्चिमी जीवन-शैली से असन्तुष्ट हो चुके थे या जो हिन्दुत्व के बारे में जिज्ञासु थे। अधिकांश भारतीय थे जो अपनी वृद्धावस्था के दौरान हिन्दू दर्शन की समझ को बढ़ाने के लिए आये थे। कुछ अकेली युवतियाँ भी थीं, जिनकी उम्र 30 या 40 वर्ष की थी, वे माता-पिता पर निर्भर न होकर स्वयं

स्वतन्त्र व्यवसाय करती थीं।

मद्रास और कोयम्बटूर के दो या तीन प्रसिद्ध व्यापारी परिवारों की सहायता से दस साल पहले यह आश्रम स्थापित हुआ था। परती, सूखा भूखंड जहाँ झाड़-झंखाड़ था एक हरित क्षेत्र में जहाँ नारियल और फलों के वृक्ष, अच्छे कॉटेज, एक बड़ा भोजनालय, एक व्याख्यान कक्ष जहाँ 300 लोग बैठ सकें, एक मन्दिर, एक पुस्तकालय तथा सुन्दर लान में बदल चुका था। कुछ समृद्ध परिवारों ने उस जगह अपने काटेज बना लिये जिनका उपयोग और लोग भी कर सकते थे जिसका खर्च वे स्वयं वहन कर रहे थे। आश्रम में तीन बोरवेल थे, बिजली तथा टेलीफोन की सुविधा थी, एसटीडी/आईएसडी बूथ थे, जहाँ से कोई विश्व में कहीं भी सम्पर्क कर सकता था। कार्यालय में आधुनिक उपकरण फैक्स सहित सभी उपकरण थे स्वामी दयानन्द उस आश्रम के आध्यात्मिक प्रमुख थे। वहीं प्रबन्ध व्यवस्था, दैनन्दिन प्रबन्ध स्वामी शुद्धानन्द के अधीन थी, जो चालीस वर्ष के थे, और दृढ़ता से सारे संस्थान को चला रहे थे।

आश्रम की दैनिक समयसारिणी

प्रातः

5 बजे भोजन कक्ष में चाय
5.15 से 6.15 मन्दिर पर सुशिक्षित ब्राह्मणों द्वारा आरती
6.30 से 7.00 स्वामी दयानन्द का ध्यान
7.00 से 8.30 नाश्ता
9.00 से 10.00 स्वामी दयानन्द द्वारा वेदान्त पर प्रवचन
10.30 से 10.45 चाय
11.00 से 12.00 स्वामी दयानन्द का दूसरा प्रवचन

मध्याह्न

12.30 से 1.00 दोपहर का भोजन
3.00 से 5.00 संस्कृत कक्षाएँ
5.00 से 6.00 भगवद्गीता पर स्वामी दयानन्द का व्याख्यान
6.15 से 7.15 मन्दिर पर आरती
7.30 से 8.00 रात्रि भोजन
8.00 से 9.00 सत्संग, स्वामी दयानन्द के साथ अनौपचारिक चर्चा

भोजन सादा पर पौष्टिक था। प्रतिदिन भोजन का व्यय भार एक या दूसरे परिवार द्वारा, विवाह, बच्चे के नामकरण या पुरखों की स्मृति में उठाया जाता था।

भोजन स्वयंसेवकों द्वारा परोसा जाता था। हम एक कतार में जाकर अपना हिस्सा एकत्र करते थे। बाद में हम अपने भोजन पात्र स्वयं साफ करते थे। भोजन पात्र की सफाई एक संकेत था, वे बाद में उस कार्य में निपुण लोगों द्वारा किया

जाता था। अपने बर्तन साफ करना सरलता और विनम्रता का एक पाठ था।

नाश्ते के बाद का समय या प्रातःकाल के व्याख्यान के बाद स्वामी जी अपने काटेज में लोगों से मिलते थे जहाँ उनका एक कक्ष था जिसमें बीस लोग बैठ सकते थे। आगन्तुक या पाठ्यक्रम के प्रतिभागी वहाँ एकत्र हो जाते थे। बातचीत अनेक विषयों पर होती थी, प्रवचनों से उभरने वाले प्रश्नों से लेकर स्वामी जी के यात्रा प्रबन्ध तक एक आगन्तुक के आमन्त्रण पर, हल्की-फुल्की बात से लेकर गम्भीर विवेचन तक। एक अवसर पर बच्चों से गाने के लिए कहा गया था। एक बार कुछ आगन्तुक आये और उस क्षेत्र के एक शैव मत के स्वामी के बारे में बताया जो वैष्णव मतावलम्बियों का जीना दूभर कर रहे थे। एक बार एक आगन्तुक स्वामी ने ईसाई पादरियों द्वारा की जा रही ज्यादती पर चर्चा की। स्वामी दयानन्द इन शिकायतों को सहानुभूतिपूर्वक सुनते थे पर कभी किसी कार्रवाई के लिए उत्तेजित नहीं होते थे। यदि कुछ आगन्तुक किसी पूर्वनिश्चित कार्रवाई की रूपरेखा के साथ आते तो स्वामी जी उनकी बात सुनते तथा अपनी स्वीकृति/अस्वीकृति की राय देते थे। कुछ आगन्तुकों को अलग एकान्त में सुनते। मुझे प्रतिदिन 15-30 मिनट अलग से सुनने का समय उन्होंने दिया था।

आश्चर्यजनक रूप से शारीरिक व्यायाम के लिए दिन में कोई समय निश्चित नहीं किया गया था। स्वामी जी योग-सिद्धान्त या प्रयोग के बारे में ज्यादा ध्यान नहीं देते थे। वे योग को केवल लक्ष्य प्राप्ति का साधन मानते थे, उनके अनुसार वेदान्त द्वारा व्यक्ति ज्ञान पाता है। इस हेतु वेदान्त को हृदयंगम करना आवश्यक है।

स्वामी दयानन्द स्वयं को वेदान्त का एक परम्परागत शिक्षक मानते थे। कई आधुनिक शिक्षक, वेदान्त को षड्दर्शनों में से एक मानते हैं जिसका ज्ञान आत्मा का, ईश्वर के साथ एकात्मकता प्रदान करता है। हालाँकि स्वामी जी वेदों को ज्ञान का स्वतन्त्र माध्यम मानते हैं, जिसकी वैधता आन्तरिक है और किसी बाह्य अनुभव पर आश्रित नहीं है। वेदान्त, आत्मा के मोक्ष का वादा नहीं करता। आत्मा तो स्वतः मुक्त और निःसीम है। वेदान्त शिक्षा का लक्ष्य है यह स्पष्ट ज्ञान जिसमें आत्मा और ईश्वर एक ही हैं।

स्वामी जी का जन्म तमिलनाडु के तंजौर जिले के छोटे से गाँव में एक ब्राह्मण परिवार में हुआ था। उनका नाम नटराजन रखा गया। यह वह समय था जब ब्राह्मण विरोधी हवा बड़ी तेज थी और द्रविड कषगम के पक्षधर ईश्वर के अनस्तित्व की बात करते तथा अनुष्ठान विरोध की वकालत कर रहे थे। बाल्यावस्था से स्वामी जी भी ब्राह्मण परम्परा की शिक्षाओं का समर्थन करते थे और शारीरिक तौर पर उन बच्चों से लड़ जाते थे जो शिखा और मुंडन सरीखी परम्परागत ब्राह्मण संस्कृति की प्रथाओं के लिए उन पर हँसते थे। जब नटराजन आठ वर्ष के हुए तो उनके

पिता की मृत्यु हो गयी। उनके दादा, चाचा, चाची और माँ ने उनका अच्छी तरह पालन-पोषण किया। वह अपनी एक बुआ (पिता की विधवा बहन) के बड़े करीब थे जो पति की मृत्यु के बाद परिवार में वापस आ गयी थीं।

नटराजन स्कूल में एक अच्छे विद्यार्थी थे और संस्कृत इनका एक प्रिय विषय था। हालाँकि उसके लिए संगी साथी और शिक्षक उनकी हँसी उड़ाते थे। वह एक प्रखर पाठक थे और 4 बजे प्रातः तक पुस्तकें पढ़ने में जुटे रहते थे।

उनमें कुछ विशेषताएँ बचपन से ही स्पष्ट थीं और उनके रिश्तेदारों द्वारा याद भी की जाती थीं। उनमें से एक है उदारता। वह कहते हैं मेरे जीवन में ऐसा कुछ भी न था जिसे मैं बाँट नहीं सकता था।

वे खेती की पैदावार कामगारों को दे देते थे—जब उन्हें लगता था कि वे जरूरतमन्द हैं। एक दूसरी विशेषता थी जीवन की समस्याओं के प्रति उनका व्यावहारिक और गैरभावुक दृष्टिकोण। जब उनके पिता की मृत्यु हुई वह रोये नहीं, यह जानकर कि मृत्यु जीवन का एक सत्य है।

अपनी पढ़ाई पूरी करने के बाद वह नौकरी के लिए मद्रास गये। वह अँग्रेजी नहीं जानते थे पर एक अँग्रेजी पत्रिका 'धार्मिक हिन्दू' में नौकरी की जिसका उद्देश्य था द्रविड़ आन्दोलन में उठे मुद्दों का जवाब देना। यहाँ उन्होंने अपने बल पर पत्रिकाओं और क्लासिक को पढ़कर अँग्रेजी सीखी। कुछ दिनों बाद वे वायुसेना में शामिल हुए पर उसे बड़ा संकुचित पा कर छोड़ दिया। तथापि उन्होंने सैन्य सेवा में स्थापित अनुशासन को महत्वपूर्ण माना और उसे अपने जीवन का हिस्सा बना लिया।

उनका कहना था कि मैंने किसी को भी अपने जीवन पर नियन्त्रण करने की अनुमति नहीं दी। सम्भवतः यही कारण है कि मैं एक स्वामी हूँ। मैं नियन्त्रण की कोशिश को आसानी से भाँप लेता हूँ। कभी-कभी यह बड़ा सूक्ष्म होता है, यहाँ तक कि जो नियन्त्रण की कोशिश कर रहे हैं वे भी नहीं जानते कि वे ऐसा कर रहे हैं।

फिर उन्होंने 'लेंस' नामक एक दूसरी पत्रिका में काम करना आरम्भ किया। यह एक एजेंसी थी जो विश्व समाचार का वितरण कर छोटे अखबारों तक पहुँचाती थी। इसने उन्हें पत्रकारिता के गुर सिखाये। इसके बाद वह एक स्त्री राजनेता के एजेंट के रूप में काम करने लगे जो चुनाव में खड़ी हुई थी। इस कार्य ने उन्हें सार्वजनिक भाषण और संगठन का काम सिखाया।

इस समय तक प्रकट रूप से उनकी कोई स्पष्ट आध्यात्मिक रुचि नहीं थी। उनके विचारों में अचानक बदलाव आया। वे एक शाम अपने चचेरे भाई के साथ स्वामी चिन्मयानन्द का व्याख्यान सुनने गये थे। स्वामी जी अँग्रेजी में मुंडक उपनिषद के बारे में चर्चा कर रहे थे। वे ज्यादा तो नहीं समझ सके पर यह अनुभव किया कि व्याख्यान में कुछ खास बात थी। उन्हें लगा कि उनमें एक सन्देश था जिसे

उन्होंने ग्रहण कर लिया। वे पूरे पाठ्यक्रम में शामिल हुए और उसके बाद वे पहले जैसे नहीं रह गये। उनके मन में उपनिषदों के बारे में अधिक जानने की तीव्र इच्छा जग गयी। पाठ्यक्रम के अन्त में एक सामूहिक भोज था जिसे आयोजित करने में नटराजन ने मदद की। नटराजन की सब लोगों का स्वागत करने वाले स्वभाव और संगठन की उच्च क्षमता ने स्वामी जी को प्रभावित किया।

स्वामी चिन्मयानन्द ने पुनः लौटने और अगले वर्ष तैत्तिरीय उपनिषद पढ़ाने का वादा किया। नटराजन ने संस्कृत कक्षा में प्रवेश लिया ताकि भाषा में पारंगत हो सकें और वेदों के सही ढंग से उच्चारण को सीखने के लिए एक वेद पाठशाला में भी गये। जब स्वामी चिन्मयानन्द लौटे तो नटराजन 'तैत्तिरीय उपनिषद' के अध्ययन के लिए तैयार थे क्योंकि एक साल तक जब स्वामी जी देश से बाहर गये थे उन्होंने इसका उच्चारण सीख लिया था। वह एक अच्छे विद्यार्थी हो चुके थे। एक सन्ध्या जब स्वामी अगले दिन के व्याख्यान का पाठ डिक्टेट करने बैठे तो उनका स्टेनोग्राफर वहाँ मौजूद नहीं था। नटराजन अपने पहले के स्टेनो और पत्रकार अनुभव के आधार पर इस काम के लिए उपस्थित हुए। उस दिन से वह स्वामी जी के बड़े करीब आ गये और यह तय किया कि आध्यात्मिक खोज को आगे बढ़ायेंगे। चूँकि उनके माता-पिता की मृत्यु हो चुकी थी, जब वे बारह साल के थे, उनके और स्वामी जी के बीच पिता और पुत्र का सम्बन्ध विकसित हो गया जिसने उनके आध्यात्मिक विकास में खास भूमिका निभायी। उन्होंने माँ को बताया कि वह विवाह नहीं करेंगे। वे स्वामी जी के लिए एक पाक्षिक पत्रिका का सम्पादन करने लगे और अपना संस्कृत का अध्ययन भी चालू रखा। इस प्रकार अन्य कार्यों के अतिरिक्त वह चिन्मय मिशन के सचिव, एक पत्रिका के सम्पादक और संस्कृत के नियमित छात्र के रूप में सक्रिय थे। स्वामी जी के निकट 4-5 वर्ष काम करने के बाद वह उनके साथ हिमालय में उत्तरकाशी गये, वहाँ उन्होंने भगवद्गीता पर उनकी पांडुलिपि को तैयार करने में सहायता की। यहाँ वह स्वामी चिन्मयानन्द के गुरु से मिले और साक्षात् अनुभव किया कि साधु होने का क्या मतलब होता है? वह इसका साधु जीवन के नियमों के पालन करने के विचार से आकर्षित हुए पर स्वामी जी ने उन्हें बैंगलोर भेज दिया, जहाँ उन्होंने 'त्याग' नामक पत्रिका का तीन वर्षों तक सम्पादन किया। अब तक उन्होंने उपनिषदों का व्यापक अध्ययन कर लिया था पर उनके मन में अनेक शंकाएँ बनी हुई थीं। ये शंकाएँ इस बात से उपजी थीं कि वेदान्त को एक सिद्धान्त के रूप में पढ़ाया जाता था। उन्होंने अपने आपसे पूछा, यदि आत्मा का अनुभव करना है तो उसका अनुभव कौन कर रहा है, क्या वह अनात्मन है?

उन्होंने ध्यान के आधार पर भी प्रश्न किया। किस तरह एक समयबद्ध 'मैं' समयबद्ध कर्म करता हुआ, समयातीत का अनुभव करेगा? वे बड़ी पीड़ा से गुजरे,

बिना सोये कई रातें बितायीं। वह रहस्यवादियों और धर्म पर लिखने वालों जैसे रमण महर्षि, कृष्णमूर्ति, विलियम ब्लेक, विलियम जेम्स और ओपेन्स्की को पढ़ने लगे। यह सभी रचनाएँ बड़ी रोचक थीं। किन्तु उन्हें अपने प्रश्नों का उत्तर नहीं मिला। एक-दूसरे स्वामी के साथ एक अवधि तक रहने के बाद यह अनुभव किया कि वेदान्त केवल विचार करने का सम्प्रदाय नहीं है। वेदान्त ज्ञान का साक्षात् माध्यम है। उन्होंने शंकर की रचनाओं समेत प्रमुख वेदान्त ग्रन्थों का पुनः अध्ययन किया, जो इस विचार का खंडन करते हैं कि अनुष्ठान, पूजा और ध्यान, ज्ञान के उपाय हैं। उन्होंने अपने विचारों को इस सूझ पर आधारित किया और अपने व्यक्तित्व को इसके अनुरूप विकसित किया ताकि श्रोता वेदान्त के सन्देश को सीधे-सीधे ग्रहण कर सकें।

1962 में प्रथम भेंट के दस वर्ष बाद स्वामी चिन्मयानन्द ने नटराज को संन्यास दिया, तथा स्वामी दयानन्द नाम दिया तथा साधु जीवन की दीक्षा दी जिसके लिए वे मानसिक रूप से तैयार थे, पर जब समय आया, वह उसका अनुमान नहीं कर सके थे। इसके बाद वे कुछ दिन गंगोत्री रहे, वे साधु जीवन को सीख रहे थे। वे अन्य साधुओं से मिले, जिनमें से अधिकांश किसी अभ्यास में जुटे हुए थे, जो अन्ततः आत्मन के अनुभव की ओर अग्रसर थे। नटराजन उन्हें बताना चाहते थे कि वहाँ कुछ अनुभव करने को नहीं बल्कि सिर्फ जानने को है। पर नटराजन ने ब्रह्मसूत्र के अर्थ को समझने के उद्देश्य से ऋषिकेश पहुँचने के पहले कई स्थानों का भ्रमण किया। ऋषिकेश में उन्होंने घासफूँस की एक कुटी बनाई और अपने को अध्ययन में लगा दिया। उनके शिक्षक उन्हें एक समर्पित विद्यार्थी के रूप में स्मरण करते हैं जो कक्षा में नियमित आता था और अध्ययन विषय के अतिरिक्त बहुत कम बात करता था। एक दिन उनकी झोंपड़ी में आग लग गयी। आसपास रहने वाले मित्र साधुओं ने देखा कि स्वामी जी किस तरह इसे निष्क्रिय भाव से देख रहे थे और बाद में रात को बाहर आराम से सोते देखा, यह जानते हुए भी कि उनकी सारी चीजें नष्ट हो चुकी हैं।

स्वामी जी तीन वर्ष ऋषिकेश में अध्ययनरत रहे फिर उन्हें स्वामी चिन्मयानन्द ने वापस बुलाया। अगला वर्ष उन्होंने यज्ञ करते बिताया जिसमें वे भगवद्गीता और उपनिषदों पर व्याख्यान देते थे। धीरे-धीरे उन्होंने संगठन का काम सँभाला जिसे 1972 तक चलाया। इसके बाद उन्हें मुम्बई भेज दिया गया जहाँ स्वामी चिन्मयानन्द के जोर देने पर उन्होंने वेदान्त का पाठ्यक्रम चलाया। यह पाठ्यक्रम बड़े लोकप्रिय हुए। 1975 में जब भारत में आपातकाल था, स्वामी चिन्मयानन्द व्याख्यान हेतु अमेरिका नहीं जा सके क्योंकि उनके पासपोर्ट की अवधि समाप्त हो गयी थी। चूँकि दयानन्द का पासपोर्ट ठीक था चिन्मयानन्द ने अपने स्थान पर दयानन्द को भेजा। वह अमेरिका गये और एक सफल दौरा किया। बाद में स्वामी दयानन्द ने अमेरिका

में अध्ययन का एक स्वतन्त्र केन्द्र पेन्सिल्वैनिया में 'आर्ष विद्या गुरुकुलम' नाम से। अपने कुछ छात्रों के दबाव में उन्होंने तीन वर्ष वाला पाठ्यक्रम आरम्भ किया। स्वामी दयानन्द इस समय तीन केन्द्रों के आचार्य हैं। आर्ष विद्यापीठ (वे विद्यालय जहाँ ऋषियों का ज्ञान पढ़ाया जाता है) एक सेल्सबर्ग, अमेरिका में एक ऋषिकेश में और एक कोयम्बटूर दक्षिण भारत में। दो तरह के आवासीय पाठ्यक्रम इन केन्द्रों पर चलते हैं—एक तीन वर्ष का और दूसरा तीन महीने का। इसके अतिरिक्त तीन अन्तेवासी शिक्षण कार्यक्रम भी चलते हैं। स्वामी जी पूरे भारत में और विदेश में व्याख्यान देते हैं। उन्होंने 100 से अधिक लोगों को संन्यास दिया है। उनके अनेक व्याख्यान के रिकार्ड हैं, लिखित, सम्पादित और कैसेट तथा पुस्तक के रूप में। जब मैं स्वामी जी के साथ था उस समय मेरे सामने तीन सत्र हुए। मैं यहाँ स्वामी जी के साक्षात्कार का सम्पूर्ण विवरण प्रस्तुत कर रहा हूँ।

प्रश्न–'स्वामी जी, क्या आप जनता को आध्यात्मिक मार्ग पर ले चलते हैं?'

उत्तर–'आज का जीवन बड़ा जटिल है। अब समाज उतना संरचित नहीं है। मूल्य अस्पष्ट हैं। ऐसा परिवेश कई प्रश्न खड़े करता है जो दुखी करने वाले हैं। कई लोग टूट जाते हैं। कई लोग दवा (ड्रग एडिक्शन) हिंसा और अपराध में लिप्त हो जाते हैं। कुछ लोग आध्यात्म का रास्ता अपना लेते हैं। कुछ समस्याओं को लेकर क्यों कुछ लोग आध्यात्मिक हो जाते हैं और दूसरे अपराधी हो जाते हैं, यह केवल कर्म के आधार पर ही समझा जा सकता है। मनोविज्ञान केवल आपको बाल्यावस्था तक ले जाता है। कर्म आपके पूर्व जन्मों और पूर्व जन्म के जीवन में हुए कार्यों की व्याख्या प्रदान करता है। यदि अव्यवस्थित बाल्यावस्था का मनोवैज्ञानिक प्रभाव आप के बाद के आचरण के लिए पर्याप्त प्रभावी होते तो क्यों कुछ लोग टूटे परिवारों से आध्यात्मिक जीवन की ओर आते? केवल पूर्व जन्म के संस्कार ही ऐसी घटना की व्याख्या कर सकते हैं।'

प्रश्न–'स्वामी जी, योग मार्ग और वेदान्त-शिक्षा के बीच क्या फर्क है?'

उत्तर–'योग अच्छा है। कोई भी चीज जो आपके शरीर और मन को अनुशासित और शान्त रखे, अच्छी है। योग आपके उपचार में सहायक हो सकता है पर ज्ञान नहीं दे सकता। योग से, यहाँ तक कि निर्विकल्प समाधि में भी कोई ज्ञान नहीं मिलता। इस गहन समाधि में केवल विचार-शून्यता की अनुभूति होती है। पर विचाररहित होने से ज्ञान कैसे मिलेगा? ज्ञान केवल सोचने से आता है। आत्मन और ईश्वर के बीच अभेद की स्पष्टता सोचने और तार्किक ढंग से सोचने पर ही समझ में आती है। वेदान्त इस तरह की बौद्धिक समझ पर केन्द्रित है।'

प्रश्न–'स्वामी जी, मैंने हिमालय में रहने वाले स्वामियों का साक्षात्कार किया है। जब आप उनके पास जाते हैं वे प्रसन्नचित्त, जीवन्त और अतिथिपरायण लगते

हैं। स्पष्ट रूप से वे प्रसन्न और सहृदय हैं। जब मैंने उनसे पूछा कि वे नीचे मैदान में सामान्य जनों को सिखाने के लिए क्यों नहीं आते–जैसा आपने किया, तो वे कहते हैं, ऐसा करने की उन्हें कोई जरूरत नहीं है। जो सीखना चाहते हैं वे उनके पास आ सकते हैं।'

उत्तर–'वे लोग जो हिमालय में बैठे हैं शास्त्र में पारंगत नहीं है। वे तकनीक की ओर उन्मुख हैं। तकनीक एक व्यक्ति को बदलने के लिए काफी नहीं होती। स्थान, शान्ति और हिमालय का सौन्दर्य शुरू में सहायक होते हैं। इसके बाद संघर्ष में बने रहने की लड़ाई छिड़ जाती है जो स्वयं में एक उपलब्धि जैसी लगती है। वास्तविक आध्यात्मिक उपलब्धि बौद्धिक या संज्ञानात्मक होती है, जो मनन तथा काफी गवेषणा से आती है। आप जहाँ भी हों, यह कार्य किया जा सकता है। इसके लिए किसी को हिमालय जाने की आवश्यकता नहीं होती। वस्तुतः गवेषणा सरल हो जाती है यदि आपको वस्तुओं के साथ भी उसी अवधि में संघर्ष करना हो। आप लाखों लोगों के बीच होकर भी स्वतन्त्र रह सकते हैं। एक संन्यासी वह है जो किसी से भयभीत न हो, न ही वह किसी वस्तु के लिए गहरी ललक रखता हो। आपको भीड़ से कुछ हद तक सुरक्षा की आवश्यकता होती है, उस जगह पर जहाँ हम रहते हैं, जो शहर से 25 किलोमीटर दूर है। मैं दुनिया से न दूर हूँ और न उसमें मौजूद हूँ।'

प्रश्न–'क्या आपने इस मनोवृत्ति को पाने के लिए प्रयास किया है।'

उत्तर–'हाँ! मेरा धीरे-धीरे इस प्रकार का विकास हुआ है।'

प्रश्न–'स्वामी जी, जो पाठ्यक्रम आप देते हैं, क्या वे इसलिए हैं कि आप लोगों को आध्यात्मिक जीवन जीने में सहायता करने के लिए कुछ दायित्व महसूस करते हैं?'

उत्तर–'मैं इसे इस तरह कहूँगा। जब मैं स्वामी चिन्मयानन्द के साथ था मैंने वह सब किया जो उन्होंने मुझसे चाहा। वह एक मिशनरी थे और मेरा कार्य उनकी सेवा करना था। पर मैं मिशनरी नहीं हूँ। मैं जो जानता हूँ उसे सबके साथ साझा करने में विश्वास करता हूँ। एक परिस्थिति में जो मेरे पास है उसका सम्मान करूँगा।'

प्रश्न–'आप चारों ओर चर्चित हो रहे हैं। क्या आपके लिए यह सम्भव होगा कि आप इस तरह साझा करते रहें?'

उत्तर–'हाँ, यह सम्भव होगा। यह तभी सम्भव है जब आपको निजी समय की आवश्यकता न हो। मेरा समय सार्वजनिक है। जब मैं अकेला रहता हूँ मैं खुश रहता हूँ और जब मैं लोगों के साथ रहता हूँ तब भी खुश रहता हूँ। शायद आरम्भ में मुझे निजी समय की जरूरत थी, पर अब नहीं है।'

प्रश्न–'संन्यास ग्रहण ने आपको किस तरह प्रभावित किया?'

उत्तर–'इसने मुझे ज्यादा नहीं बदला। मैं सोचता हूँ कि मुझमें हमेशा से एक

संन्यासी की रुझान मौजूद थी। वस्तुतः ऐसा होने के काफी दिनों पहले मेरे गुरु के गुरु ने मुझसे मिलने पर यह घोषणा की–यह एक साधु है। यह मेरे मूल स्वभाव से निकलता है, अपरिग्रह, जो मैं बाँट न सकूँ ऐसी वस्तु से प्रसन्न न होना।'

प्रश्न–'स्वामी जी, मैं अट्ठारह वर्ष की आयु से आध्यात्मिक साहित्य पढ़ता आ रहा हूँ। मैं जो पढ़ रहा हूँ मुझमें उसे समझने की बुद्धि है पर इसका यह अर्थ नहीं है कि मैं एक अच्छा व्यक्ति बन गया हूँ। पुराने भय और ईर्ष्या मेरे साथ अभी भी बने हुए हैं।'

उत्तर–'आप जिसे समझदारी कह रहे हैं वह वास्तविक ज्ञान नहीं है। यह वैसा लगता जरूर है क्योंकि जिन शब्दों को आप पढ़ते हैं वे परिचित हैं। वस्तुतः इस तरह का ज्ञान बड़ा अस्पष्ट है। स्पष्टता तब आती है जब हम अपना मन भावनात्मक एकीकरण की ओर ले जाते हैं और फिर संज्ञानात्मक दिशा में। मैं उनमें से नहीं हूँ जो संज्ञानात्मक एकीकरण के पहले सांवेगिक एकीकरण की अनदेखी कर देते हैं। सांवेगिक रूप से असंगठित व्यक्ति एक शिशु जैसा होता है। बौद्धिक आत्मबोध एक समस्या का समाधान करता लगता है तो यह शिशु भयभीत हो उठता है क्योंकि उसे ध्यान नहीं मिल सकेगा। मेरी एक छात्रा थी जो बड़ी मेधावी थी और वह सब कुछ अन्तिम बिन्दु तक समझ लेती थी। जब मैं अपने तर्क के अन्त में पहुँचता था वह प्रतिरोध करने लगती थी। उसका बचपन का समय बड़ी कठिनाई में बीता था। वह माता-पिता दोनों के द्वारा दुत्कारी गयी थी। उसे भय था कि जो शिक्षा मैं दे रहा था उसे यदि वह ग्रहण कर लेती है तो उसे मेरा ध्यान नहीं मिल सकेगा। मैंने 'मनोपचार' का उपयोग उसे बदलने में किया। मैंने उसे खुद को और एक शिशु स्व में बाँटकर देखने के लिए कहा। प्रौढ़ स्व को एक शिशु स्व की देख-रेख करनी चाहिए। वस्तुतः हर सुबह मैंने उससे आधा घंटा इस बच्चे के भयों और चाहतों पर ध्यान देने के लिए कहा। धीरे-धीरे उसने समस्या पर विजय पा ली। मैंने उसकी अचेतन समस्याओं से पार पाने के लिए किसी आध्यात्मिक तकनीक के बदले मनोवैज्ञानिक विधियों का उपयोग किया।'

प्रश्न–'स्वामी जी, कल जब आप हमें एक वेदान्त ग्रन्थ पढ़ा रहे थे तो जिस अंश ने मुझे सबसे ज्यादा प्रभावित किया उसमें वे श्लोक थे जिसमें लेखक अपने गुरु के बारे में श्रद्धा-आदर के साथ बात करता है। इन श्लोकों को पढ़कर मेरी आँखों में आँसू आ गये। आज समाज में गुरु के प्रति इतनी निष्ठा क्यों दुर्लभ हो गयी है?'

उत्तर–'आप श्रद्धा से, अपनी प्रश्नहीन अंधश्रद्धा से कुछ नहीं सीख सकते। कई वर्षों तक मैंने स्वामी चिन्मयानन्द की सेवा की। मैंने वह सब कुछ किया जो कुछ उन्होंने कहा, तब भी जब वे गलत लग रहे थे। यह ऐसा था कि मानो मेरी कोई अपनी इच्छा ही नहीं है। वास्तविक इच्छा त्याग करने से उपजती है।'

प्रश्न–'यह मुझे उसकी याद दिलाती है जिसे मैंने एक स्वामी से हिमालय में सीखा था। उन्होंने कहा 'भिक्षाटन' संन्यास प्रशिक्षण का एक महत्त्वपूर्ण भाग है। आप विनयी होना सीखते हैं। इस बारे में आपका क्या विचार है?'

उत्तर–'मेरा विचार है कि वह सही सोचते हैं। मैंने भी कई वर्ष ऐसा जीवन जिया है जिसमें प्रतिदिन भिक्षाटन एक महत्त्वपूर्ण भाग होता था। एक समय मुझे पंक्ति में दूसरों के साथ खड़ा होना था जो केवल भोजन के लिए आये थे। वे भिखारी थे, संन्यासी नहीं। फिर भी मैं कई दिन वहाँ रहा। मैं अपने शिष्यों को इस प्रक्रिया से गुजरने के लिए सिखाता हूँ। इसने हमें सिखाया कि आश्रम हेतु मेरी जरूरतें हो सकती हैं। मुझे उन व्यक्तियों से माँगने में कोई दुविधा या संकोच नहीं होता जिनके पास वह चीज है। किसी भी तरह यह मेरे वास्ते नहीं है। कैलीफोर्निया के एक प्रोफेसर की एक पुस्तक है जिसका नाम है–संन्यास सबसे श्रेष्ठ प्रकार का जीवन है।'

प्रश्न–'क्यों?'

उत्तर–'क्योंकि संन्यासी दिन प्रतिदिन के हिसाब से जीना सीखता है बिना यह जाने कि अगला भोजन कहाँ से आयेगा। वे जीवन की कोई योजना नहीं बनाते।'

प्रश्न–'स्वामी जी आपके बारे में क्या है? क्या आप योजना नहीं बनाते?'

उत्तर–'कभी नहीं। ये सभी आश्रम जो बने हैं वे इसलिए कि बस ये हो गये। मैंने कभी भी उनकी योजना नहीं बनायी। हाँ, जब काम शुरू हुआ तब मैंने निर्देश दिया परन्तु उनमें से कोई भी मेरे प्रयास या योजना का परिणाम नहीं था।'

प्रश्न–'स्वामी जी, आप इसके बारे में क्या सोचते हैं कि लोग आपके पास क्यों आते हैं।'

उत्तर–'इसके कई कारण हैं। कुछ लोग यह चाहते हैं कि उनके बच्चे कुछ परम्परागत मूल्यों को सीखें। कुछ मानसिक शान्ति पाने के लिए आते हैं। मुझसे जो बन पड़ता है करता हूँ पर जैसा मैंने पहले कहा मुझे नहीं लगता कि आप भावनात्मक जीवन को दरकिनार कर आध्यात्मिक जीवन पा सकेंगे। यदि उन्हें मनोचिकित्सकीय सहायता की आवश्यकता होती है, मैं उन्हें ठीक जगह जाने की सलाह देता हूँ। अमेरिकी इसलिए आते हैं क्योंकि उन्होंने धर्म खो दिया है और नयी धारा की पुस्तकें उन्हें पूरब के चिन्तन के बारे में बताती हैं। मैं उन्हें सही प्रश्न पूछने की शिक्षा देता हूँ।'

साक्षात्कार के अन्त में मैंने अपनी स्वयं की प्रतिक्रिया को आँकने की कोशिश की। मैंने स्वामी दयानन्द को एक तीव्र बुद्धि का व्यक्ति पाया जो भावनात्मक रूप से स्थिर और व्यावहारिक थे। उनका आरम्भिक जीवन बताता है कि वह वेदान्ती जीवन के लिए परिपक्व थे। इतने स्पष्ट और प्रवाहपूर्ण शैली में शिक्षा देने की उनकी क्षमता अनेक चाहने वालों को आकर्षित करती है। मुझे यह स्वीकार करना कठिन लगता है कि वेदान्त का यथार्थ अकेला सत्य है और बौद्धिक संज्ञानात्मक

गवेषणा ही आध्यात्मिक क्षेत्र में आगे चलने का अकेला मार्ग है। मेरा विश्वास है कि ऐसे कुछ लोग हैं जिनकी प्रकृति या स्वभाव में यह अपेक्षा होती है कि वे सत्य को हृदय से नहीं वरन् बुद्धि से ग्रहण करें। राज योग की विधियाँ उनके लिए अधिक उपयोगी सिद्ध होंगी, यहाँ तक कि भक्ति योग भी। स्वामी दयानन्द मनोदैहिक योग विधियों को स्थान देते हैं और भक्ति से जुड़ी प्रेम भावनाओं पर वे सोचते हैं कि आगे व्यक्ति को इन विधियों की आवश्यकता नहीं पड़ती (जब व्यक्ति वेदान्त के ज्ञान की तीव्र इच्छा करता है।)

वे फिर भी एक महान गुरु हैं। उनकी संगति ने किसी भी दूसरे संन्यासी जिनसे मैं अब तक मिला था उनकी तुलना में अधिक बौद्धिक भूख को सन्तुष्ट किया। मैं उन पर विश्वास इसलिए भी कर सका हूँ क्योंकि उनके पास उच्च बौद्धिक स्पष्टता थी।

यह आश्चर्य की बात नहीं है कि दयानन्द ने अनेक सुशिक्षित सुबुद्ध अनुयायियों को आकर्षित किया। मैंने इनमें से कई का साक्षात्कार किया, उनमें काफी विविधता थी। यहाँ मैं केवल एक के बारे में बात करूँगा। स्वामी शाश्वतानन्द, जिन्होंने अपने पूर्व गुरु को इसलिए छोड़ दिया कि वे संस्कृत पर ध्यान देना चाहते थे ताकि वह कठिन ग्रन्थों को, जैसे शास्त्रों पर शंकराचार्य की टीकाओं को समझ सकें। वे अधेड़ आयु में संस्कृत के छात्र बने थे और अब टीकाओं को समझ लेते थे। उन्होंने मुझे बताया कि 'संन्यासी दो प्रकार के होते हैं। एक तो विद्वत् है दूसरा ज्ञानधारी। जब एक संन्यासी यह पाता है कि उसने जिस वस्तु को साँप समझा था वह वस्तुतः रस्सी थी, तब वह साँप के सन्दर्भ में संन्यासी है। जब आप आभूषणों को जानते हैं जो अलग दिखते हैं पर सभी सोने से बने हैं, आप आभूषणों की दृष्टि से संन्यासी हैं। आप इनका यथार्थ जानते हैं। एक दूसरी श्रेणी है 'विदिश' संन्यासी की। वे ब्रह्म को जानते नहीं पर उनमें जानने की तीव्र इच्छा है। मैं अभी उसी स्थिति में हूँ। संन्यासी होना मेरा अपना चुनाव है। कोई गृहस्थ हो और यथार्थ के ज्ञान अथवा ब्रह्म को जानने की चेष्टा करे यह सम्भव नहीं। आप दो नावों की एक साथ सवारी नहीं कर सकते। मैंने जानबूझ कर एक नाव में करना चुना है।'

'क्या आप वह कहानी जानते हैं जिससे यह मुहावरा बना 'अपनी नावों को जलाना'। एक वन था जंगली जानवरों से भरा हुआ, पर यदि यात्रा का साहस हो तो उसे पार कर एक राज्य में पहुँचा जा सकता है जहाँ उच्च प्रसन्नता है। लोग नदी को एक नाव से पार करते थे, तट पर उसे बाँधते है, फिर जंगल में चलते। जंगल अधिक डरावना होता है। वे वापस लौटते हैं, तट पर बँधी अपनी-अपनी नाव में बैठ उस तट पर जाते जहाँ से यात्रा शुरू की थी। कुछ और भी थे जो जंगल वाले तट पर पहुँच अपनी नावों को जला डालते हैं। उनके पास कोई और रास्ता

नहीं बचता; सिवाय डरावने जंगल में यात्रा करने के और परम प्रसन्नता के राज्य में कभी न कभी वे पहुँच ही जाते।' यह कहकर वे रुक गये।

'स्वामी जी क्या आपने अपनी नाव जला दी?' मैंने पूछा।

स्वामी जी ने इस प्रश्न का उत्तर एक नीति कथा से दिया। 'एक संन्यासी था जिसने अपनी ज्ञानेन्द्रियों पर विजय हेतु जीवन भर प्रयास किया। जब लोगों ने पूछा कि क्या उन्होंने विजय पा ली? तो वह चुप रहे। मृत्यु के पहले उन्होंने कहा 'हाँ मैंने अपनी इन्द्रियों पर विजय पा ली।' व्यक्ति को दुनिया से सार्वजनिक रूप से बताने की जरूरत नहीं है कि कोई कहाँ पहुँच चुका है।

उन्होंने साक्षात्कार को एक रहस्यात्मक वक्तव्य से समाप्त किया, 'जब एक व्यक्ति को सत्य ज्ञात हो, तो कोई व्यक्ति अनजान व्यक्ति नहीं रहता। वास्तविक जीवन एक स्वप्न है। जब आप जगते हैं आपको जगाना नहीं पड़ता जिनके साथ आप स्वप्न में बातें करते हैं। मैं जानता हूँ कि मैंने एक बम विस्फोट किया है; पर यह बहुत जरूरी है कि आप इस कथन को समझें। इस समझने के लिए कुछ समय चाहिए।'

मैंने कहा, 'मैं आपके पास फिर आऊँगा'। मैंने उनके कथन पर विचार करने का वादा किया। मेरा अन्तिम प्रश्न तैयार था, 'स्वामी जी मोक्ष क्या है?'

'मोक्ष सीमाओं के पार जाना है—काल, वस्तु, स्थान—सब के। यह दृश्य जगत चेतना पर अध्यास का आरोपण है। इस अध्यास का निवारण ही मोक्ष है।' वह उपनिषदों को उद्धृत कर रहे थे। मैं नहीं जानता कि वे स्वयं इसे कितना समझते थे। पर जैसा उन्होंने पहले कहा था वे विद्वत् नहीं हैं। वे अभी भी विदिश संन्यासी हैं।

स्वामी एन.

ऋषिकेश में एक आश्रम में रहते समय एक और साधु से भेंट हुई जिन्होंने एक रोचक चित्र पेंट किया था। आश्रम पहुँचते ही मुझे स्वामी एन. से बात करने को कहा गया जो तमिलनाडु में एक मठ के मुख्य थे। आवासीय धार्मिक समुदाय को दक्षिण भारत में मठ या मट्ट कहते हैं न कि आश्रम। वे यहाँ केवल तीन दिन के लिए आए हैं। यह अवसर न खोयें। वह करोड़पति थे पर सब कुछ छोड़ संन्यासी हो गये थे यह मुझे बताया गया।

यह व्यक्ति मेरे पहले साक्षात्कार के व्यक्तियों जैसा नहीं था। उन्होंने अपने कुटीर पर मेरा सौहार्दपूर्ण स्वागत किया। मैंने उन्हें बिस्तर पर लेटे देखा—एक साँवला थुल-थुल व्यक्ति, पर मुझे देख बिस्तर से उठकर खड़े हुए, अपने 77 वर्ष की आयु को झुठलाते हुए कुर्सी पर बैठकर, उन्होंने मुझे फर्श पर पड़ी चटाई पर बैठने के लिए कहा। जब मैंने अपनी पहचान, व्यवसाय और यात्रा का उद्देश्य बताया तो वह एक शरारती हँसी हँसे।

'तो आप मेरा मनोविश्लेषण करना चाहते हैं, करिये। सतहत्तर वर्ष के व्यक्ति

के पास छुपाने को क्या है? आप जानते हैं मैं एक सफल कलाकार था। मैं धनी था, मैं अपने व्यवसाय में प्रख्यात था, पर मैंने सब कुछ एक रात में छोड़ दिया।'

'यह सब कैसे हुआ?' मैंने पूछा।

देखिए, मैं एक प्रसिद्ध फ़ोटोग्राफ़र था। मैं प्रसिद्ध कलाकारों की बनाई हुई कलाकृतियों–पेंटिंग, शिल्प आदि के फोटो छापता था और उनके कार्यों के सीमित संस्करण निकालता था। कभी-कभी एक प्रति। मेरा काम था फोटो को उत्कृष्टतम स्तर पर प्रस्तुत करना। मैंने काफी पैसा कमाया। मेरा स्टूडियो न्यूयार्क में था। मैंने पाँच साल पहले सब कुछ छोड़ दिया।'

'पर किस प्रकार मठ से जुड़े? किसने आपको यह करने के लिए बाध्य किया?' मैंने पूछा।

उन्होंने बताया, 'एक तरह से ऐसा करने के लिए मैं बाध्य किया गया। मेरे पूर्वज इस मठ से जुड़े थे। मेरे दादा छह पीढ़ियों पूर्व इस मठ के प्रमुख थे। फिर बाद की पीढ़ियों में बहुत से लोग गलत रास्ते पर थे। पिछले प्रमुख ने अपनी वसीयत में इच्छा व्यक्त की कि यह मठ मेरे लिए है।'

'मैं जब भी भारत आता था मठ जरूर जाता था और मैं मठ के प्रमुख को भलीभाँति जानता था। एक दिन उन्होंने यह मठ मुझे सौंपने की इच्छा जताई इसलिए मैं अपने पूर्वजों के व्यवसाय में लौट आया।' वे यह कहते हुए हँस पड़े।

'क्या यह एक कठिन निर्णय था?' मैंने पूछा।

'हाँ और नहीं। पहले इसे मैंने गम्भीरता से नहीं लिया। यहाँ तक कि जब प्रमुख ने मुझसे कहा कि मठ की मेरे नाम वसीयत की गयी है, मुझे इस बात का पता नहीं लगा, और न इसकी जिम्मेदारी का खास अन्दाज हुआ। फिर मैंने स्वयं से कहा 'सब कुछ के बाद मठ प्रमुख अभी कई वर्ष जियेंगे। मैं अभी से इस बारे में क्यों सोचूँ।' पर वह अचानक चल बसे और मुझे इस दायित्व को सँभालने के लिए संन्यास लेना पड़ा।'

'यदि आप दायित्व न लेते तो क्या हो जाता?'

'वसीयत में यह भी लिखा था कि यदि मैं दायित्व न लूँ तो यह मुझे ही तय करना होगा कि यह दायित्व किसे दिया जाय। पर समय बीतने पर यह स्पष्ट हो गया कि मठ से जुड़े संन्यासी गण आलसी होते जा रहे हैं। उन्होंने यह नहीं समझा कि यदि मठ को उसके हाल पर छोड़ दिया जायेगा तो वह समाप्त हो जायेगा। इसलिए जब पूर्व प्रमुख का देहान्त हुआ तो वस्तुतः मेरे पास कोई और चारा ही नहीं था। मुझे बस संन्यास लेना था और इस मठ को इसके यथोचित नियति की ओर ले जाना था। अब मैं 72 साल का था, जीवन भर कठिन श्रम करता रहा, मैंने प्रचुर धन संग्रह किया और कोई परिवार नहीं था जिसे मैं यह धन देता। यहाँ कुछ

करने और शेष जीवन को सार्थक बनाने का अवसर था। मठ को स्वीकार करना मेरे सपने को साकार करने में सहायक होगा।'

कौन सा सपना?

'यह सब बताने के लिए मुझे वापस लौटना होगा और अपनी राम कहानी सुनानी पड़ेगी। क्या यही वह बात नहीं है जिसे आप जानना चाहते हैं?

मेरे हामी भरने पर वह अपनी कहानी बताने लगे।

'मैं एक खंडित परिवार से आता था। जब मैं पाँच साल का था मेरी माँ की मृत्यु हो गयी थी। मुझे उनकी कोई स्मृति नहीं है। मेरे पिता का एक छोटा-सा व्यापार था। वह दूसरी स्त्रियों में रुचि रखते थे, शराबी थे और मेरा उनके साथ रहना असह्य था। जब मैं दस साल का हुआ उन्होंने मुझे थियोसोफिकल सोसायटी से जुड़े एक मोंटेसरी स्कूल में भर्ती कराया। यह मारिया मोंटेसरी द्वारा स्वयं स्थापित किया गया था और रुक्मिणी देवी अरुन्डेल द्वारा चलाया जा रहा था जो प्रसिद्ध कलाक्षेत्र स्कूल चला रही थीं जहाँ प्राचीन कलाओं की शिक्षा दी जा रही थी। उस स्कूल में दाखिल करना मेरे पिता द्वारा मेरे साथ किया गया एकमात्र अच्छा काम था और मैं इसके लिए वस्तुतः उनका आभारी हूँ।'

'मेरे जैसे एक गरीब गँवार बच्चे के लिए यह स्कूल स्वर्ग के समान था। विशाल प्रांगण, हरेभरे पेड़-पौधे, बड़ी प्रबुद्ध शिक्षा और सारे संसार के महत्त्वपूर्ण लोगों के साथ सम्पर्क। मैं मेधावी छात्र न था पर मुझे कला, हस्तशिल्प, चीजें बनाना, रेखांकन, हाथ से काष्ठ कलाकृतियों को बनाना आदि अच्छा लगता था। मेरी कला को पहचाना गया। मुख्य अध्यापक के परिवार ने मुझे मानों गोद ले लिया हो। मैं अक्सर उनके घर जाता और घर में बना भोजन करता। उन्होंने और उनके परिवार ने मुझे बहुत कुछ दिया। मैं उनके लिए पुत्र के समान था। मेरे साथ उन्होंने जो भलाई की उसे मैं कभी भुला नहीं सकता। एक तरह से मैं इससे उऋण होने की चेष्टा करता रहा हूँ। मैं उनके बच्चों और पोतों को उनकी शिक्षा में तथा नौकरी तलाशने आदि में सहायता करता रहा हूँ और आज उनमें से कई विदेश में बस गये हैं।'

'दूसरा व्यक्ति जिसने मुझमें निजी रुचि ली वह रुक्मिणी देवी खुद थी। मेरी देखभाल के लिए मेरे पिता ने स्कूल में दाखिले के एक दो साल के बाद पैसा भेजना बन्द कर दिया। बिना मेरी जानकारी के रुक्मिणी देवी मेरी देखभाल के लिए पूरे स्कूली जीवन भर खर्च उठाती रहीं। स्कूली शिक्षा की समाप्ति के अवसर पर मैं उनके पास गया और बोला कि मुझे अपनी पढ़ाई अब छोड़नी पड़ेगी और कुछ नौकरी ढूँढ़नी पड़ेगी। तभी उन्होंने मुझसे इन वर्षों में मेरी शिक्षा, देखभाल का खर्च उठाने की बात बताई। कृतज्ञता के कारण मेरी आँखों से आँसू झरने लगे और मैंने प्रण किया कि वह जैसा चाहेंगी मैं उनकी सेवा करूँगा। उन्होंने मेरी जिम्मेदारी ले ली। उन्होंने

मुझे एक प्रख्यात डच कलाकार के निर्देशन में रखा जिनसे मैंने फोटोग्राफी, पेंटिंग तथा फर्नीचर डिजाइनिंग सीखी। बाद में उच्च शिक्षा के लिए उन्होंने मुझे न्यूयार्क भेज दिया। मुझमें कुछ अच्छी सँभावना की झलक पाकर रुक्मिणी देवी मुझे सर्वश्रेष्ठ लोगों से सीखने का अवसर देना चाहती थीं। न्यूयार्क में मैंने रंगीन फोटोग्राफी तथा रंग प्रोसेसिंग में प्रशिक्षण प्राप्त किया। जर्मन विशेषज्ञों से धातु में उकेरने (इनग्रविंग) का काम सीखा। मैंने मंच की प्रकाश व्यवस्था के बारे में भी सीखा। संयोगवश मद्रास में मैं पहला व्यक्ति था जिसने रंगीन फोटो संसाधन (प्रोसेसिंग) शुरू किया। मैं कलाक्षेत्र के नृत्य नाटकों की मंचीय प्रकाश व्यवस्था को सँभालने लगा, जो समूचे भारत और विश्व में चारों ओर मंचित हो रहे थे। मैं अमेरिका में प्रसिद्ध हुआ, जहाँ कलाकार मुझसे अपनी कलाकृतियों के फोटो के विशिष्ट संस्करण चाहते थे। बाद में मैंने न्यूयार्क में अपना स्टूडियो स्थापित किया। मैं ग्रीनविच विलेज में कलाकारों के बीच रहता था। मैंने महत्त्वपूर्ण व्यक्तियों के लिए पुस्तकों की डिजाइन बनायी।'

'मैंने कभी विवाह नहीं किया। जवानी में मैंने प्यार किया, पर लड़की ब्राह्मण थी और मैं ब्राह्मण नहीं होने के कारण उससे शादी नहीं रचा सका। इसका यह अर्थ नहीं कि मैं सेक्स जीवन से दूर था। कामुकता एक कलाकार के लिए अनिवार्य है और मैं बहुत से सम्बन्धों में शामिल हुआ किन्तु कभी शराब नहीं पी और न ही धूम्रपान किया। यहीं न्यूयॉर्क में मेरा सपना बनना शुरू हुआ।'

'दक्षिण भारत में 35,000 से अधिक मन्दिर हैं। उनमें से 5,000 प्रख्यात हैं। इन मन्दिरों में विशिष्ट अनुष्ठान होते हैं जो ज्ञान और शिल्पकारिता की अपेक्षा करते हैं। प्रत्येक मन्दिर में ऐसे व्यक्तियों की आवश्यकता है जो 'नादस्वरम संगीत' में दक्ष हों, गीत एवं आध्यात्मिक संगीत में पारंगत हो तथा देवताओं की आकृतियाँ बनाने के लिए वास्तुशास्त्र में दक्ष हो—आभूषण, रथ निर्माण (जिनमें देवताओं की प्रतिमाएँ उत्सवों के मौके पर नगर में भ्रमण पर जाती हैं) मंत्रोच्चारण इत्यादि के ज्ञाता हों। धीरे-धीरे इन कलाओं और शिल्पों के विशेषज्ञ वृद्ध हो रहे हैं, और अपनी निपुणता को अगली पीढ़ी को दिये बिना मर रहे हैं। स्पष्टतः वे परिवार के युवाओं को ये शिल्प यह सोचकर नहीं सिखाते कि इनमें कोई भविष्य नहीं है। परन्तु जब तक ये कलाएँ और शिल्प अगली पीढ़ी में जीवित नहीं रहेंगे, समाप्त हो जायेंगे और मन्दिरों में इन अनुष्ठानों को सम्पादित करने वाला नहीं बचेगा। यदि ऐसा होता है तो मन्दिर भी कालकवलित हो जायेंगे। हमारी सांस्कृतिक विरासत के जीवन्त संवाहक न होकर ये मन्दिर पुरातत्व के नमूने बन जायेंगें।'

'मेरा सपना है मन्दिरों से जुड़े सभी कला रूपों का पुनर्जीवन। मेरा सपना यह भी है कि हमारी आध्यात्मिक परम्पराओं, विशेषतः वेदान्त में अभिरुचि का पुनर्जीवन ताकि सारे विश्व में फैले हिन्दू अपनी विशिष्ट आध्यात्मिक और सांस्कृतिक परम्पराओं

के सम्पर्क में रहें।

'मैं एक विश्वविद्यालय खोलना चाहता हूँ जहाँ सभी कला रूपों और वेदान्त का अध्यापन किया जाय। मठ से जुड़ना मुझे जीवन में एक मुकाम देता है जहाँ से मैं उस विश्वविद्यालय को आरम्भ कर सकता हूँ।'

यह सब कहते हुए उनकी आवाज ऊँची हो गयी, मुख मुद्रा गम्भीर हो गयी और आँखों में अश्रु धारा बहने लगी। इस समय वे 77 वर्ष के नहीं सत्रह वर्ष के लग रहे थे।

उन्होंने अपना वादा पूरा किया। पहले उन्होंने मठ की प्रबन्ध व्यवस्था को सही आधार दिया। फिर उन्होंने सभी मन्दिरों से जुड़े कला रूपों में चार वर्षीय पाठ्यक्रम शुरू किया, प्रतिवर्ष हर वर्ग (सेक्शन) में 50 छात्रों को लेते हैं उन्होंने उच्च वेतन पर कलाकारों को अध्यापक नियुक्त किया है।

यहाँ उन बच्चों को वरीयता दी जाती है जिनका किसी भी रूप में मन्दिरों के साथ सम्बन्ध रहा है। इस प्रकार यह विद्यालय विकसित हो रहा है।

अब उनका एक और सपना है। उन्होंने फिर कहा—

'क्या आप जानते हैं कि भारत से बाहर रहने वाले हिन्दू हमारी मन्दिर परम्पराओं से कितने अछूते हैं? केवल अमेरिका में उन्होंने 37 मन्दिरों का निर्माण किया है पर वे कलाकार कहाँ हैं जो मन्दिर के अनुष्ठान करेंगे? मैं अमेरिका में भी ऐसा ही विद्यालय शुरू करना चाहता हूँ। मैंने न्यूयार्क राज्य में 50 करोड़ का एक भूखंड खरीदा है जहाँ मैं भारतीय स्थापत्य तथा कलाओं का विद्यालय खोलूँगा। मुझे विश्वास है कि विदेशों में बसे अनेक हिन्दू इसमें आयेंगे और कई श्वेत अमेरिकी भी, क्योंकि वे हमेशा नयी बातों को सीखने को उत्सुक रहते हैं। वे इसके लिए धन भी देंगे। मैं उस धन का उपयोग भारत में अपने विद्यालय के सुधार में करूँगा।'

स्वामी जी ने बातचीत के दौरान किसी तरह के वैराग्य का प्रमाण या अनासक्ति नहीं दिखायी। वह अभिभूत थे। यह 77 वर्षीय युवक नयी चीजें करना चाहता था। उनके भीतर कर्तव्य की ऊष्मा प्रज्ज्वलित थी।

तीन आश्रम प्रमुखों ने जिनका मैंने विस्तार से साक्षात्कार किया था, मेरे इस विश्वास की पुष्टि की कि ऐसे लोगों के बारे में कोई आम राय बनाना असम्भव है। जैसे रामदेव पाठी कथावाचक हैं तथा अपरिमित औदार्य से पूर्ण हैं, स्वामी दयानन्द बौद्धिजीवि और वेदान्त के ज्ञाता हैं और स्वामी एन. द्रष्टा, कलाकार, शिक्षाविद् हैं। ये सभी इतने भिन्न हैं, पर सभी हिन्दू परम्पराओं के प्रवक्ता हैं।

10

साधुगण : मनोवैज्ञानिक मुद्दे और सामाजिक अभिवृत्ति

चूँकि मेरा व्यवसाय एक डॉक्टर और मनोचिकित्सक का था, अतः मैं परिवार के इतिहास, रिश्तों तथा मनोवैज्ञानिक विकास के बारे में जानकारी पाने के तरीकों से अच्छी तरह परिचित था। इस क्षेत्र में मेरी रुचियों में एक मनोवैज्ञानिक रुचि भी थी। मैं यह समझना चाहता था कि यह क्या है जो कुछ लोगों को परिवार, नौकरी और सामाजिक सम्बन्धों के सामान्य तौर-तरीकों को नकारने के लिए प्रेरित करता है? इस विचार को तब और बल मिला जब मैं कनाडा के अपने दो सहयोगियों से मिला जो यह देखना चाहते थे कि साइकोसिस के जोखिम के बावजूद साधु एक समाज द्वारा स्वीकृत भूमिका कैसे पा जाते हैं। क्या दुनिया से मुँह मोड़ना, कुछ दुर्बल मन वाले व्यक्तियों के लिए सकारात्मक और सुरक्षादायी हो सकता है?

जैसा कि हम पिछले अध्याय में देख चुके हैं, अधिकांश साधुओं का बचपन साधारण किस्म का था और उनकी रुचियाँ और शैक्षिक योग्यता भी सामान्य थी। मानसिक रोग के बारे में पूछने पर संन्यासियों ने स्पष्ट रूप से कहा कि वे मानते हैं कि मानसिक रूप से रुग्ण लोगों को शिष्य नहीं बनाते। वे छानबीन का एक कठोर तरीका अपनाते हैं ताकि अस्थिर चित्त के व्यक्तियों को संन्यास के लिए अपेक्षित कठोर अनुशासन वाले रास्ते को अपनाने से रोका जा सके। यदि किसी व्यक्ति में कोई बीमारी दिखती है तो उनके लिए सहर्ष उपचार की व्यवस्था की जाती है। मैं ऐसी एक घटना का वर्णन कर चुका हूँ जब मैं पहली बार स्वामी रामदेव के आश्रम पहुँचा था जहाँ मैंने अतिचिन्ता रोग से ग्रस्त एक व्यक्ति को देखा था और उसे दवा भी बताई थी। मैं एक ऐसे आदमी से भी मिला जिसे मैं एक मानसिक रोगी मानता था पर उसके निकटवर्ती उसे दूसरी तरह से देखते थे।

× × ×

एक दिन स्वामी रामदेव के आश्रम में रहते हुए स्वामी जी ने मुझे सन्त के गुण बताये। उन्होंने कहा कि अन्तिम और सबसे कठिन होता है उस स्थिति में पहुँचना जब आप सदैव एक रहस्यमयी चेतना में रहते हैं। इस स्थिति में व्यक्ति सदैव अपने

आप में खोया रहता है और उसका 'स्व' या आत्म 'वैश्विक स्व' में खोया रहता है। एक बार जब आप इस अवस्था में पहुँच जाते हैं तो कुछ करने या किसी के साथ बातचीत की जरूरत ही नहीं करनी पड़ती है।

मैंने पूछा कि क्या उन्होंने किसी को इस हाल में देखा है? उन्होंने कहा—शायद एक या दो लोगों को देखा है और उनमें से एक इसी आश्रम में रह रहे थे।

उन्होंने सौ गज दूर एक जगह की ओर इशारा किया जहाँ अपने में सिमटा सिकुड़ा, गन्दे कपड़े पहने, अनधुले, अनसुलझे बाल और बढ़ी दाढ़ी वाला एक पुरुष बैठा हुआ था।

'वह इसी तरह के सन्त हैं,' उस आदमी की ओर संकेत करते हुए उन्होंने कहा। वे पूरी गम्भीरता और बड़े आदर के साथ बोल रहे थे।

'वे व्यक्ति स्वामी रामानन्द हैं और उदासी सम्प्रदाय के हैं। वह एक धनी परिवार से आते हैं। वह एक प्रतिष्ठित स्कूल में गये, फिर सेना की सेवा में थे। जब वे कैप्टन थे तब सेना छोड़ी और इस क्षेत्र की ओर आ गये। उन्होंने उदासी सम्प्रदाय के एक गुरु से दीक्षा ली और एक साधु की तरह रहने लगे। तीस साल पहले वे यहाँ आये और मेरे गुरु से पूछा कि क्या वे यहाँ रह सकते हैं? मेरे गुरु ने अनुमति दे दी। रामानन्द आसानी से उपलब्ध रहते थे और सबे साथ मिल-जुलकर रहते थे। वह नियमित रूप से अपनी साधना करते थे और भोजनालय में मदद करते थे। वह सुस्वादु भोजन बनाते थे और इस पर जोर देते थे कि वे सबके जूठे बर्तन धोयेंगे। वे गायों की देखरेख करते थे। वे बड़ा अच्छा गाते थे और सन्ध्या समय भजन गाते थे। पर धीरे-धीरे उनका लोगों से मिलना-जुलना कम हो गया और वह अलग-थलग हो गये। हम सभी यह मानते थे कि वह साधना में गहरे उतर रहे हैं। धीरे-धीरे भोजन पकाने और बर्तन साफ करने की उनकी पुरानी रुचि खत्म हो गयी पर वह सौहार्दपूर्ण बने रहे। एक दिन लोगों का एक दल मेरे गुरु के दर्शनार्थ पहुँचा। उस दल में कुछ औरतें भी थीं। अचानक रामानन्द चीख पड़े। ये सभी वेश्यायें हैं। यहाँ यह सब क्यों आती हैं आश्रम को भ्रष्ट करने? मेरे गुरु को गुस्सा आ गया और उन्हें छड़ी से पीटा। उसके बाद रामानन्द कहने लगे—गुरुजी ने इस शरीर को पीटा है। मैं यह शरीर नहीं हूँ। मैं तो शुद्ध आत्मा हूँ। उन्होंने मुझे नहीं पीटा है।'

'एक दिन की बात है जब एक स्वामी की टीबी से मृत्यु हो गयी। रामानन्द ने मृत शरीर से वस्त्र लेकर स्वयं पहन लिये। वह इन वस्त्रों को महीनों पहने रहे, बिना धोये, जब तक किसी ने आकर कपड़ों को काटकर उनके शरीर से नहीं निकाला और जबर्दस्ती उन्हें नहीं नहलाया। दूसरी बार के कपड़े भी वे महीनों पहने रहे, और उन्हें भी काटना पड़ा। अब यह नियम-सा हो गया है। हर छह महीने पर एक खास भक्त नये वस्त्रों के साथ आता है और अच्छी तरह स्नान के बाद रामानन्द

को कपड़े पहनने को देता है। रामानन्द इस पूरे क्रम को बिना खास प्रतिरोध के, पर कठिनाई से पालन करने देते हैं। एक दिन अपने मुँह पर चारकोल पोत कर आये और चारों ओर घूमते हुए कहने लगे—जब आपके विचार काले हैं तो आपका चेहरा भी वैसा ही क्यों न हो?'

'हम उनके साथ ज्यादा बातचीत नहीं करते क्योंकि बात करते ही वह गाली देने लगते हैं। वह ऊपर रखी पानी की टंकी के नीचे रहते हैं। बीमारी की हालत में भी वह किसी को अपनी सहायता नहीं करने देते। रात में वह पूरे आश्रम के परिसर में घूमते रहते हैं। वह वास्तव में ज्ञान की उच्चतर अवस्था में पहुँच चुके हैं। हममें से किसी से भी अधिक।'

मैं इस विवरण से अचंभित था और रामानन्द को निहारने लगा। मैंने पाया कि वह खुद से बात करते हैं और बेमतलब हँसते हैं। मुझे विश्वास हो गया कि वह दीर्घकालिक स्किजोफ्रेनिया से ग्रस्त हैं।

इस मामले में मैंने अपनी पत्नी से परामर्श किया। क्या मैं स्वामी रामदेव को बताऊँ कि यह आदमी बीमार है? उन्होंने कहा कि मैं ऐसा जरूर करूँ। फिर मैंने इस पर विचार किया कि इसका फायदा क्या होगा? वह बर्न आउट के चरण में थे। यद्यपि मैंने निदान किया था पर मैं उपचार हेतु कुछ खास नहीं कर सकता था। ऐसे रोगी शायद प्रमुख शामक (ट्रैंक्वलाइजर) दवाओं से लाभान्वित हो पाते हैं। मैंने इस बात पर सोचते हुए रात गुजारी कि इस हालत में मेरा क्या कर्तव्य है? अगले दिन मैं स्वामी रामदेव से मिला और यह कहे बिना चुप नहीं रहा—'स्वामी जी, मैं समझता हूँ रामानन्द एक मानसिक रोगी हैं और उन्हें इलाज की जरूरत है।'

स्वामी रामदेव ने अपने को कुछ अपमानित महसूस किया और बचाव की मानसिकता में आ गये। 'यदि यह बीमार हैं, तो हम सब बीमार हैं। क्या आप सोचते हैं कि एक मानसिक रूप से स्वस्थ व्यक्ति गेरुआ वस्त्र पहनता है। पारिवारिक सम्बन्धों को छोड़ देता है और साधु हो जाता है?'

मैंने समझाने की कोशिश की पर वह व्यर्थ थी।

'क्या आप जानते हैं, रामानन्द के पास विशेष शक्तियाँ हैं' स्वामी जी ने कहा।

फिर उन्होंने उनकी विशिष्ट शक्तियों के बारे में कुछ कथाएँ सुनायीं।

'एक दिन सेना हमारे आश्रम के सामने गंगाजी पर एक पांटून पुल बनाने की कोशिश कर रही थी। रामानन्द चिल्लाये, 'इस पुल को बनाने की कोई जरूरत नहीं है। यह सेना के दोगले शराब पीते हैं और मांस खाते हैं। पुल बह जायेगा।' अगले दिन नदी पूरी भरी थी और पहाड़ पर वर्षा के कारण उसमें तेज बहाव था। नदी के प्रवाह से पूरा पुल बह गया।

एक-दूसरे अवसर पर कुम्भ मेला था और हजारों लोग हरिद्वार में जुटे थे। 'क्यों इतने पापी यहाँ एकत्र हुए हैं?' रामानन्द ने कहा। 'वे गंगा को प्रदूषित करते हैं।' अगले दिन हरिद्वार में गंगा पर बना पुल टूट गया।

एक दूसरे मौके पर एक स्वामी रेशमी चोंगे में एक सूटकेस के साथ आश्रम में पहुँचे। स्वामी रामदेव ने उसका औरों की तरह स्वागत किया। जब यह आगन्तुक शौचालय गया तो रामानन्द चिल्लाये, 'यह कोई स्वामी नहीं, चोर है। उसके सूटकेस की तलाशी लो।' उनकी शक्तियों को जानने वाले रामदेव ने सूटकेस खोला और उसमें बेशकीमती सामान भरा पाया जिसे कोई साधु अपने साथ नहीं रखता। जब आगन्तुक शौचालय से लौटा तब उससे पूछताछ की गयी तो वह परिसर से भाग खड़ा हुआ।

'आप देखिये, वह कोई सामान्य आदमी नहीं है।'

स्वामी जी ने इस व्यक्ति के रोग के बारे में कुछ कहने से मना किया।

हम मानसिक रोग को मन की एक दशा मानते हैं जो खुद के लिए पीड़ादायी होती है और दूसरों के लिए ठीक नहीं है। यहाँ एक ऐसा आदमी था जिसमें कोई कष्ट नहीं दिखाई देता था। उनके आसपास के लोग यह नहीं मानते थे कि उनका व्यवहार गलत है और उन्हें बड़े आदर से देखते थे। क्या वह एक मानसिक रोगी थे?

मैंने स्वामी रामदेव के साथ इस मसले को लेकर एक अन्तिम बार कोशिश की। उनमें गाली देते रहने की प्रवृत्ति के बारे में कहा। क्या साधुओं के लिए गाली देना ठीक है? रामदेव ने विचार किया और फिर कहा—'कभी-कभी उच्च स्तर तक पहुँचे हुए साधु लोग जान-बूझकर ऐसा करते हैं जिससे कि लोग उनसे दूर रहें ताकि उनकी साधना निर्विघ्न रहे। क्या आपने 'तोतापुरी' का नाम नहीं सुना है जिन्होंने स्वामी रामकृष्ण को दीक्षा दी थी? वह एक गोलाई में विष्ठा करते थे और उसके बीच में बैठते थे। सिर्फ इसलिए कि लोग उन्हें परेशान न करें। क्या आप इसके बारे में जानते थे?' रामदेव ने पूछा।

मैं इसके बारे में पढ़ चुका था। मैं क्या कहता?

क्या रामानन्द को उच्च स्तर पर विकसित मानने में स्वामी रामदेव गलत थे? मैंने परिसर में अन्दर और बाहर दूसरे लोगों से भी पूछा। बाहर के लोग उनके बारे में कभी नहीं सुने थे, चूँकि रामानन्द कभी बाहर नहीं गये थे। परिवेश के अन्दर रहने वाले लोग उनका आदर करते थे। शायद संन्यासी बनने के बाद मानसिक रोग के आम तौर पर स्वीकृत मानदंड लागू नहीं होते।

इस अनुभव के बाद मैं अधिक सतर्क हो गया और ऋषिकेश में चारों ओर स्किजोफ्रेनिक लोगों की खोज करने लगा। मैंने ऐसे कई लोगों को पाया। उनमें

से अधिकांश लोगों की नजरों से छिपे रहते थे। ये लोग किसी एक पुलिया पर या गंगा की ओर जाने वाली सीढ़ियों पर बैठे रहते थे। एक बार तो एक ही दिन मैंने ग्यारह लोगों को देखा। मैंने उनसे बात करने की कोशिश की पर उन्होंने मुझे भगा दिया। जब मैंने उन्हें कुछ रुपये दिये तो उसे, मेरे बारे में बिना कुछ सोचे स्वीकार कर लिया। रुपये लेने पर भी वे बातचीत के लिए तैयार नहीं हुए।

इस बात का मुझे कोई अनुमान नहीं है कि कितने सम्भाव्य स्किजोफ्रेनिक, साधु हो जाते हैं पर मेरा दृढ़ विश्वास है कि जो लोग ज्यादा दिनों से बीमार हैं यहाँ आकर बस जाते हैं। कोई उन्हें मारता नहीं क्योंकि उन्हें पहुँचा हुआ सन्त माना जाता है। कोई उन्हें परेशान भी नहीं करता, यदि वे बात नहीं करना चाहते। माना जाता है कि इन सन्तों के जीवन में व्यवधान नहीं डालना चाहिए। उन्हें मुफ्त भोजन मिलता है। कोई उन्हें मानसिक रोगियों के चिकित्सालय की चहारदीवारी में नहीं बाँधता। वे शरीर से स्वस्थ लगते हैं और उनमें द्वितीयक लक्षण नहीं दिखते, जो चिकित्सालय में भर्ती लोगों में मिलते है, जैसे आगे-पीछे दौड़ना। तो क्या वे अधिक अच्छी स्थिति में हैं?

× × ×

रामानन्द की कहानी इस बात का एक रोचक उदाहरण है कि किस तरह अलग-अलग नजरिये से एक ही व्यवहार को भिन्न अर्थ दिया जा सकता है। एक संस्कृति कुछ बातों को आधारभूत रूप से ठीक मान बैठती है। भारत और पूर्व के कई देशों में पुनर्जन्म या अवतार एक असंदिग्ध सी बात हो गयी है। कोई व्यक्ति किस तरह इसकी व्याख्या करता है या किस तरह इसकी सत्यता के बारे में कितना सन्देह करता है, यह हमें ज्ञात है। अनेक जन्मों की अवधारणा से हम सभी परिचित हैं। यह एक जीवन को मानने वाली ईसाई या इस्लामी दृष्टि से, जिसमें 'जीवन के बाद स्वर्ग या नरक' का प्रावधान है, अलग है। प्रारब्ध तथा पूर्व जन्म को प्रायः भाई-बहनों के बीच विद्यमान व्यक्तित्व और व्यक्तिगत भिन्नताओं की व्याख्या करने और संन्यास लेने के मुख्य कारण के रूप में स्वीकार लिया जाता है। जैसा कि स्वामी दयानन्द ने हमें बताया कि यदि प्रारम्भिक बाल्यावस्था के अनुभव भविष्य के व्यवहार के लिए पर्याप्त होते तो क्यों एक जैसी पृष्ठभूमि के लोग अपराधी और साधु दोनों हो जाते हैं। प्रारब्ध का दर्शन सहनशीलता को प्रोत्साहित कर सकता है। कोई एक जीवन-शैली किसी दूसरी जीवन-शैली से आवश्यक रूप से अच्छी नहीं होती। यह पूर्व अनुभवों के संकलन का एक सरल ढंग से सक्रिय होना है। सभी एक व्यापक चित्र के अंश हैं। यह व्यक्ति को अच्छे आचरण करने के लिए इस आशा के रूप में प्रलोभन भी देता है कि 'अगला जीवन अच्छा होगा'। साधुओं से बातचीत के दौरान 'प्रारब्ध' की बात हमेशा उठती थी। उन्हें संन्यास के निर्णय को सही ठहराने

की कोई आवश्यकता नहीं थी। वे अपनी आनुवंशिकता और अपनी संस्कृति के अनुरूप व्यवहार कर रहे थे।

धार्मिक आचरण का एक और सर्वस्वीकृत पक्ष है विशेष शक्तियों या सिद्धियों को पाने की सम्भावना। इस बारे में पूछे जाने पर कुछ साधु इसकी खिल्ली उड़ाते हैं और हँस कर किनारे कर देते हैं। मैं बीस वर्ष की अपनी खोज के दौरान ऐसे किसी साधु से नहीं मिल सका जो ऐसी शक्तियाँ दिखा सके जो विज्ञान के नियमों से परे हों। कई लोग ऐसे जरूर मिले जिन्होंने यह बताया कि वे ऐसे लोगों को जानते थे। चमत्कारी या जादुई सोच, जैसी लोक कथाओं में प्रचलित हैं, एक आम बात थी। ऐसी कथायें बहुत-सी थीं और उनके सही ठहराने के किसी प्रयास की कोई जरूरत भी नहीं थी। कई लोगों का विश्वास था कि उनसे अधिक उनके गुरु के पास बड़ी शक्तियाँ हैं; जैसे अदृश्य हो जाने की क्षमता। प्रदीप दास का विश्वास था कि उनमें नकारात्मक प्रभावों को दूर करने की शक्ति है और निस्सन्तानता को दूर करने के उपाय की शक्ति थी। सिद्धियों के बारे में पूछने पर उन्होंने यह उत्तर दिया, 'कुछ नहीं, वह केवल आपकी आत्मा की बढ़ी हुई शक्ति है जो मन के तीव्र ढंग से एकाग्र करने से आती है।'

ओम नाथ एक साधु थे जिसका अभ्यास कुछ लोगों को अप्रिय लग सकता था। जब हम बद्रीनाथ की गलियों में टहल रहे थे तो वह हम लोगों के पास आये और उन्होंने मुझसे एक जोड़ी चप्पल खरीदने के लिए कहा। वह सिर से पैर तक काले रंग के कपड़े से ढँके हुए थे और मातृ देवी काली के पूजकों के सम्प्रदाय के सदस्य लग रहे थे। मैंने उनसे कहा कि मैं उन्हें चप्पल खरीद दूँगा यदि वह बैठ जायँ और कुछ प्रश्नों का उत्तर दें। वह तुरन्त तैयार हो गये और हम चाय की एक दूकान के आगे बैठ गये। उनका साक्षात्कार लेना कठिन था क्योंकि तब तक कई भिखारियों ने पैसा माँगने के लिए घेर लिया और हमारी बातचीत में बाधा डालते रहे।

मैंने उनका नाम पूछा और यह भी पूछा कि वे कितने दिनों से साधु हैं? वह बचपन में अनाथ हो गये थे और एक साधु की सलाह पर अघोरी सम्प्रदाय में शामिल हो गये थे। इस समय वह अपने गुरु भाइयों, सहायकों आदि के साथ पवित्र स्थलों के तीन महीने के तीर्थाटन पर निकले थे जिसके बाद वे हिमालय लौट जायेंगे।

'आप हिमालय में कहाँ रहते हैं?'

'मैं एक श्मशान में रहता हूँ जैसी अघोरपन्थियों की प्रथा है।'

'आप वहाँ क्या करते हैं?'

'मैं दाह करने हेतु लकड़ी लाता हूँ और प्रायः दाहकर्म में सहायता करता हूँ।'

'इसके अतिरिक्त आप क्या करते हैं?'

'मैं अपना समय सम्प्रदाय से जुड़े धार्मिक कृत्यों को करने और मन्त्र जप में बिताता हूँ।'

'मेरा विश्वास है कि आपके सम्प्रदाय में साधु लोग लाश का मांस खाते हैं। क्या आपने कभी किसी लाश का मांस खाया है?'

'हाँ, कई बार। मैं सब कुछ खाता हूँ और भैरव का प्याला पीता हूँ (शिव का प्याला अर्थात मदिरा)।'

'मैंने सुना है कि आपके सम्प्रदाय के साधु दुष्टात्माओं को वश में कर लेते हैं। क्या आप वह कर सकते हैं?

'नहीं-नहीं, कोई राक्षस या प्रेत नहीं होते हैं।'

पर जैसे-जैसे बात आगे बढ़ी, वह प्रेतात्माओं के अस्तित्व को मान गये साथ ही यह भी कहा कि उन्होंने विशेष शक्तियाँ पा ली हैं और ये सब भूतप्रेत उन्हें प्रभावित नहीं करते।

'आपको ये शक्तियाँ किस तरह मिलीं?'

'कुछ अनुष्ठान कर के। मृत शरीर के मांस भक्षण से ये शक्तियाँ आती हैं। यदि मृत्यु भय से मुक्ति मिल जाय तो राक्षसों और दुष्टात्माओं का भय नहीं रहेगा।'

'क्या अन्य सम्प्रदायों के साधु लोग आपके समूह से मिलते-जुलते हैं?'

'हाँ, वे मिलते हैं। कोई समस्या नहीं हैं।'

'क्या आप इस जीवन से खुश हैं? क्या आपके विचित्र क्रिया–कलापों से लोग आप से डरते नहीं।'

'नहीं, आप देखें, मैं काला जादू का अभ्यास नहीं करता। कुछ परम्पराओं में चरस पीना स्वीकृत है और उसका लम्बा इतिहास है। शैव सम्प्रदाय में चरस का सेवन व्यक्ति को अपनी दृष्टि को सहज बनाये रखने के लिये प्रोत्साहित करता है। हाँ कभी-कभी, ऐसे व्यक्ति भी मिलते हैं जो औषधि या मद्य को बहुत अधिक मात्रा में लेते हैं। हमें ऐसे कई उदाहरण मिले।'

मैंने उड़ीसा के एक साधु से पूछा कि 'क्या वह चरस पीता है?'

'जरूर। गाँजा पीना पूर्ण शान्ति देता है। आदमी को ठंड नहीं लगती। यह इन्हीं क्षेत्रों में पैदा होता है।'

'इसका तात्पर्य यह हुआ कि आप यहाँ आसानी से हशीश पा सकते हैं।'

'हाँ इसके लिए यह अच्छा समय है। इस समय लोग हशीश को सुखा रहे होंगे। पर सावधान रहना पड़ता है। आप पकड़े जा सकते हैं और गैरकानूनी काम के लिए जेल भी जा सकते हैं। यह हास्यास्पद नहीं है? हशीश गैरकानूनी है पर शराब नहीं, जो उससे कहीं ज्यादा नुकसानदेह है?'

'मैं एक मनोचिकित्सक हूँ। मैं ऐसे लोगों का इलाज करता हूँ जो हशीश लेने से मानसिक रूप से असन्तुलित हो जाते हैं।'

'ऐसा इसलिए होता होगा क्योंकि वे हशीश खाली पेट लेते होंगे। डॉक्टर, आगे से जब ऐसे लोग आयें तो उन्हें कोई दवा न दें। गाय का शुद्ध घी लें और नाक से सुँघा दें। घी शीघ्र ही चरस के सूखे धुएँ से मिलकर उसे अच्छी तरह ढीला करेगा। आप यह 15 दिन करें और वह बिल्कुल ठीक हो जायेगा। ऐसा मेरे साथ एक बार हुआ था। मैं एक गाँव गया था वहाँ लोगों ने मुझे घेर लिया। वे मुझे लगभग पीटने को तैयार थे। मैंने उनसे पूछा कि वे ऐसा क्यों कर रहे हैं तो पता चला कि उसी गाँव का एक युवक जो एक बाबा के कहने पर, मेरी तरह, चरस ले रहा था, विक्षिप्त हो गया था। उन्होंने सोचा कि हमारा गलत असर पड़ रहा है। मैंने युवक को बुलाया और पन्द्रह दिन अपने साथ रखा। उसे घृत-उपचार दिया और वह पूरी तरह ठीक हो गया।'

सभी साधु, संन्यास के जीवन का पालन करने में सफल नहीं होते। मैं रमेश गिरि से एक गर्म और तपते दिन में तीसरे पहर मिला, जब वे उस आश्रम से वापस लौट रहे थे। मैंने एक भर्राई आवाज पीछे से सुनी।

'मुझे पाँच रुपये दीजिए।'

मैं पीछे मुड़ा और एक साँवले, लम्बे, घुँघराले बालों वाले युवक को देखा जो लाल कमीज, गन्दा हाफ़ पैंट और पगड़ी बाँधे था। उसके एक हाथ में डंडा था और दूसरे में कपड़ों का बंडल, पीछे कन्धे पर फटा कम्बल। उनकी आँखें चमकीली और डरावनी लगी रही थीं।

'मुझे पाँच रुपये दे दीजिये।' उसने दुहराया। 'मुझे बद्रीनाथ जाना है।'

जिस उत्साह से वह रुपया माँग रहा था इससे मुझे कौतूहल हुआ। मैं उसके पास गया और तभी दारू की गन्ध का भभका महका। मैंने यह भी पाया कि वह बोलने में लड़खड़ा रहा है और उसके पैरों में कम्पन था।

'ठीक है,' मैंने कहा। 'मुझसे बात करें मैं बद्रीनाथ जाने के लिए पर्याप्त रुपये दूँगा।'

मैंने आसपास बात करने लायक जगह ढूँढ़ी पर बड़ी गर्मी थी और बैठने के लिए कोई स्थान नहीं था। आश्रम का एक कर्मचारी पास में ही रहता था पर जब तक मैं उसके घर का दरवाजा खटखटाऊँ मैंने उसे अपनी ओर आते देखा। उसने मुझे नमस्कार किया और घर के अन्दर आने का आमन्त्रण दिया।

'क्या मैं अपने साथ इस बाबा को अन्दर ला सकता हूँ?' मैंने पूछा।

'बेशक।' उसने निःसंकोच भाव से कहा। उसने बाबा के अनोखे रूपरंग पर कोई ध्यान नहीं दिया। वह आदमी साधु था, सम्मान का पात्र और मेरा परिचित।

यह उसके लिए काफी था।

हम सबने एक साथ घर में प्रवेश किया। मेरे परिचित की युवा पत्नी और उनके छोटे बच्चों ने हमारे प्रवेश पर कोई आश्चर्य नहीं दिखाया। एक भारतीय घर में अतिथि और साधु का सदैव स्वागत होता है।

इस परिवार ने हमें बिस्तर पर बैठने के लिए कहा, जो कमरे का एकमात्र फर्नीचर था। मैंने इसे स्वीकार कर लिया पर साधु ने जमीन पर ही बैठना पसन्द किया।

'कुछ अपने बारे में बताइये?' मैंने पूछा। उसके बाद, वह जवाब दे इसके पहले ही मैंने उसे बताया कि मैं कौन था और क्यों उसके बारे में जानना चाहता था।

'आप उम्र में बड़े हैं, शायद मेरे पिता से भी बड़े।' उसने कहा। अर्थात् यदि कोई बड़ा प्रश्न पूछे तो उसका उत्तर देना ही चाहिए।

'यदि मैं बुजुर्ग हूँ और आपसे पूछूँ कि आप इतने पिये हुए क्यों हैं?'

पहले वह नकारना चाहता था कि वह पिये है पर उसने माना कि 'यह एक बुरी लत है।' उसके बाद उसने अपने बारे में बताना शुरू किया। वह पैंतीस वर्ष का था उसने 15 वर्ष पहले घर छोड़ दिया था। कारण पूछने पर उसकी आँखों में आँसू आ गये और गला भर आया।

'मेरे माता-पिता बूढ़े हो चले थे, माँ खाना नहीं पका सकती थी। मेरी एक साली थी। मेरी साली भोजनालय की मालकिन थी। मैं जब भी भोजनालय में जाता वह मुझे बेकार रहने के लिए कोसती। वह व्यर्थ में गाली देती। मेरी गरीब माँ की सहानुभूति मेरे साथ थी पर साली मेरे खिलाफ़ पिता का समर्थन पा जाती थी। एक दिन मैं सह नहीं सका और साधु बनने के लिए घर छोड़ दिया।'

'आप कहाँ गये?' मैंने पूछा।

उसने बताया कि, वह वृन्दावन गया और वहाँ एक महीने रहा है। वह गुरु की खोज नहीं कर रहा था (या कोई गुरु उसे शिष्य नहीं बनाना चाहता था) और अव वह भिखारी के रूप में जीवन बसर करने लगा था।

'फिर और भिखारियों को मुझसे जलन होने लगी।' उसने कहा।

'क्यों?'

उसके चेहरे पर मुस्कान दौड़ गयी; कुछ गर्व से, 'क्योंकि मैं भीख माँगने की कला में निपुण था। वे इस डर से मुझे अपने साथ नहीं जाने देते थे कि मैं सभी तीर्थयात्रियों की सहानुभूति प्राप्त कर लूँगा। जल्दी ही वे मुझे डराने-धमकाने लगे और मुझे वह जगह छोड़ देनी पड़ी।'

इसके बाद वह हरिद्वार आ गया और यहाँ वहाँ घूमने लगा, उसने कहा 'मैं

एक बार फिर भीख माँग कर जीवन-यापन करूँगा।'

'क्या आपको यहाँ कोई गुरु मिला?'

'हाँ, मुझे मिला, पर वे अच्छे नहीं थे। वह खुद पियक्कड़ और अनैतिक थे। उन्होंने मेरा, मेरे गुरु भाई का तथा एक नवागन्तुक का सामान चुराया, मुझे शराब से युक्त पेय दिया। उसके बाद मैं मद्यपान करने लगा। उसने यह बात इस आशा से जोड़ी कि मैं समझ सकूँ।' कि 'यह सब गलत धन्धा' है, किन्तु मैंने कोई सहानुभूति प्रकट नहीं की।

'तो आप अपना समय कैसे बिताते हैं? कैसे खाते हैं?' मैंने पूछा।

उसने छाती ठोंक कर गर्व से कहा, 'इस जगह कई अन्नक्षेत्र हैं, आपने देखा होगा। मैं कभी वहाँ नहीं खाता। मैं अपनी कमाई से खाता हूँ। दिन में भीख माँगता हूँ और रात में खुद भोजन पकाता हूँ।'

'आपने कहाँ-कहाँ भ्रमण किया है?' विषय बदलते हुए मैंने पूछा।

'मैं सभी चार धाम गया हूँ।' 'कई बार।' उसने जोड़ा।

'कई बार क्यों?' मैंने पूछा।

'आप अजीब आदमी हैं। और विचित्र सवाल करते हैं।' वह हँसा।

मैंने उस पर जब जवाब देने के लिए जोर डाला तो उसने कहा कि बीड़ी पी कर बतायेगा। उसने मुझे भी बीड़ी पेश की पर मैंने मना कर दिया। उसने क्षमा माँगी, 'आप बुजुर्ग हैं मुझे आपको अपने साथ धूम्रपान के लिए नहीं कहना चाहिए था।'

वह पिये हुए था पर सामाजिक तौर-तरीकों से सचेत था। इसके बाद उसने मेरे प्रश्न का उत्तर दिया—

'यदि आप एक स्थान पर रहें तो लोग आपसे ऊब जाते हैं। पूछते हैं क्यों यह बेवकूफ यहाँ घूम रहा है? आप देखें मैं एक अच्छा आदमी हूँ पर मेरी कमजोरियाँ हैं। मैं अपनी सारी कमजोरियों को नहीं बताऊँगा क्योंकि आप मुझे पीट सकते हैं। पर मेरी बात मानें एक जगह रहना बुद्धिमानी नहीं है।'

यहाँ घुमन्तू साधु होने की एक नयी व्याख्या मिली। वह कुछ देर चुप रहा और फिर बोला, 'मैं केवल गाँजा पीता हूँ पर मेरे गुरु भाई ने मुझे मद्यपान करना सिखाया।'

इस पर उसने एक प्लास्टिक बैग खोला और चरस दिखाया।

'पर घूमना अच्छा भी है,' उसने कहा। 'आप रास्ते में तमाम लोगों से मिलते हैं। मैं पाँच बार चारों धाम जा चुका हूँ।'

वह और नहीं बोलना चाहता था और गृहिणी द्वारा लायी चाय पी रहा था। यह आश्चर्य की बात थी कि यह महिला इस शराबी को चाय देने को उत्सुक थी।

उसने पूरे सम्मान से उसे चाय दी क्योंकि जो भी हो वह एक 'साधु' था।

'मैंने घर के बच्चों के साथ बात करनी शुरू की और उनका फोटो लेना चाहता था। तब वह साधु भी अपना फोटो खींचने की याचना करने लगा। मैं मान गया और पूछा कि मैं कैसे उसके पास फोटो भेजूँगा।

'मेरे घर के पते पर भेजें,' उसने बड़े उत्साह से कहा।

'पर तुमने तो घर छोड़ दिया है,' मैंने याद दिलाया।

'नहीं, मैं राखी बँधवाने साल में एक बार घर जाता हूँ।' उसने कहा।

'राखी, यह त्योहार है जब बहन भाई की कलाई पर राखी बाँधती है और भाई उपहार देता है और वचन देता है कि वह बहन की सदैव रक्षा करेगा।' साधु रोने लगा, शायद बहनों की याद कर। शान्त होने पर उसने फिर कहा, 'मुझे शराब छोड़ देनी चाहिए। क्या आप मेरी मदद कर सकते हैं? आप मेरे बुजुर्ग हैं। अपना हाथ मेरे सिर पर रखिये।'

जब मैंने अपना हाथ उसके सिर पर रखा तो वह नाटकीय अन्दाज में बोला, 'देखिये मैं वादा करता हूँ मैं फिर कभी शराब नहीं पियूँगा।'

मैंने बद्रीनाथ की यात्रा की सहायता के लिए उसे तीस रुपये दिये। अगले दिन मैंने गंगा तट पर उसे एक दूसरे साधु के साथ देखा। वह पिये हुए धमाचौकड़ी मचा रहा था। तीस रुपये जो मैंने उसे दिये थे पीने के लिए काफी थे।

× × ×

ब्रह्मचर्य एक साधु के संन्यासी जीवन का महत्त्वपूर्ण अंग है। जब मैंने इन संन्यासियों से उनकी कामेच्छाओं को सँभालने के बारे में पूछा तो अधिकांश ने कहा, 'ईश्वर की सहायता से।'

मोहनदास ने विस्तार से बताया, 'तीन बातें हैं जो सहायक होती हैं। भगवान की अर्चना, गुरु का समर्थन, और सत्संगति। मैं अपने गुरु को हृदय में रखता हूँ, भगवान की प्रतिदिन पूजा करता हूँ और अच्छे लोगों की संगति में रहने का प्रयास करता हूँ।'

दूसरे साधु ने कहा, 'मैंने अविवाहित रहने का निश्चय किया था। जब मैं स्वयं जीवन क्या है? इस बारे में इतना अनजान हूँ तो किस तरह इस दुनिया को जानने वाले अन्य लोगों को आपके पास लाऊँ उनके सामने भी ऐसे ही प्रश्न होंगे।'

'कामेच्छा एक जैविक इच्छा है, इसके लिए आपको विवाहित होना जरूरी नहीं है।' मैंने जोर दिया।

'आचरण विचार पर निर्भर करता है। यदि मैं एक दो बार काफी पी लूँ तो मेरा मन इसे और पीना चाहेगा जब तक कि यह आदत न बन जाय। कामुकता में शामिल हो कर आप चाहत के और बीज बो देते हैं। मैंने इस जरूरत का उन्मूलन

करने का निर्णय लिया है। आरम्भ में इससे मुझे कुछ कष्ट हुआ पर अब इससे परेशानी नहीं होती है। यह एक वायु के झोंके की तरह है जो आता है और चला जाता है।'

एक वेदान्त के अनुयायी से मैंने पूछा, 'क्या बौद्धिक तरीका, कामुकता की प्रवृत्ति के नियन्त्रण हेतु पर्याप्त है?' उन्होंने कहा, 'यह कुछ लोगों के लिए औरों की अपेक्षा कठिन है। मेरे मामले में यह कभी कठिन नहीं था। मेरी परवरिश ऐसी संस्कृति में हुई जहाँ विपरीत लिंग के सदस्यों के साथ सम्बन्धों पर कठोर नियन्त्रण था। अमेरिका में मैं पला था और किसी से भी मेरा कामुक सम्बन्ध न रहा। मैंने कभी हस्तमैथुन भी नहीं किया। काम कामेच्छा शायद एक चीज है जो मैंने पूर्व जन्मों से पायी। पर मैं ऐसे लोगों को जानता हूँ जिन्हें कठिनाई थी।' मैंने पूछा, 'वे क्या करते हैं? वे प्रार्थना करते हैं। यदि आप अपनी काम प्रवृत्ति पर नियन्त्रण नहीं कर सकते तो संन्यास छोड़ना पड़ेगा। कुछ लोग ऐसा करते भी हैं।

नागा परम्परा के सदस्य कामेच्छा के नियन्त्रण को बहुत महत्त्व देते हैं। उनकी दीक्षा पद्धति का उल्लेख पहले आ चुका है। एक नागा साधु ने कहा कि उन्होंने यह सम्प्रदाय इसलिए चुना कि वह ऐसा नियन्त्रण कर सकते थे। मैंने सोचा कि मैं कामुक इच्छाओं से अलग रहना चाहता हूँ। नागा साधु बन कर आप अपने यौनांग खंडित कर देते हैं और यदि मन में यौनेच्छा आती है तो भी काम-केलि नहीं कर सकते। क्या आपको पता है कि नागा साधुओं की व्यवस्था श्री गुरु शंकराचार्य द्वारा ब्राह्मणों के अनुरोध पर की गयी थी। उन्होंने चार लोगों को दीक्षा दी। उन्होंने कहा कि यदि साधुओं के यौनांग को जर्क कर दिया जाय तो वे काम कर्म नहीं कर सकेंगे। उन्होंने इन साधुओं को नंगा रहने का भी सुझाव दिया। उड़ीसा के एक अन्य साधु ने कहा, 'मैं हर स्त्री को माता तथा एक गर्भवती स्त्री के रूप में ग्रहण करता हूँ। यदि मैं एक स्त्री के साथ लेटूँ तो यह मुझे प्रभावित नहीं करेगा। माँ के साथ लेटने पर काम भावना नहीं जगती, ऐसा क्यों है?'

इस आदमी के लिए साधु जीवन की चरम उपलब्धि थी कामेच्छा से स्वतन्त्रता। उच्च ऊर्जा और रोग मुक्ति। उसने कहा कि मैं कभी बीमार नहीं पड़ा। मच्छरों के काटे जाने पर भी कभी ज्वर नहीं हुआ।

नागा साधुओं के बारे में प्रचलित विश्वास के विपरीत कि वे लड़ाकू और गर्म मिजाज वाले होते हैं। मुक्तानन्द बड़े दयालु हृदय वाले थे।

उन्होंने कहा, 'मैं एक नागा साधु हूँ पर नागा की कोई आदतें नहीं हैं। मैं सन्तुष्ट हूँ।'

मैं जिन साधुओं से मिला उनमें काफी ऊर्जा, आह्लाद और सार्वजनिक सेवा की भावना थी। मैं खुद से पूछता हूँ, कहाँ से दूसरों के लिए प्रसन्नता, ऊर्जा और

प्यार आता है? मेरा मानना है कि ऐसा होना हर तरह से मुक्त रहने का परिणाम है, कोई अपनी वस्तु नहीं, भोजन पाने की चिन्ता नहीं और सबसे जरूरी किसी स्वतन्त्र अस्तित्व या आत्म का बोध नहीं। मेरी दृष्टि में यह असीम ऊर्जा शिशु सरीखी खिलखिलाहट का प्रवाह है जो हमें बार-बार देखने को मिला है।

साधुओं में मेरी रुचि का एक कारण मेरे मनोचिकित्सक के व्यवसाय से जुड़ा था। इसलिए मैं बाबा श्याम सुन्दर दास से मिला जो एक आयुर्वेद-व्यवसायी और उदासीन सम्प्रदाय के सदस्य हैं। यह सम्प्रदाय सिख धर्म के संस्थापक गुरु नानकदेव के बडे पुत्र श्रीचन्द्र द्वारा शुरू किया गया था। उदासी लोग 'माता' के उपासक हैं पर चूँकि श्रीचन्द्र को शिव का अवतार माना गया था, ये लोग शिव की भी पूजा करते हैं। यह पंजाब में बड़ा लोकप्रिय सम्प्रदाय है और पंजाब में उदासी डेरा चारों ओर फैला हुआ है। उदासी लोग विशेषज्ञ और आयुर्वेदिक चिकित्सक होते हैं। बाबा ने मुझे बताया कि लगभग 80 प्रतिशत उदासी साधु चिकित्सक हैं।

मैं पहली बार उनसे तब मिला जब रामदेव पाठी के आश्रम में रहने वाला एक भक्त मेरे पास आया और पूछा कि क्या मैं एक रोचक रोगी का उपचार देखना चाहूँगा? यह आदमी बाबा जी के पास अपने इलाज के लिए आया था और बाबा जी उपचार में मुझे शामिल कर के खुश भी होंगे। रोगी एक युवक था जो यह दावा कर रहा था कि उसकी आत्मा ने उसे तब छोड दिया था जब वह सो रहा था और अब आत्मा सोते शरीर को देख रही है। वह युवक भयभीत था कि यदि कोई शरीर को उस समय जगा दे जब आत्मा बाहर हो, तब शायद वह कभी भी शरीर में वापस नहीं आ सकेगी। मैंने यह पाया कि यह युवक मनोग्रस्तता-बाध्यता रोग से पीड़ित था और शरीर के बाह्य अनुभवों का अनुभव कर रहा था।

बाद में मैंने बाबा श्यामसुन्दर दास से अपनी राम कहानी के बारे में जाना। वह आठ बच्चों में दूसरे थे—सात भाई और एक बहन। उनके पिता सेना में सार्जेंट थे। बचपन से ही वह अपने दादा-दादी के पास रहते थे जो माता-पिता के घर से 50 मील दूर बसे थे। फलतः अपने भाई-बहनों या माता-पिता से उनका भावनात्मक लगाव बहुत कम था।

वह हमेशा अकेले रहे, घर से बाहर रहते थे और घर पर केवल भोजन के लिए आते थे। वह घर के कुएँ पर बैठे, प्रकृति से बातचीत करते थे। उन्हें यह याद नहीं कि कोई उनका निकट मित्र भी था या वे कभी खेलकूद में भाग लेते हों। वह आठवीं तक पढ़े थे और एक औसत छात्र थे।

श्यामसुन्दर दास के दादा-दादी बड़े धार्मिक थे और महात्मा गोविन्द दास के भक्त थे जो कुछ मील की दूरी पर रहते थे। वे महात्मा के पास सप्ताह में एक दिन जाते थे और बाबा उस समय बाबा के साथ श्यामसुन्दर दास जी भी जिन्हें तब

विजय के नाम से जाना जाता था, भी जाते थे। धीरे-धीरे विजय, महात्मा जी के साथ अधिक समय बिताना पसन्द करने लगे। इसने उनके दादा-दादी को चिन्ता में डाल दिया और एक दिन वे महात्मा जी के पास विजय को बिना बताये चले गये। जब उन्हें यह पता चला कि वे बिना बताये गये हैं वे उनके पीछे दौड़े। रास्ते में कुछ लोगों ने उसे रोकने की कोशिश भी की परन्तु तब तक वह दौड़ कर महात्मा की कुटी पर पहुँच चुका था। ऐसी भक्ति देख महात्मा ने कहा कि बच्चे को उनके पास रहने की अनुमति दी जाय। दादा-दादी ने इसके बारे में विचार किया, विजय के माता-पिता से राय ली और फैसला विजय पर छोड़ दिया। वह तो महात्मा के पास जाने के लिए तैयार बैठा था।

दादा-दादी के घर में पलते हुए वह अपने परदादा जो एक वैद्य (एक आयुर्वेदिक चिकित्सक) थे उनके पास भी जाता था। जब वे मरीजों को देख रहे होते तो वह उनके साथ बैठता और रोगों और उनकी दवाओं को याद करने की कोशिश करता। जब वह बारह वर्ष का हुआ एक रोगी औषधालय पर आया। संयोग से उसके परदादा उस समय वहाँ मौजूद नहीं थे। बच्चे ने खुद रोगी को दवा दी। जब वृद्ध पुरुष आये और यह जाना कि यहाँ क्या हुआ था, वह बड़े नाराज हुए पर जब बच्चे के ज्ञान की परीक्षा ली तो उससे बड़े प्रभावित हुए कि बच्चा केवल देख-देख कर ही कितना कुछ सीख गया था। इसलिए उसके परदादा उसे औपचारिक शिक्षा देने लगे, वह उसके आयुर्वेद के पहले शिक्षक बने। उन्होंने दूसरे संन्यासियों से भी सीखा जो आश्रम में आते थे। उन्होंने स्वामी कृष्णानन्द से प्रशिक्षण लिया जो उस समय के एक प्रख्यात चिकित्सक थे। बाबा श्याम सुन्दर दास जी ने अपने उस अध्यापक के बारे में बड़े विस्तार और भावुकता के साथ बताया कि उनके उस अध्यापक गुरु ने दवा के लिए कभी पैसा नहीं लिया और कोई पैसा देना चाहता था तो वह यह कहकर डाँटते कि यदि आप देना चाहते हैं तो इतना दें कि दोनों दाता और याचक याद करें। कृष्णानन्द जी ने अनेक युवाओं की शिक्षा में सहायता दी और उनमें कई अब विदेशों में हैं। वे सभी दवाओं के लिए पैसा भेजते थे जिसे वह अपने रोगियों को देते हैं। वे छह साल पहले चल बसे।

विजय 28 वर्ष की उम्र में गुरु के पास गये और 30 वर्ष की आयु में दीक्षा ग्रहण की और नया नाम पाया 'श्यामसुन्दर दास'। वह बड़े भावुक हो कर अपने गुरु को स्मरण करते हैं जिन्होंने धार्मिक अभ्यास की शिक्षा दी। कई वर्षों तक उनके गुरु ने ठंड के मौसम में जल तपस्या की थी और गर्मी में अग्नि तपस्या। जल तपस्या में, रात में तीन बजे शीतल जल में 225 डुबकियाँ ले कर स्नान करना होता है जब बाहर का तापमान शून्य के करीब होता है। अग्नि तपस्या में गर्मी में एक आग के गोले, जिसका तापमान 45 डिग्री से कम न हो के बीच तपती दोपहर में रहते थे।

लोग दूर-दूर से यह तपस्या देखने आते थे।

बाबा जी की प्रसिद्धि एक चिकित्सक रूप में बढ़ी और जल्दी ही वह इन कर्तव्यों से मुक्त भी हो गये क्योंकि इसके कारण उन्हें अपनी साधना के लिए समय नहीं मिलता था। उन्होंने अपने गुरु से इसकी शिकायत की और एक दिन उनकी अनुमति से हरिद्वार के पास एक आश्रम में रहने चले गये। यहाँ उन्होंने कठिन धार्मिक अनुष्ठान करते हुए समय बिताया जिसमें बिना अन्न या नमक लिये केवल दूध और फल पर रहना था। वह आठ साल ऐसे ही साधना करते रहे जब तक कि उनके गुरु भाई ने नमक खाने के लिए जोर नहीं डाला।

नये आश्रम में छह साल बिताने के बाद उन्होंने फिर दवा देना शुरू किया। उसका कारण यह था कि एक रोगी जिसका पक्षाघात के लिए 18 वर्ष पहले उन्होंने इलाज किया था फिर अपने रोग के साथ वापस उन्हें खोजते हुए पहुँचा। जब बाबा जी ने कहा कि अब वे इलाज नहीं करते तो रोगी ने जोर दिया 'यदि चारपाई पकड़े रोगी आपकी दवा से जो बिस्तर में पेशाब-पाखाना कर रहा है, उठ सकता है, खड़ा होकर चल सकता है तो क्या यह एक दूसरी तरह की भक्ति या पूजा नहीं?'

इस बात से सन्तुष्ट हो बाबा जी ने एक बार फिर दवा देना शुरू किया। रोगी उनके आश्रम में आने लगे। यह एक बड़ा और विख्यात संस्थान बन गया। छह साल पहले हमारी भेंट के पहले उस क्षेत्र में भीषण बाढ़ आयी और पूरा आश्रम बह गया। आश्रम में वर्षों तक जो लाभान्वित हुए थे बिना कोई सहायता किये चुपचाप देखते रहे। केवल स्वामी रामदेव आये। उन्हें जब पता चला तो दवा देने वाले बाबा को अपने आश्रम ले गये। उन्हें एक अलग कमरा दिया गया जहाँ वह चिकित्सा करते थे।

बाबा की दिनचर्या सुनिश्चित है। वह प्रतिदिन तीन बजे उठ जाते हैं और सात बजे तक पूजा करते हैं। जब वह मरीजों में व्यस्त नहीं रहते तो पढ़ते हैं। 'क्या वह अपना आश्रम याद करते हैं?' मैंने पूछा।

'बिल्कुल नहीं।' उन्होंने कहा।

'क्या वह परिवार की कमी महसूस करते हैं?'

'नहीं। परिजन कभी-कभी आते हैं। पर आजकल सभी व्यस्त हैं।'

बाबा जी अपने धार्मिक अनुष्ठान को करते हैं और अपनी ऊर्जा को पुनर्जीवित करने अपने क्षेत्र में देवी मन्दिर जाते हैं।

उन्हें, मैंने एक शिष्ट तथा प्रेमी व्यक्तित्व से सम्पन्न व्यक्ति पाया। जब भी मैं गया वे खड़े हो गये और मुझे वरिष्ठ चिकित्सक होने के कारण आदर दिया। मेरे पीठ के दर्द की दवा भी दी। उससे लाभ तो नहीं मिला। मेरी पत्नी ने कहा कि मैं इसमें विश्वास नहीं करती। शायद वह सही कहती हैं।

इस अध्याय में एक साधु के जीवन के विभिन्न पक्षों का वर्णन किया गया है। मैं इसका समापन स्वामी पी. के साक्षात्कार से करूँगा जो एक संन्यासी के जीवन के विभिन्न पहलुओं को प्रदर्शित करता है। दुनियावी भागीदारी गम्भीर मनन-चिन्तन और कठिन प्रयास के मार्ग में बाधा नहीं डालती।

ऋषिकेश के आश्रम पर एक स्वामी ने यह सुझाव दिया कि हम गंगोत्री के रास्ते उत्तरकाशी में भगीरथ आश्रम पर रुकें।

'आप वहाँ के स्वामी को बड़ा रोचक पायेंगे। वह जगह भी बड़ी रमणीक है।'

हमने भगीरथ आश्रम पर तीन दिन रुकने का निश्चय किया। वहाँ पहुँचने पर हमने पाया कि जगह सचमुच बड़ी सुन्दर थी। आश्रम में एक आधुनिक भवन था जिसमें सभी सुविधाएँ थीं, वह एक-दूसरे आश्रम के पीछे छिपा था और सड़क से नहीं दिखता था। यह गंगा के तट पर था और नदी के दूसरी ओर देवदारु वृक्षों से भरी पहाड़ियाँ थीं। देवदारु वृक्षों की तरतीब वाली पाँत से पता चला कि जंगल विभाग वनीकरण में कितनी सक्रिय रुचि ले रहा है। एक साल पहले की यात्रा में हमने पहाड़ी को बंजर पाया था।

स्वामी पी. फाटक पर ही अपने तीन नौकरों के साथ हमारा स्वागत करने के लिए उपस्थित थे। वे छोटे कद के थे और चश्मा पहनते थे। वह अच्छी अँग्रेजी और विशुद्ध हिन्दी बोल रहे थे, हालाँकि नाक नक्श से वह दक्षिण भारतीय लग रहे थे।

बाद में पता चला कि वह आन्ध्रप्रदेश के एक सम्पन्न खेतिहर परिवार में पैदा हुए थे। बचपन से वे प्रकृति में रुचि लेते थे और जंगलों में घंटों गायब हो जाते थे।

'यह प्रकृति में रुचि ही थी जो मुझे हिमालय पर खींच लायी।' उन्होंने बताया।

'पर आपकी आध्यात्मिक रुचि क्या है?' मैंने पूछा।

'दोनों की एक ही दिशा है। अन्ततः आध्यात्मिकता क्या है? क्या यह आत्म या अपने अस्तित्व और चतुर्दिक फैली प्रकृति के बीच रिश्ते की तलाश नहीं है?' उन्होंने उत्तर दिया और कहा—

'मैंने अपना घर बीस वर्ष की आयु में छोड़ दिया था। मैंने अपनी शिक्षा पूरी कर ली थी। मैं कक्षा में सदा अव्वल आता था और किसी वास्तविक लक्ष्य की खोज में जुटा था। पहली बार मैंने जब घर छोड़ा तो मेरे ऊपर जोर डाला गया कि वापस आ जाऊँ। मैं चार महीने घर पर रहा और फिर अच्छे के लिए छोड़ दिया। मैं पिछले पचीस साल से घर नहीं गया हूँ। घर में कोई लड़ाई-झगड़ा नहीं हुआ था।

मुझे परिवार से भी किसी तरह की समस्या नहीं थी। पर बचपन से ही मैं जानता था कि मेरी नियति एक संन्यासी की है।'

शुरू के दौर में स्वामी ने ऋषिकेश में संस्कृत भाषा और शास्त्रों का अध्ययन किया। वह संन्यास के पहले चौदह वर्षों तक एक ब्रह्मचारी विद्यार्थी थे। उन्होंने बताया कि–

'मैं पहले भी संन्यासी हो सकता था पर मैं एक विशिष्ट गुरु से दीक्षा लेना चाहता था और यह पहले सम्भव नहीं था।'

अब स्वामी साल में सात महीने दिल्ली में बिताते हैं जहाँ गृहस्थों को वेदान्त सिखाते हैं और पाँच महीने उत्तरकाशी में।

'आप जानते हैं, मैंने यहाँ एक छोटी-सी झोंपड़ी में रहना शुरू किया। वह बाद में नष्ट हो गयी। फिर मैंने एक बड़ा घर बनाया जो भूकम्प में ध्वस्त हो गया। अब मेरे कुछ छात्रों ने यह घर मेरे लिए बनाया है।'

यह तीन शयन कक्षों वाला एक सुन्दर आधुनिक घर था जिसमें एक बड़ा आँगन और गंगा की दिशा में खुलता एक बरामदा था।

'आप यहाँ अपना समय कैसे बिताते हैं?' मैंने पूछा।

'पढ़ो, पढ़ाओ और पड़े रहो–यह मेरा सिद्धान्त है।'

'रुपया एकत्र करना कई लोगों के जीवन का लक्ष्य होता है? किसलिए?'

'अन्ततः रुपया आपको अवकाश देता है और फिर यह अवकाश हमारे सोच-विचार के लिए आवश्यक है जिसके बिना आध्यात्मिकता नहीं आ सकती। भारत में अवकाश में शामिल होने की बड़ी लम्बी परम्परा है। हमारी प्रचुर प्राकृतिक सम्पदा और संसाधनों ने इसे सम्भव बनाया है।'

वे जब बातें कर रहे थे तो गम्भीर थे। मजाक नहीं कर रहे थे।

स्वामी एक अच्छे आतिथेय सिद्ध हुए। पहली रात को उन्होंने पनीर और चीज की भी व्यवस्था की।

'आपके नाम से मुझे पता चला कि आप एक पंजाबी हैं और पनीर खाना पसन्द करेंगे।' उन्होंने कहा।

भोजन दक्षिण भारतीय कढ़ी के साथ परोसा गया। उसमें साथ में सर्वोत्तम बासमती चावल और आश्रम के अपने बगीचे में उगी सब्जियाँ भी थीं। तीन सेवक हमारी देख-रेख में लगे थे और स्वामी जी उन्हें जब-तब अतिथि सेवा समझाते भी रहते थे। जब हमें राजसी ढंग से खिला रहे थे तो मैंने कनखियों से देखा कि स्वामी जी खुद अल्पाहारी हैं।

तीन सेवकों की कहानी बड़ी रोचक है। इनमें से दो भाई हैं जो कुछ साल पहले उनके पास नौकरी के लिए आये थे क्योंकि वे बड़े गरीब थे। उनके पास

जमीन नहीं थी जिस पर काम कर वे परिवार का भरण-पोषण करते। समय के साथ स्वामी ने गाँव में उनके लिए जमीन खरीद दी और एक घर भी बनाने की व्यवस्था कर दी ताकि वे अपने परिवार को भोजन करा सकें। यही व्यवस्था दो अन्य भाइयों के लिए कर दी जो कहीं और काम करते थे।

चार में से प्रत्येक उसी मकान में अलग-अलग इकाइयों में रहते थे 'ताकि परिवार में कोई ईर्ष्या न रहे।' उन्होंने कहा।

तीसरा सेवक एक अनाथ था। वह जब बच्चा था तो उसे स्वामी जी की सीढ़ियों पर छोड़ दिया गया था। अब वह दसवीं तक पढ़ चुका था और स्वामी जी ने गंगा तट पर एक घर उसके लिए भी बनवा दिया था।

'वह शीघ्र ही विवाहित हो जायेगा।' स्वामी जी ने सन्तोष के साथ कहा।

दूसरे दिन हमें उस गाँव ले जाया गया जहाँ से पहले दो सेवक आये थे। हमने वहाँ एक आधुनिक घर देखा जिसमें चार मकान थे और एक आँगन था जहाँ बच्चे खेल सकें।

प्रत्येक भाई के पास खेती के लिए अलग-अलग भूमि थी ताकि वे आपस में लड़ें नहीं। हमें जब जगह दिखाई जा रही थी उसी बीच स्वामी जी ने बागबानी और खेती के तरीके भी समझाये।

'अन्य खेत देखें कैसे बंजर हैं। इस गाँव के लोगों को यह सिखाना होगा कि खेती कैसे करते हैं।' वह दुखी होकर बोले।

जैसे ही बच्चे स्कूल से लौटे उनके शोर घर से भर उठा। हर बच्चे ने स्वामी जी के और हमारे पैर छुए और हमें भोजन देने के लिए एक-दूसरे के साथ स्पर्धा करने लगे। स्वामी जी ने हर एक की पढ़ाई के बारे में पूछा। उनमें से एक ने प्रातःकाल एक पड़ोसी के बच्चे से लड़ाई की थी क्योंकि उसने स्वामी जी को गाली दी थी।

दोपहर भोजन के बाद जब हम आराम कर रहे थे हमें यह स्पष्ट हो गया था कि यद्यपि स्वामी ने अपने परिवार से रिश्ते तोड़ लिये थे पर उन्होंने एक और को अपना लिया था जिसका कल्याण सदैव उनके मन पर छाया रहता था। स्वामी जी ने बाद में बताया कि बच्चों के भविष्य के लिए उनकी क्या योजनाएँ हैं।

'उन्हें अपने पैरों पर खड़ा होना चाहिए।' वे चाहते थे कि हर बच्चा आत्मनिर्भर हो।

बाद में यह स्पष्ट हो गया कि स्वामी जी दूसरों के लिए जो कर रहे थे उसके बदले में उन्हें किसी तरह के प्रतिदान की आशा नहीं थीं। हमारे तीन दिन के आवास में स्वामी जी ने एक बार भी यह नहीं पूछा कि हम क्या करते हैं। उन्होंने हमारे परिवार के बारे में कोई जिज्ञासा नहीं दिखायी। साक्षात्कार के प्रयोजन के बारे में जो हमने बताया उससे वे सन्तुष्ट हो गये। उन्होंने कोई प्रश्न नहीं पूछा। अन्त में

हम उन्हें कुछ दान देना चाहते थे, उन्होंने मना किया। कहा, नहीं-नहीं। उन्हें धन देने दीजिए जिनके पास है। आप चिन्ता न करें। हमने कहा कि 'स्वामी जी हम यहाँ फिर आना चाहते हैं।'

'पर आपको कौन रोक रहा है?' उन्होंने कहा।

अपनी यात्रा के दौरान हमने जाना कि स्वामी जी समाज में एक महत्त्वपूर्ण भूमिका निभा रहे हैं। स्वामी जी एक और भूमि के नियन्त्रण का वर्षों से प्रयास कर रहे हैं जो गंगा की दूसरी ओर था। पहले उन्होंने गाँव में बच्चों के लिए क्रिकेट का मैदान बनाया। स्वामी जी की शिकायत है कि यह स्थान अब बड़ा शोरगुल वाला हो गया है और अब वह स्थान ध्यान-मनन के लिए आदर्श नहीं रह गया है। जिला अधिकारियों ने खेल मैदान कहीं दूसरी जगह ले जाने के लिए कहा और वन विभाग को इस क्षेत्र में अपना काम करने के लिए प्रोत्साहित किया। हमारी यात्रा के दौरान दूसरी बार स्वामी जी आये और वन विभाग को उसके लिए धमकाया। जब हम लौटे तो स्वामी जी घंटों जिला अधिकारियों से इस बकवास को स्थायी रूप से समाप्त करने के लिए टेलीफोन कर रहे थे। जब हम सो रहे थे तो एक सन्तोषजनक उपाय खोजा गया।

आध्यात्मिक जीवन पर स्वामी पी. के विचार हमें निरन्तर भोजन और पिकनिक सत्रों के बीच भी मिलते रहते थे। मैंने इस स्वामी जी के साथ औपचारिक साक्षात्कार भी किया। कुछ महत्त्वपूर्ण मुद्दों पर स्वामी जी के विचार उल्लेखनीय हैं। मैंने उनसे प्रश्न किया था—'क्या वेदान्त के विचारों को समझना मनुष्य के आचरण को किसी तरह बदलता है?'

'वेदान्त के ज्ञान को व्यवहार में बदलाव के लिए उपयोग में लाना एक चींटी को मारने के लिए नाभिकीय (न्यूक्लियर) हथियार के उपयोग जैसा है। फिर भी वेदान्त के अनुकूल जीवन की तैयारी के कदम, व्यवहार-प्रक्रियाओं का ध्यान रखते हैं। वेदान्त ग्रन्थ कहते हैं कि आत्मा की मूल प्रकृति निरपेक्ष शान्ति है। जब मन में अपेक्षाकृत शान्ति रहती है तो व्यक्ति पर्याप्त सोच विचार कर सकता है और मन निरपेक्ष शान्ति की ओर जा सकता है। इसके लिए तैयारी जरूरी है।

'आपेक्षिक शान्ति लाने के लिए किसी को क्या करना चाहिए? और उसके लिए तैयारी के क्या कदम हैं?' मैंने प्रश्न किया।

एक व्यक्ति को सही मूल्यों की आदत डालनी चाहिए। यदि जीवन का लक्ष्य भौतिक समृद्धि है तो मूल्य पिछड़ जाते हैं। जब कोई यह समझता है कि भौतिक समृद्धि केवल जीवन-यापन का एक माध्यम है, वह जीवन का उद्देश्य नहीं, तो व्यक्ति आगे बढ़ सकता है।'

'कभी-कभी लोग यह तो जानते हैं कि सही मूल्य क्या हैं पर वे इतने कमजोर

होते हैं कि उनका पालन नहीं करते। तब कोई क्या करे?'

'यह कहना गलत होगा कि जो लोग कहते हैं कि वे सही मूल्यों को जानते हैं वे वास्तविक रूप में उसे जानते हैं। वस्तुतः वे उन मूल्यों की एक धुँधली या अस्पष्ट समझ रखते हैं। इन मूल्यों के बारे में स्पष्ट होना पहला कदम है। उसके बाद व्यक्ति उन्हें आचरण में उतारता है। चारों ओर फैली सम्पदा के बीच शान्ति पाना एक बहुत बड़ी उपलब्धि है। याद रहे, गलत मूल्य और बाधायें आपस में जुड़ी हुई हैं। सही मूल्य और सापेक्ष शान्ति दोनों आपस में जुड़े हैं। आप जब विचार करते हैं तो यह अधिक स्पष्ट हो जाता है।'

मैंने पुनः प्रश्न किया—'संन्यास की क्या आवश्यकता है? क्या एक गृहस्थ का जीवन बिताते हुए वेदान्त का पालन नहीं किया जा सकता।'

'सन्यास, केवल एक तकनीकी विषय नहीं है। मनुष्य इसे अपने प्रयास से अर्जित करने का प्रयास करता है। परन्तु प्रयास का केवल भौतिक परिणाम होगा। इससे शान्ति नहीं मिलती। वेदान्त का मानना है कि कार्य जीवनोन्मुख होता है, वह शान्ति की ओर उन्मुख नहीं होता। इस भ्रम को दूर करना जरूरी है। मनुष्य इच्छा-क्रिया-फल-सुखानुभव के चक्र का आदी है। इस चक्र को तोड़ने के लिए हम कार्य के संन्यास को बनाते हैं। यदि कोई यह समझता है कि पूर्णता या तृप्ति कार्य में नहीं अपितु आत्मानुसन्धान में है, तो वह व्यक्ति बिना औपचारिक दीक्षा के संन्यासी हो जाता है। कार्य तो चलता रहता है परन्तु मात्र जीवन-निर्वाह के लिये। परन्तु जीवन-निर्वाह और तृप्ति दोनों भिन्न चीजें हैं। तृप्ति आत्मज्ञान से आती है। कार्य की सच्चाई यह है कि इसके सीमित परिणाम होते हैं। हमारी गवेषणा का सच है कि मैं सन्तुष्ट हूँ, सम्पूर्णता, स्वतन्त्रता यहाँ तक कि मृत्युभय तक। मैं यह जानना चाहता हूँ कि मैं कौन हूँ।'

मैंने पूछा—'आप यह कहना चाहते हैं कि एक संन्यासी केवल जीवन-निर्वाह के लिए कार्य करता है? और लोगों के कल्याण के लिए किये गये कार्यों के बारे में आपका क्या कहना है?'

'वह ठीक है। वह लोकसंग्रह है। इसे वह दूसरों के लिए कर रहा है, अपनी सन्तुष्टि के लिए नहीं।' उन्होंने उत्तर दिया।

'क्या कोई बौद्धिक रूप से आत्मसन्तुष्टि और दयालुता के लिए किये गये कार्यों के बीच अन्तर कर सकता है?'

'हाँ, मैं आपको बताऊँगा, कैसे। मान लीजिए मैं किसी के कल्याण के लिए कुछ करता हूँ और वह प्रतिदान नहीं करता। इससे मुझे कुंठा होती है। यह आत्मसन्तुष्टि के लिए किया गया है। इसमें प्रतिदान या कृतज्ञता की प्रत्याशा के लिए नहीं। यह सम्भव है कि जो व्यक्ति धार्मिक है, जिसे उदारता आसानी से आती है वह आसानी

से कुंठित नहीं होता है। परन्तु जरूरी नहीं है कि आत्मज्ञान अनिवार्यतः औदार्य को लाये। आत्मज्ञान वाले व्यक्ति इस संसार में या संसार के हेतु कुछ करने के बाद आभार नहीं प्राप्त करना चाहता।'

'परन्तु आत्मज्ञान से करुणा भी उपजती है तब क्या व्यक्ति दूसरों के प्रति अधिक संवेदनशील नहीं होता?'

'हाँ, क्यों नहीं। व्यक्ति जरूर संवेदनशील और विचारवान होता है, वह यह सोचता है कि क्यों लोग इस तरह का व्यवहार कर रहे हैं। दूसरों की पीड़ा के प्रति संवेदना बढ़ जाती है।'

'क्या यह आपके साथ हुआ था?' मैंने प्रश्न किया।

'मेरे लिए यह जरूरी नहीं था। मेरे अन्दर करुणा संन्यास लेने के पहले से ही मौजूद थी। आत्मज्ञान से मेरे व्यवहार में कोई बदलाव नहीं आया।'

'भय के बारे में क्या हुआ?'

'हाँ, असुरक्षा का भय जाता रहा।'

'कैसे? क्या संन्यास ले कर आप खुद को असुरक्षित नहीं महसूस करते?' मैंने पूछा।

'एक संन्यासी के पास भोजन किसी न किसी तरह जरूर आयेगा। अगर यह नहीं आता है तो मैं भिक्षा माँगूँगा या पेट भरने के लिए काम करूँगा। यह असुरक्षा है! मैं बात कर रहा हूँ भविष्य के बारे में असुरक्षा की।'

'भिक्षा माँगने में शर्म क्या?'

'क्योंकि भिक्षा माँगना गर्व का विषय है। यह आश्चर्यजनक है। यह हमारी परम्परा का हिस्सा है। कोई भी जो भिक्षा माँगने में शर्माता है वह संन्यास के लिए तैयार नहीं है।'

'क्या एक गुरु संन्यास देने के पहले यह तय करता है कि क्या कोई व्यक्ति इन सब बातों की दृष्टि से तैयार है या नहीं? उसी तरह आप यह जान सकते हैं कि क्या आप संन्यास के लिए तैयार हैं या नहीं। कुछ लोग संन्यास लेने के पहले ही परिपक्व होते हैं। दूसरे संन्यास लेने के बाद। यदि वे परिपक्व नहीं होते हैं तो संन्यास छोड़ देते हैं या कष्ट भोगते हैं।'

'जब आप संन्यास लेने आये तो क्या आप जानते थे कि यही सब है जिसे आप भी पायेंगे?' मैंने प्रश्न किया।

'हाँ, मैं सामान्यतः जानता था कि वेदान्त अस्तित्व का अर्थ समझायेगा हालाँकि मैं सारी बातें विस्तार में नहीं जानता था। देखिये मैंने पहले शिवानन्द आश्रम में प्रवेश लिया। वहाँ अच्छी अंग्रेजी के कारण मुझे सम्पादन के काम में लगा दिया गया। जब मैंने कहा मैं वेदान्त सीखना चाहता हूँ न कि सम्पादन; मुझे पदोन्नति दे

कर रोकने की कोशिश की गयी। पर मैं यहाँ पैसों के लिए नहीं आया था। इसलिए मैंने इस आश्रम को छोड़ दिया।'

'आपने संन्यास लेने के पहले कितनी प्रतीक्षा की। जैसा मैं समझता हूँ आप दस वर्षों से अधिक ब्रह्मचारी रहे। आपने पहले कहा था कि आप एक खास गुरु से संन्यास लेना चाहते थे। क्या यह महत्त्वपूर्ण है कि आप किससे सन्यास लेते हैं?' मैंने पूछा।

'यह भावना का विषय है। इस बारे में कोई नियम नहीं है।'

मैंने पुनः प्रश्न किया–'स्वामी जी, यहाँ ऐसे कई साधु हैं जो अशिक्षित हैं, निरक्षर हैं। मैंने सुना है कि वे संन्यास इसलिए लेते हैं कि ईश्वर पाने की भावनात्मक इच्छा होती है। आप इस बारे में क्या कहेंगे।'

'भावनाएँ आपको कठिनाई में डाल सकती हैं। इसमें से कुछ लोग जो भावनात्मक कारणों से आते हैं शायद कुछ दिन बाद संन्यास छोड़ देते हैं। पर कुछ अच्छे लोग भी हैं जो त्याग, सादगी, मनन, भक्ति और प्रार्थना आदि से भरा जीवन बिताते हैं। वे अपने में खुश हैं। वे किसी के साथ स्पर्धा नहीं करते। यह आत्मज्ञान पाने के लिए काफी नहीं है। यह आत्मज्ञान का आरम्भिक भाग हो सकता है। वे ऐसा करते हुए पूरा जीवन बिता सकते हैं, यहाँ तक कि कई जीवन। पर अन्ततः केवल एक ही मार्ग है।'

'क्या आप यह कह रहे हैं कि केवल एक ज्ञान है, ज्ञान का केवल एक मार्ग?' मेरा प्रश्न था।

'पूरे निश्चय के साथ, जी हाँ। पूर्णता, भावना से नहीं आती। यदि यह भावना है तो पूर्णता का बोध आ सकता है। भावनाएँ समय के साथ मद्धिम पड़ जाती हैं। यदि यह तथ्य है तो तथ्य को देखना-समझना होगा। यह पैदा नहीं किया जा सकता। पूर्णता तथा सृजन परस्परविरोधी हैं।'

'वेदान्त एक जटिल किस्म का दर्शन है। उनके बारे में आप क्या कहेंगे जो लोग निरक्षर हैं। क्या साक्षरता आत्मज्ञान की शर्त है? रमण महर्षि के बारे में क्या कहेंगे? हमें बताया गया है कि वे साक्षर नहीं थे। क्या आप कहेंगे कि उन्हें आत्मज्ञान नहीं था?'

'नहीं-नहीं। पर वे वेदान्त के शिक्षकों से अवश्य मिले थे।'

'पर क्या कोई प्रेरणा, अंतःप्रज्ञा इस पूर्णत्व के बोध तक नहीं ले जा सकती है? क्या शब्द जरूरी हैं?'

'क्या आप प्रेरणा और अंतःप्रज्ञा से डाक्टर बन सकते हैं? प्रेरणा, अंतःप्रज्ञा और भक्ति आपको वेदान्त साहित्य को सीखने के लिए तैयार कर सकते हैं। अन्ततोगत्वा ये शब्दप्रमाण हैं। गलतियों का निवारण अंतःप्रज्ञा से नहीं किया जा सकता।'

वेदान्त जानता है कि विश्वास और अविश्वास असिद्ध चीजों के बारे में होते हैं। वेदान्त सिद्ध के बारे में विचार करता है ठीक विज्ञान की तरह। यदि ब्रह्मांड सिद्ध है तो उसे जो अनुभव कर रहा है वह भी सिद्ध या प्रमाणित है। वेदान्त रस अनुभविता के बारे में बात करता है—जो सर्वाधिक सिद्ध है। जो प्रमाणित नहीं है उसकी अप्रामाणिकता के बारे में कोई बातचीत तब तक नहीं हो सकती जब तक हम सर्वाधिक प्रमाणित वस्तु की स्वयं में पूर्वस्थापना न कर लें। यदि मैं हीन हुआ होता तो मैं इस बारे में बात का पात्र नहीं होता। आत्म के अभाव की अवधारणा सम्भव नहीं है। प्रमाण और अप्रमाण की पूरी शब्दावली साक्षी के प्रमाण पर निर्भर है। साक्षी, वेदान्त का विषय है।'

'कर्म सिद्धान्त के बारे में क्या कहना है। क्या यह वेदान्त के लिए आवश्यक है?'

'हाँ। जब आप सो रहे होते हैं तो आप विचारों से मुक्त रहते हैं पर जब आप जगे रहते हैं तो आप वहाँ होते हैं। आपकी वैयक्तिकता फिर शुरू हो जाती है। मृत्यु के बारे में भी ऐसा ही है। मृत्यु के बाद व्यक्तित्व के पुनर्भवन की हर सम्भावना रहती है और तब आपको अपने जन्म के पूर्व छोड़े गये कर्म से 'डील' करना पड़ता है। हाँ, यह वैयक्तिकता आत्मज्ञान की गैरजानकारी है।'

× × ×

स्पष्ट था कि स्वामी जी बचपन से ही सन्यासी जीवन के लिए तैयार थे। वह प्रकृति को प्यार करते थे और एकान्त चाहते थे। हालाँकि उन्हें व्यवितयों की आवश्यकता नहीं थी, वे आसक्त हुए बिना उनकी देखभाल करते थे। अपने सेवकों के कल्याण में उनकी रुचि बड़ी स्पष्ट थी जो उनके कार्यों से प्रकट होती थी न कि शब्दों से।

उनके बाहरी अस्तित्व के पीछे एक ऐसा उदास मन था जो अपने चतुर्दिक हो रही घटनाओं की गम्भीरता से अवगत था। वे परिस्थितियों के प्रति सतर्कता और लगन से प्रतिक्रिया करते थे। अपने अतिथियों की देखरेख के प्रति उनकी लगन सम्पूर्ण थी। जब वे उनके साथ रहते थे हर सुबह वह सेवकों के साथ मेनू तैयार करने बैठते थे। वे कुछ रुचिकर भोजन स्वयं बनाते थे हालाँकि खुद वे बहुत थोड़ा सा ही खाते थे। उनकी सतर्कता इस बात से प्रमाणित थी कि वह दूसरे स्वामी के भूमिविषयक मुद्दे पर दुष्टतापूर्ण छल से भरी योजना को कैसे निपटा रहे थे।

मुझे लगा कि उनके ज्ञान में एक आक्रोश था। उनके लिए ज्ञान केवल एक मार्ग है। वे भक्ति का जीवन मार्ग अपनाने वाले सहज स्वामियों के प्रति दयापूर्वक संरक्षकत्व का भाव भी रखते थे।

मैं स्वामी जी के साथ कुछ दिन बिता कर प्रसन्न था और अपने दैनिक जीवन के बारे में अनेक प्रकार के सुझाव देने के लिए कृतज्ञ भी।

भाग-3

विमर्श

11

भारतीय आध्यात्मिकता तथा मानसिक स्वास्थ्य

हमेशा के मेरे अनुभव ने मुझे यह अच्छी तरह सिखा दिया है कि सत्य के अलावे कोई और भगवान नहीं है।

गाँधी, 1925 भारत 2006 में उद्धृत

पिछले अध्यायों में मैंने योग के क्षेत्र में अपनी यात्रा और साधुओं की आध्यात्मिक यात्राओं के बारे में चर्चा की थी जिनसे मैं मिला था और जिनका साक्षात्कार किया था। ये विवरण साइकियाट्री में मेरी लम्बी रुचि पर निर्भर हैं, जो सब कुछ के बाद मेरा व्यवसाय है। भारतीय आध्यात्मिकता में मेरी व्यापक और गहरी रुचि है जिसने मुझे सदैव आकृष्ट किया है, हालाँकि मैं कोई कट्टर भक्त नहीं हूँ। मैं खोज की प्रवृत्ति से प्रेरित था और सच्चाई जानना चाहता था।

वैज्ञानिक, साइकियाट्रिस्ट, और साधक सभी सत्य को बहुमूल्य मानते हैं। सत्य बहुआयामी होता है और हर कोई जो अर्थ लगाता है वह अलग हो सकता है। साइकियाट्रिस्ट, विशेषतः वह जो शोध कर रहा हो, लोगों के दृष्टिकोण को एक वैज्ञानिक के नजरिये से देखता है। वह सामान्यताओं और व्यक्तिगत भिन्नताओं में रुचि रखता है। वह यह जानना चाहता है कि मस्तिष्क व्यवहार को कैसे प्रभावित करता है? क्यों लोग मनुष्य जाति के सदस्य के रूप में एक खास ढंग से सोचते और अनुभव करते हैं? एक चिकित्सक के रूप में वह यह जानना चाहता है कि लोगों की तकलीफ कैसे दूर की जा सकती हैं। मनुष्य जाति के एक सदस्य के रूप में वह अर्थ की खोज में शामिल होता है जो आध्यात्मिक यात्रा का भी एक पहलू है।

साइकियाट्रिस्ट और आध्यात्मिक साधक के बीच समानता का एक क्षेत्र, व्यक्ति में उनकी साझी रुचि है, चाहे वह रोगी हो, भक्त हो या फिर मुवक्किल हो। इसमें वे राजनीतिविज्ञानी या समाजशास्त्री से भिन्न होते हैं जिनका केन्द्र सामाजिक व्यवस्था होता है, व्यक्तिगत स्वस्ति से उनका लगाव गौण है।

एक दूसरा मिलनबिन्दु यह है कि दोनों ही पीड़ा की अवधारणा से उपजे हैं।

वे इसमें रुचि रखते हैं कि लोग इस दुनिया में कैसे रहें और पीड़ा से कैसे निजात पायें। साइकियाट्री एक व्यवसाय है जो सभी तरह के मानसिक तनावों के उपचार से जुड़ा है। वर्तमान सन्दर्भ में मैं उन साइकियाट्रिक लक्षणों के बारे में रुचि रखता हूँ जो पीड़ा की अभिव्यक्ति होते हैं। मानसिक रोग अपने सभी रूपों में उन व्यक्तियों के लिये और प्रायः उनके परिवारों और मित्रों में भी काफी तनाव पैदा करता है। साइकियाट्रिस्ट का काम पीड़ा को दूर करना या उसे कम करना है। मैं काफी दिनों से इस बात से परिचित हूँ कि भारत में काफी लोग साधु जैसे पवित्र व्यक्तियों से राय लेते हैं न कि मानसिक स्वास्थ्य के विशेषज्ञों से।

ये समानताएँ दृष्टिकोण की मुख्य भिन्नताओं को छिपा सकती हैं। आइये पहले पीड़ा के प्रश्न पर गौर करें।

× × ×

हम पीड़ा का अनुभव क्यों करते हैं? इस प्रश्न का एक साधारण उत्तर यह होगा कि हम या तो वह नहीं पाते जो पाना चाहते हैं या कि हम उन परिस्थितियों में ढकेल दिये जाते हैं जिन्हें हम पसन्द नहीं करते। आराम तो तभी होता है जब इच्छा पूरी हो जाय या फिर पीड़ादायी स्थिति से बचने का कोई रास्ता मिले।

इस सरल सोच में जो संयोगवश हम सभी अपनाते हैं कई खामियाँ है। तनाव के प्रति प्रतिक्रियाएँ कई तरह की होती हैं। कुछ लोग तनाव के बावजूद अपने काम में लगे रहते हैं। अन्य लोगों का तनाव से जूझना कठिन सिद्ध होता है और कुछ लोग टूट जाते हैं, क्रोध, कुंठा, आत्मदैन्य, प्रतिगमन, संशय और दूसरी नकारात्मक प्रतिक्रियाएँ होती हैं शेष अन्य लोग तनाव को एक चुनौती मानते हैं जो उन्हें एकाग्र बनाने में सहायक होता है और उनके कार्यों को अधिक ऊर्जा के साथ सम्पादित करने में मदद करता है।

इस सोच के साथ दूसरी समस्या यह है कि आदमी जो कुछ प्राप्त करता है वह उसके असंतोष को नहीं मिटा पाता है। एक बार जब कोई इच्छा पूरी होती है तो उसकी जगह दूसरी इच्छा ले लेती है। इसलिए इस बात पर आश्चर्य होता है कि क्या मूल इच्छा ही असली समस्या है।

भारत में साइकियाट्रिक प्रयोग और सिद्धान्त, जैसा कि पूर्व के अधिकांश देशों में है, काफी हद तक पाश्चात्य विचार से ग्रहण किया गया है। पाश्चात्य विचार का एक अंश मुख्यतः धार्मिकता, पीड़ा को आधार रूप में देखती है, जो शायद दूसरे जीवन में पुरस्कृत होती है। आज के वैज्ञानिक हल्कों में अब इसका खास महत्त्व नहीं रहा। पाश्चात्य तर्कवादी परम्परा पीड़ा को एक ऐसी मनोदशा मानती है जिसे दबाना चाहिए।

इसके विपरीत गैरपश्चिमी पूर्व की परम्पराएँ पीड़ा को जीवित रहने या जीवन

जीने को एक अनिवार्य परिणाम मनाती है। धर्म का उद्देश्य वह मार्ग उपलब्ध कराना है जो पीड़ा से परे सुख की ओर ले जाता है। हजारों वर्षों तक भारतीय दर्शन ने इस विषय में सिद्धान्तों का विकास किया है कि लोग कैसे जीवन यापन करें और अपनी समस्याओं का समाधान करें। एक भारतीय साइकियाट्रिस्ट के लिए यह उपयुक्त है कि वह यह प्रश्न पूछे कि क्या पूर्व और पश्चिम की परम्पराओं में एक-दूसरे के लिए कुछ है? क्या ऐसे पाठ एक व्यक्ति या एक मनोचिकित्सक के रूप में भारतीय दर्शन से सीखे जा सकते हैं?

× × ×

वैदिककाल से भारतीय चिन्तकों ने तनाव की ओर ले जाने वाली भावनाओं या संवेगों की खोज की है। मैंने इनके ग्रन्थों से उन सीखों को खोज कर निकाला जो पीड़ा से निजात पाने और एक सुखी जीवन जीने के उपाय, दोनों हैं।

नकारात्मक संवेगों की एक पूरी श्रृंखला पहली बार भगवान कृष्ण द्वारा युद्ध भूमि में अर्जुन को शिक्षा देते समय दिखाई पड़ती है।

> *जब एक आदमी अपनी संवेदना सुखों पर केन्द्रित रखता है, उसके प्रति आकर्षण पैदा होता है। आकर्षण से कामना उत्पन्न होती है। कामना से अपना आधिपत्य जमाने की इच्छा उपजती है फिर इससे आसक्ति और आसक्ति से क्रोध। आसक्ति से मन में विभ्रम, फिर स्मृति का नाश और कर्त्तव्य का विस्मरण होता है। इस हानि से विवेक की समाप्ति और विवेक समाप्त होने से मनुष्य का सर्वनाश हो जाता है। —भगवद्‌गीता अध्याय 2(62-3)*

महाभारत, एक महान भारतीय महाकाव्य है जो भातृ-समूहों की कहानी है, दूसरों के उचित हिस्से को देने से मना कर उनमें से एक राज्य पर अधिकार कर लेता है। इससे युद्ध हुआ पर युद्ध में विजेता ने, अपनी लगभग समस्त सेना तथा परिजनों को खो दिया उसके लिए राज्य करने को कुछ बचा ही नहीं। थोड़े से लोग जो जीवित बचे थे वे खाली हाथ और खाली मन वाले थे। मारक शक्तियाँ जिन्हें कृष्ण ने पहचाना, इस युद्ध में प्रकट हुई। इस कथा का एक रोचक पहलू यह है कि श्रेष्ठ पात्र में भी कुछ कमियाँ हैं और खराब चरित्र में भी कुछ अच्छे गुण हैं।

भारतीय दार्शनिक परम्परा में धर्म-ग्रन्थों, योग सूत्रों तथा भक्ति काव्यों में एक अनिवार्य सीख यह मिलती है कि आसक्ति आकर्षण और वासना (इच्छा) सभी भावनात्मक पीड़ाओं के मूल में है। अनासक्ति और संन्यास उसका एकमात्र समाधान है। योग सूत्र क्लेश या कष्ट की चर्चा करता है। इन कष्टों में सम्मिलित हैं अहंकार, आकर्षण, विकर्षण और मृत्युभय। ये सभी भावनात्मक कठिनाइयों के स्रोत या कारण हैं। भारतीय भक्ति काव्य हमें काम, क्रोध, मद, मोह, लोभ को त्यागने को कहते हैं, यदि हम एक शान्तिपूर्ण और प्रसन्नता से परिपूर्ण जीवन जीना चाहते हैं।

आसक्ति और संन्यास को लेकर काफी गलतफहमी रही है। उपनिषद काल के बाद दो तीन सौ वर्षों तक श्रमण नामक आध्यात्मिक साधकों ने त्याग के विचार को व्यर्थता की सीमा तक पहुँचाया। उनके अभ्यास बड़े कठोर थे और बोधि प्राप्त करने के लिए भोजन, वस्त्र, काम सबको छोड़कर, निश्चल बैठकर साधना की। यहाँ तक कि उन्होंने श्वास लेने को अस्वीकार किया। उन्होंने इस समय सीमित अभ्यास को मध्य मार्ग कहा।

उन्होंने अनासक्ति और संन्यास को अपने कार्यों के प्रत्याशित परिणामों से, अपने को मुक्त करने के अर्थ में, समझने का प्रयास किया। व्यक्ति कर्म करना बन्द नहीं करता है। ऊर्जा का सतत विनिमय जीवन का नियम है। यदि आप वायु ग्रहण करें और उसे कुछ देर बाहर न निकालें तो कुछ मिनटों में आपकी मृत्यु हो जायेगी; यदि आप भोजन ग्रहण करें और उसे बाहर न निकालें या उत्सर्जन न करें तो कुछ सप्ताहों में। यदि आप सब कुछ ले लें और कुछ भी वापस न लौटायें या प्रतिदान न करें, तो आप मृतक तुल्य हैं। यदि आपको प्यार मिलता है और आप उसे वापस नहीं करते हैं तो भी आप मृत हैं।

यदि कोई किसी भी चीज का त्याग नहीं करता तो वह कुछ भी प्राप्त नहीं करता है। अनासक्ति का मुख्य उद्देश्य तब यदि कर्म का परिणाम मनोवांछित न हो कुंठा और विषाद से भ्रमित होने की दृष्टि से अपने को सुरक्षित रखना है। यही युद्ध भूमि में कृष्ण द्वारा अर्जुन को दी गयी शिक्षा का सार है। उन्होंने यह भी सिखाया कि यदि कोई अपने कर्म के परिणामों की प्रत्याशा से अपने को अलग करने में सफल हो जाता है तो कर्म के परिशुद्ध होने की सम्भावना अधिक होती है। हर सैनिक अपने अनुभव से यह जानता है। विवेकवान प्राणी का वर्णन करते हुए कृष्ण कहते हैं—

कर्म से अपने को रोक कर नहीं वरन कर्म से मुक्त होकर मात्र संन्यास/त्याग से व्यक्ति उच्चतम सिद्धि पाता है। पर एक क्षण के लिए भी, एक मनुष्य कर्म-रहित नहीं रह सकता विवश होकर, प्रकृति की शक्तियों से प्रेरित होकर सभी कर्म से प्रेरित होते हैं।

जो स्वयं को कर्म से वापस खींच लेता है, पर हृदय में उनके सुखों के बारे में सोचता है। वह भ्रम में रहता है और वह इस मार्ग का गलत अनुगामी बन जाता है। परन्तु महान व्यक्ति वह है जो आसक्तियों से मुक्त है और ऐसे मानस से अपनी शक्तियों पर संयम के साथ राज्य करता है जो कर्म के मार्ग पर चलाता है, और अपने को कर्म के मार्ग पर अर्पित कर देता है।

कर्म, अकर्म से श्रेष्ठ है, इसलिए जीवन के कार्यों को करते रहना चाहिए। यहाँ तक कि शरीर का जीवन भी नहीं होगा, यदि कर्म न हो। यह जगत कर्म बन्धनों

में निहित है, जब तक कि कर्म ईश्वर के प्रति अर्पित न हो। इसलिए कर्म को शुद्ध होना चाहिए, इच्छा के बन्धनों से मुक्त (अध्याय 3; 4-9)। यह दूसरा पाठ है जिसे मैंने अपने महान आर्ष ग्रन्थों से सीखा है। व्यक्ति को कर्म से विराम नहीं लेना चाहिए। केवल परिणामों की प्रत्याशा से अपनी दूरी बनाये रखना चाहिए। इससे मन में साम्यावस्था/शान्ति आती है।

एक अन्य संशय है कि स्थितप्रज्ञता का क्या अर्थ है? मेरे शिक्षक इसे समझाने के लिए साइकिल माडेल का उपयोग करते थे। आप एक आदमी को पहले साइकिल चलाने का प्रयास करता देखते हैं। पहले दिन वह सन्तुलन खो देता है और वह जो कुछ करता है वह इस सन्तुलन के अभाव को बढ़ाता प्रतीत होता है। दूसरे दिन, त्रुटियों को सुधारने के क्रम में सन्तुलन खो देता है। सन्तुलन की हानि और सन्तुलन की उपलब्धि के बीच एक अन्तर या गैप होने से वह फिर गिर पड़ता है। तीसरे दिन वह ठीक से सवारी करता है। सन्तुलन की हानि और उपलब्धि के बीच का समय इतना कम हो जाता है कि व्यक्ति अच्छी तरह सवारी करने लगता है। हालाँकि वास्तविकता यह है कि वह अचेतन स्तर पर निरन्तर सन्तुलन और उसे ठीक करने का प्रयास करता रहता है।

तीसरा पाठ जो हमने अपने आध्यात्मिक गुरुओं से सीखा वह यह है कि मन की स्थित-प्रज्ञता सतत जीवन्तता से आती है।

चौथा पाठ चिकित्सक और रोगी के बीच के रिश्ते से जुड़ा है। कुछ चिकित्सक यह मानते हैं कि सांस्कृतिक अन्तर संचार को अधिक कठिन बना देते हैं। मैं सोचता हूँ वे इसे बहुत बढ़ा-चढ़ा कर प्रस्तुत करते हैं। मैंने भारत, ब्रिटेन और अफ्रीका में कार्य किया है और विभिन्न संस्कृतियों में मैंने वही मूल संवेग देखे हैं। जो रोगी चिकित्सा के लिए आते हैं, जो अपनी संस्कृति में सफेद, भूरे या काले, बुरका ओढ़े, साड़ी या स्कर्ट में होते हैं वे सभी उन्हीं संवेगों में बँधे हैं। मैंने पाया कि जब आप रुचि, समानुभूति, आदर, युक्ति से रोगी की समस्याओं का समाधान करते हैं तो रोगी अपने दुख की दुनिया में आपको प्रवेश देने के लिए तत्पर होता है क्योंकि यह दुनिया एक परिचित क्षेत्र है। तब आप उनकी पीड़ा को समझ सकेंगे। पारिस्थितिकी या इकोलोजी का अध्ययन करने वालों ने यह दिखाया है कि पशुओं के कुछ अनुष्ठान हैं और संकेत हैं जो उनकी प्रजाति के दूसरे सदस्यों का विश्वास जीत सकते हैं। यही बात मानव जाति पर भी लागू होती है। समानुभूति का तात्पर्य वह योग्यता है जो किसी के व्यक्तित्व को दूसरों में प्रक्षेपित करती है ताकि दूसरों के भावनाओं की पूरी समझ हो सके। समानुभूति की सहायता से अपने रोगी की भावनाओं को समझने के लिए यह आवश्यक है कि रोगी को आपकी वास्तविक भावनाओं को समझने दिया जाय। यदि आपकी आन्तरिक भावनाएँ, जब आप रोगी के सामने हों,

महत्त्व देने, शुश्रूषा और आदर की हों और आपका चेहरा उन्हें व्यक्त करता हो, आपका रोगी उन्हें ग्रहण कर लेगा और शान्ति तथा खुलेपन से प्रतिक्रिया देगा। फिर भी यदि आप उसे हमेशा एक दूसरी संस्कृति के सदस्य के रूप में देखते हैं जिसके आशय और समझ आपके लिए पराया जैसा है, तो वह रोगी अपनी भावना को वापस खींच लेगा। इस क्रम में आपकी भाषा भी महत्त्वपूर्ण है। शब्द वे उपकरण हैं जिन्हें हम दूसरों के मन को टटोलने के लिए काम में लाते हैं। भगवान कृष्ण ने कहा है कि हमारी वाणी चिन्ताजनक विशेषताओं से मुक्त यथार्थ तथा आन्तरिक स्व के प्रति सच्ची होनी चाहिए। यह मनोचिकित्सक के लिए और भी जरूरी है। मैंने संन्यासियों को चिन्तित भक्तों को शान्त करने में सहायक पाया है, समानुभूतिक हाव-भाव और वाणी द्वारा। कुछ और अधिक प्रभावशाली, मौनी बाबा होते हैं, वे संन्यासी जो मौन रहने का व्रत लिए होते हैं, जो अपने भक्तों पर केवल देख कर शान्त और ऊर्जस्वित कर देते हैं। उनके चेहरे, उस शान्ति और सहजता को पूरी तरह व्यक्त करते हैं जो उनके आत्मा में बसती है।

यदि आप सन्त हैं और अपने में शान्त हैं, तो आप अपने रोगी का विश्वास पा सकते हैं वह चाहे किसी भी संस्कृति से आता हो। इसके लिए अन्तःनिरीक्षण की जरूरत होती है और मनोचिकित्सक को स्वयं अपनी भावनाओं की चेतना होनी चाहिए।

पाँचवाँ पाठ जिससे भारतीय आध्यात्मिक परम्पराओं में मानसिक रोगी को सहायता मिलती है उसे कुछ कहानियों द्वारा स्पष्ट किया जा सकता है। एक बार मैं एक आश्रम में ठहरा हुआ था, उस समय एक तीस साल का आदमी आँखों में आँसू भरे स्वामी जी के दर्शन के लिए पहुँचा। उसने कहा कि उसकी पत्नी बच्चों को साथ ले गयी है और उसने उसे छोड़ दिया है, उसका खेत झगड़े में है, उसके पास पैसे नहीं हैं तथा वह आत्महत्या करने के लिए सोच रहा है। स्वामी ने सुना किन्तु यह नहीं पूछा कि यह स्थिति कैसे आयी? इसके बदले में उन्होंने उस आदमी को समझाया कि वह उनके पास कुछ दिनों के लिए रहे। उन्होंने पूछा कि क्या उसके पास कुछ हुनर है जो आश्रम के लिए उपयोगी होंगे? पता यह चला कि यह आदमी गायों की देखरेख करना जानता था। स्वामी ने उसे आश्रम की गायों की देखभाल के लिए नियुक्त कर दिया। उसे गायों के चारा देने, धुलाई करने तथा उन्हें खिलाने तथा दूध निकालने की पूरी जिम्मेदारी सौंप दी। कुछ दिनों बाद उन्होंने इस आदमी द्वारा गायों के प्रभावी और प्यारे ढंग से देखरेख की बात की तारीफ करते हुए उसे अपने दूसरों भक्तों से मिलवाया। एक दिन मैंने स्वामी से पूछा कि क्या इस आदमी के अतीत को जानना उपयोगी नहीं होगा? क्यों उसकी पत्नी उसे छोड़ गयी? क्यों उसका खेत झगड़े में है? इत्यादि। स्वामी ने मेरी बातों पर कोई ध्यान

नहीं दिया। कुछ और दिन बीतने पर वह आदमी प्रार्थना सत्र में आया और अपनी पत्नी के साथ अपने द्वारा की गयी निर्दयता की बात बताई और कहा कि घर छोड़ने के लिए वास्तव में वही जिम्मेदार है। उसने कहा कि जब उसने गायों की आँखों में कृतज्ञता के भाव देखे तो उसने महसूस किया कि उसे भविष्य में अपनी पत्नी के साथ अच्छा व्यवहार करना चाहिए और अब घर जाने के लिए तैयार था।

ऐसे कई उदाहरण हैं जो मैं दे सकता हूँ। एक दिन स्वामी ने एक धर्मग्रन्थ से एक मन्त्र पढ़कर सुनाया—

कोई बात क्यों होती है इसके पर्त-दर-पर्त कई कारण होते हैं। कारणों की शृंखलाएँ अन्तहीन होती हैं। आप कहाँ तक उसके पीछे-पीछे जा सकेंगे? कारणों की शृंखला को वहाँ काट दें जिस बिन्दु पर आप शामिल होते हैं।

बुद्ध ने भी लगभग यही बात बाण सम्बन्धी अपनी प्रसिद्ध नीतिकथा के माध्यम से कही है। उन्होंने कहा—

यदि अचानक एक विषबुझा बाण आये और आपकी छाती विदीर्ण करे तो आप इसकी प्रतीक्षा नहीं करेंगे कि यह सब पता करें कि किसी दिशा से वह बाण आता है? किसने बाण का सन्धान किया? क्या बाण बाँस का है या लोहे का? किस तरह की धनुष से इसे छोड़ा गया था?। पहले आप अपनी छाती से बाण को निकालेंगे।

इस पाँचवें पाठ ने मुझे यह सिखाया कि कभी-कभी कारणों पर बहुत ज्यादा ध्यान नहीं देना चाहिए। बिना कारण जाने भी अक्सर पीड़ा का निवारण हो सकता है और कारण जानने का यह तात्पर्य नहीं है कि आप पीड़ा दूर कर सकते हैं।

× × ×

ये महत्त्वपूर्ण पाठ थे, जिन्हें मैंने भारतीय दर्शन से सीखा। मैंने अनासक्ति या कार्य के फल की प्रत्याशा से स्वयं की मुक्ति के महत्त्व को सीखा। मैंने जाना कि मन की साम्यावस्था, कार्य के परिहार से नहीं बल्कि सन्तुलन से आती है। एक उपचारक के रूप में मैंने यह अनुभव किया है कि मानवीय समानुभूति सांस्कृतिक सीमाओं को लाँघ जाती है। मैंने यह भी अनुभव किया कि व्यक्ति को कारण पर बहुत ज्यादा जोर नहीं देना चाहिए। एक और प्रश्न, क्या योग और ध्यान का साइकियाट्री और मनोपचार में कोई स्थान हो सकता है? यह जटिल प्रश्न है और इसमें उपरोक्त दोनों विश्वदृष्टियों की कुछ परीक्षा आवश्यक है।

संस्कृतियों के बीच बढ़ते सम्पर्क के साथ भारतीय धर्मग्रन्थों में प्राप्त विचारों पर ध्यान देने के जो प्रयास हुए हैं वे मानसिक पीड़ा से छुटकारा पाने से जुड़े हुए हैं। इन्टरनेट पर खोजने पर मनोचिकित्सा को भगवद्गीता, योग या बौद्ध धर्म से जोड़ने वाले शोधपत्रों के सन्दर्भ लगभग 2500 से अधिक हैं। आर.आर. वाल्श तथा वागन

द्वारा वर्णित पराव्यक्ति या ट्रान्सपर्सनल मनोचिकित्सा की पूरी नयी शाखा, पारगामी (ट्रान्सडेटल) के भारतीय सम्प्रत्ययों पर आधारित है तथा उन अभ्यासों की संस्तुति करती है जो हमें बौद्ध शिक्षाओं की याद दिलाते हैं। तथापि इस विकासक्रम को स्वीकार कर लेने के पहले यह उचित होगा कि पाश्चात्य मनोचिकित्सा और भारतीय आध्यात्मिक परम्पराएँ किस सीमा तक साथ चल सकती हैं यह जान लिया जाय, कि किस तरह वे पीड़ा को और उसके कारणों को परिभाषित करते हैं। व्यक्ति के लिए उपचार, मुक्ति के निर्धारित लक्ष्यों और उनसे मुक्ति की विधियाँ क्या एक सी हैं? इन दो विषयों की जाँच से कुछ उत्तर मिल सकेगा।

× × ×

मनोचिकित्सा, भावनात्मक रूप से विचलित लोगों की सामान्य ढंग से जीने की क्षमता को अनिवार्य रूप से एक हद तक कमजोर करती है। इसकी जड़ें पश्चिमी मनोवैज्ञानिक परम्पराओं में हैं। मनोचिकित्सा के कई माडेल हैं पर उनके अन्तर्निहित दर्शनों में कुछ समान अवधारणाएँ हैं जो उन्हें एक समूह में रखना सम्भव बना देती हैं। संक्षेप में सभी प्रकार की पीड़ा, आवश्यकताओं और इच्छाओं/कामनाओं के न पूरा होने से उपजती हैं। ये चेतन हो सकती हैं या अचेतन खंड में स्थित हो सकती हैं। उनकी पूर्ति न होना, उनके आपस में टकराव या फिर माँगों, आचार के नियमों और बन्धनों, जो उन पर समाज द्वारा लगाये गये हैं के कारण हो सकती है।

मनोचिकित्सा का केन्द्र, सामाजिक सन्दर्भ में व्यक्ति का स्व (सेल्फ) है। पाश्चात्य परम्परा में आत्म को समझने के दो मार्ग हैं। पहला ग्रीक मार्ग है जो स्व के स्वतन्त्र अस्तित्व को मानता है, जो अपने सामाजिक परिवेश के साथ अन्तःक्रिया करता है। इस स्व का मूल सरोकार उसके अपने अस्तित्व से है। दूसरा मार्ग जूआडिक परम्परा से है। एमैनुअल लेविनास ने स्व को 'अन्य' के साथ नैतिक सम्बन्ध में स्थित माना है, दूसरे के लिए उत्तरदायी, पर दूसरे को उसकी अन्यता में आदर देता हुआ। भिन्न-भिन्न मनोचिकित्साएँ आत्म के एक या दूसरी परिभाषा का पक्ष लेती हैं, जैसा कि हम नीचे देखेंगे।

भिन्न-भिन्न प्रकार के मनोपचारों में आवश्यकताओं और इच्छाओं का अलग-अलग ढंग से वर्णन किया गया है। फ्रायड के लिए आवश्यकताओं का जैविक आधार है और उसके अनेक प्रकार हैं। पहला, जीवन की मनोवृत्ति जो हमें अपनी प्रजाति की रक्षा और वृद्धि की दिशा में ले जाती है। भूख और सेक्स सबसे महत्त्वपूर्ण पक्ष हैं पर व्यक्तित्व और संस्कृति, जिसके हम अंग होते हैं, जीवन की मूल प्रवृत्ति से निःसृत होते हैं। दूसरा, मृत्यु की मूल प्रवृत्ति है। हम वृद्धि तो चाहते हैं पर साथ ही संहार और मृत्यु की इच्छा भी रहती है। अस्थिर अस्तित्व से परेशान होकर प्रकृति शान्ति की स्थिति की ओर वापस आनी चाहती है। मृत्यु की मूल प्रवृत्ति

सभी आक्रामक व्यवहारों का जैसे प्रतिद्वन्द्विता, आलोचना और युद्ध का आधार है। दुख तब आता है जब इड से उपजी ये मूल आवश्यकताएँ और इच्छाएँ एक-दूसरे के साथ या समाज के मानदंडों के साथ जो प्राणी में अवस्थित हैं, संघर्ष करती हैं। हीलिंग या उपचार का अर्थ है लोगों की अचेतन इच्छाओं के साथ स्मृतियों के सहारे फिर जोड़ना। यह इच्छाओं में लचीलापन ला कर अक्खड़पन को घटा तथा पराहं (सुपर इगो) की दंडात्मक शक्ति को कम कर और अहं (इगो) को उसके समाधान करने की शक्ति को बढा कर किया जाता है।

अल्फ्रेड एलडर ने शक्ति या 'आधिपत्य पाने की इच्छा' को इस सूची में जोड़ दिया और कहा कि मनुष्य दुखी रहेगा यदि उसकी यह इच्छा अधूरी रह जाती है। अब्राहम मास्लो जैसे मानववादी, एक कदम आगे गये और आवश्यकताओं की एक सीढ़ी बनाई। उन्होंने कहा कि 'सेक्स' या शक्ति की आवश्यकताओं के आगे, आत्मगौरव, प्रेम, पोषण और अन्ततः स्ववास्तविकीकरण की भी आवश्यकताएँ होती हैं जो वस्तुतः व्यक्ति की सम्पूर्ण सम्भावनाओं की पूर्ति हैं। मानववादियों का अनुगमन, अस्तित्ववादियों ने किया जिसमें विक्टर फ्रैन्कल प्रमुख थे। उनके अनुसार सभी आवश्यकताओं में अतिरिक्त सतर्कता की भी आवश्यकता है और इसकी पूर्ति तभी होती है जब हम अपनी सामान्य जरूरतों के पार जाते हैं और दूसरों के लिए कुछ करते हैं। मनोपचार की दो अन्य विचारधाराएँ मेट्रिक पास का डेजन–विश्लेषक अवधारणा और जेम्स लकान की रुझान भी स्व को समझने का एक विकल्प प्रस्तुत करती हैं। यह उल्लेख्य है कि आत्म की समझ जूडो धर्म वाली आत्म की अवधारणा की ओर उन्मुख है जब कि पहले के सभी उल्लिखित विचारक, ज्यादातर ग्रीक दृष्टि की ओर उन्मुख हैं।

ये मनोपचार अचेतन पर खास तौर से ध्यान देते हैं। ये सभी उन संघर्षों की पड़ताल करते हैं जो अचेतन में ठेल दिये गये हैं या चेतन में लाये ही नहीं गये। जुंग ने अचेतन को व्यक्ति तक सीमित नहीं माना। वह इसे मनुष्य के सम्पूर्ण उद्विकास के क्रम में एकत्र ज्ञान के भंडार के रूप में देखता है। उसने यह अनुभव किया कि स्व, अपने अचेतन के विश्लेषण से ऊर्जा पा सकता है। वह अपनी छिपी शक्ति को खोज कर, संघर्षों के समाधान द्वारा अपने दुख को दूर कर सकता है।

कुछ और भी मनोपचार हैं जो संवेगों या भावनाओं पर ज्यादा ध्यान नहीं देते और अचेतन से कोई सम्बन्ध नहीं बनाते। ये संज्ञानात्मक व्यवहारवादी मनोपचार हैं। इनके अनुसार व्यक्ति द्वारा अपनी वास्तविक दुनिया का गलत चित्र रखने या गलत सीखने के कारण ऐसे व्यवहारों से दुख पैदा होता है, जिनसे तनाव उपजता है। इसमें उपचार के लिए सोचने और व्यवहार करने की अधिक सन्तोषदायी शैली को सीखना आवश्यक होता है। सभी मनोपचारों में मनोचिकित्सक की भूमिका विशेष

रूप से महत्त्वपूर्ण है। वह मानव सम्बन्धों का विशेषज्ञ और प्रयोग में आने वाले विशेष सैद्धान्तिक नजरियों में निष्णात होता है। उसकी अन्तःक्रिया की शैली भिन्न रहती है। फ्रायडवादी मनोचिकित्सक एक कैटलिस्ट या सक्रिय करने और सहज बनाने की भूमिका में होता है और रोगी को स्वयं अपने संघर्षों को देखने का मौका देता है। जुंग का अनुगामी या मानववादी मनोचिकित्सक रोगी के साथ अपने व्यक्तित्व का उपयोग करते हुए दोनों के बीच आदान-प्रदान या विनिमय (डायलेकटिक) के सहारे उचित मात्रा में आगे बढ़ता है ताकि कष्ट के निवारण (हीलिंग) की प्रक्रिया को तीव्र कर सके। संज्ञानात्मक व्यवहारवादी मनोपचार सीधा-सादा निर्देश देता है और मनोचिकित्सक एक अध्यापक जैसी भूमिका में काम करता है। अध्यापक के निर्देशन में ठीक ढंग से सोचना और उपयुक्त व्यवहारों को सीखा जाता है।

अंतरण (ट्रान्सफरेन्स) और प्रत्यंतरण(काउंटर ट्रान्सफरेन्स) की प्रक्रिया को किसी भी माडेल में अनुभव किया जा सकता है। अंतरण में रोगी अपने जीवन से चरित्रों को चिकित्सक पर प्रक्षिप्त करता है, उदाहरणार्थ एक अभिभावक, एक बच्चा या एक प्रेमी जीवन के चरित्रों को मनोचिकित्सक पर प्रक्षिप्त करता है और फिर मनोचिकित्सक उसे प्रत्यन्तरण में रोगी को वापस करता है। यदि इन प्रक्रियाओं को ठीक ढंग से सँभाला नहीं गया तो रोगी की चिकित्सा में प्रगति नहीं होगी।

संक्षेप में मनोचिकित्सा भावनात्मक रूप से क्षुब्ध लोगों के दुख को दूर करने की एक विधि है। दुख अपूर्ण और अधूरी आवश्यकताओं और इच्छाओं के कारण पैदा होता है। इच्छाओं की पूर्ति न होना आवश्यकताओं और इच्छाओं के आपसी संघर्ष या उस समाज की माँगों के साथ हो सकता है जिसमें व्यक्ति जीवन जीता है।

उपचार इन संघर्षों को उघाड़ने या सामने लाने से शुरू होता है जो चेतन या अचेतन हो सकते हैं। इसका लक्ष्य आवश्यकताओं और सामाजिक सन्दर्भों के बीच एक सन्तुलन पाना होता है।

सन्तुलन, अहं (ईगो) की क्षमता को खोजने तथा उसे सुदृढ़ करने में होती है ताकि व्यक्ति सार्थक फैसले ले सके। सार्थक लक्ष्यों से जुड़ना व्यक्ति को अपने सामाजिक सन्दर्भ में मौजूद सम्भावनाओं के अनुरूप होता है, दुख से राहत देती है।

× × ×

भारतीय दृष्टिकोण में स्मरणीय बातों में पहली बात यह है कि भारतीय आध्यात्मिकता की समझ और उसका अभ्यास मानसिक रोगियों की राहत के लिए नहीं है वरन उनकी सहायता के लिए जो पाश्चात्य दृष्टि से औसतन स्वस्थ हैं और जो अपने अनुभव जगत से मुक्ति चाहते हैं—मुक्तिकामी हैं। मोक्ष या मुक्ति सभी भारतीय

विचारधाराओं का अन्तिम लक्ष्य है। उदाहरणार्थ महर्षि पतंजलि को लें। वे आध्यात्मिक अभ्यासों की संस्तुति उनके लिए नहीं करते जो बीमार, मन्द, लापरवाह, आलसी या अस्थिरचित्त होते हैं और क्रोध, निराशा, भय का अनुभव करते हैं।

भारतीय मनोविज्ञान की परम्पराएँ पश्चिम के साथ इस दृष्टि से सहमत हैं कि दुख अधूरी इच्छाओं और आवश्यकताओं से उपजता है। भारतीय आध्यात्मिक ग्रन्थ एक महत्त्वपूर्ण और परस्पर विरोधी बातें कहते हैं : इच्छाओं और आवश्यकताओं की पूर्ति कभी भी शान्ति प्रदान नहीं कर सकती है। इच्छाएँ सदैव अतृप्त ही रहती हैं। आप एक को पूरा करेंगे तब तक दूसरी आवश्यकताएँ आप पर हावी होने लगेंगी। ऊपर जिनकी चर्चा हो चुकी है उनके अतिरिक्त प्रशंसा की कामना, श्रेष्ठता की इच्छा, प्रेम पाने की इच्छा तथा नियन्त्रण की इच्छाएँ भी हैं। इन सबमें सबसे खतरनाक इच्छा है एक खास किस्म की अपनी आत्मछबि रखने की इच्छा।

भारतीय मनोविज्ञान और दर्शन का लक्ष्य है इन सभी इच्छाओं और कामनाओं से परे जाना और दुनिया को उस ढंग से समझना जो उसकी वास्तविकता है या वह यथार्थ में है। अर्थात् उसकी सच्चाई क्या है। दुनिया की सच्चाई क्या है? वेदान्त का विचार है कि यथार्थ ब्रह्म है, शुद्ध चैतन्य। वह असीम और सभी परिभाषाओं से परे है। इसके बारे में हम केवल इस रूप में बात कर सकते हैं कि यह क्या नहीं है। नेति-नेति—वह, यह नहीं है, वह यह नहीं है...इत्यादि। एक मनुष्य का अनिवार्य तत्त्व है आत्मा, वह शुद्ध चैतन्य का अंश भी है, परन्तु हम इसके ब्रह्म के साथ के सम्बन्धों को भूल जाते हैं क्योंकि इसके ऊपर एक आवरण बना रहता है जिसे हम अयथार्थ या भयात्मक चेतना कह सकते हैं। यह अयथार्थ चेतना, अनुभव की दुनिया से जुड़ जाती है जो वस्तुतः माया या भ्रम होती है। इस अनुभव जगत के साथ होने वाली आसक्ति या मोह ही सभी दुखों का कारण है। एक साधक, अपने आध्यात्मिक अभ्यास के द्वारा, इस अयथार्थ चेतना के आवरणों को हटाने तथा इस सत्य को खोजने कि आत्मा और बह्म एक हैं, अर्थात् शुद्ध चैतन्य स्वरूप है, इसकी कोशिश करता है।

बौद्ध दृष्टिकोण, आत्मा को अन्तिम सत्य मानने को तैयार नहीं है। फिर भी वह वेदान्त में उल्लिखित अयथार्थ चेतना का विस्तृत वर्णन प्रस्तुत करता है। बौद्ध लोग इसके लिए संकुचित चेतना जैसे शब्द का प्रयोग करते हैं। यह संकुचित चेतना अनियन्त्रित विचारों तथा कल्पनाओं से भरी होती है, जो हमारे प्रत्यक्ष, ज्ञान और व्यवहार को प्रभावित करती और उसे उल्टा-पुल्टा करती हैं। बौद्ध दृष्टि का लक्ष्य है इस संकुचित चेतना को विराम दे कर सभी विचारों, इच्छाओं, विश्वासों तथा आत्म छबियों से अलग करना। एक अनासक्त चेतना न केवल अधिक उपयुक्त होगी वरन् देश, काल और परिस्थितियों से परे भी।

जैसा पहले कहा जा चुका है, सांख्य दर्शन यह मानता है कि यथार्थ दो विरोधी पर समान रूप से महत्त्वपूर्ण नियमों पर आधारित है। इनमें एक है पुरुष, जो निर्गुण चेतना है और दूसरा है प्रकृति। सामान्य अस्तित्व में पुरुष, प्रकृति से इस तरह आच्छादित होता है कि हमारा मानस गलती से उसे पुरुष का एक भाग मान बैठता है। यह अज्ञान ही सारी आसक्ति या मोह का कारण है। हमारा लक्ष्य यह होना चाहिए कि प्रकृति के अवयवों को सन्तुलन में लाया जाये। इस तरह पुरुष शान्ति की स्थिति में रहता है, प्रकृति से अप्रभावित रहते हुए उसके प्रभावों को नकार कर।

स्मरणीय है कि ऊपर की हमारी व्याख्या या टिप्पणी भारतीय मनोविज्ञान की परम्पराओं की जटिलताओं और सूक्ष्मताओं के साथ पूरी तरह न्याय नहीं कर सकती, पर इतना तो स्पष्ट है कि वेदान्त, सांख्य और बौद्ध तीनों दर्शनों का मूल लक्ष्य और केन्द्रीय सरोकार व्यक्ति को बाहरी अनुभव की दुनिया के साथ आसक्ति से अलग करना और शुद्ध चैतन्य से एकात्म करना है।

यह कैसे किया जा सकता है? भारतीय मनोवैज्ञानिक परम्पराएँ एक वैश्विक व्यवस्था के संप्रत्यय पर आधारित हैं जिसके लिए विभिन्न प्रकार के योगों की प्रक्रिया बनायी गयी हैं जो साधक को इस व्यवस्था की समझ के निकट लाती हैं, जिसकी चर्चा पहले की जा चुकी है।

आध्यात्मिक ग्रन्थ चार तरह के योगों का वर्णन करते हैं, इनमें से प्रत्येक भिन्न-भिन्न प्रकार के व्यक्तित्व के लिए उपयुक्त हैं : ज्ञान योग, राज योग, भक्ति योग तथा कर्म योग।

बौद्ध विचार वाले कहते हैं कि दुख से छुटकारा तब मिलता है जब आप यह समझ लेते हैं कि दुख सामान्य अनुभव जगत से पलायन नहीं है। जब आप दूसरों के प्रति दया, अतिवादिता को हटाना और ध्यान की साधनायें जो क्रमशः हमारे विचारों, फन्तासी और अन्त में इस विचार से कि स्व का स्थायित्व है—इससे अपने को अलग कर लेते हैं। यही भाव आपको दुख से परे ले जाने में सहायक होता है।

व्यक्ति कौन सा मार्ग अपनाता है यह उसके द्वारा गुरु के चयन पर निर्भर करता है। भारतीय संस्कृति में गुरु के महत्त्व पर अधिक बल दिया गया है। गुरु की अद्वितीय स्थिति है। गुरु की सहायता के बिना किसी भी तरह दुख से छुटकारा नहीं मिल सकता है। डाक्टर हाक के अनुसार एक गुरु ही पिता, माता, मित्र, एक संरक्षक और देवता होता है। एक गुरु को अपनी कोई चिन्ता नहीं होती। शिष्य अपनी जरूरत के अनुसार गुरु का लाभ ले सकता है और गुरु इसके लिए तैयार रहता है। यह सब इस बात पर निर्भर करता है कि शिष्य अपने मार्ग पर कितना आगे जा चुका है। वास्तविक गुरु को यह आभास रहता है कि शिष्य कहाँ पहुँच

चुका है और आगे प्रगति के लिए उसे क्या चाहिये।

एक गुरु अपने शिष्य को अपने सामाजिक समूह की प्रथाओं के पालन हेतु प्रोत्साहित करता है न कि उसके विरुद्ध जाने के लिए जोर देता है। गुरु की एक अन्तर्विरोधी स्थिति भी होती है। वह अपने को सामाजिक बन्धनों से मुक्त कर लेता है और अपने ऊपर उनके प्रभावों को स्वीकार नहीं करता। वह सामान्य जीवन के नियमों का अपने लाभ के लिये बहिष्कार नहीं करता परन्तु दूसरों के हितार्थ जीने का प्रयास करता है। उसके ऊपर समय का कोई अधिकार नहीं होता किन्तु वह संस्कृति के पूरे अधिकार का प्रतिनिधित्व करता है। जैसा कि किसी ने अपने शिक्षक गुरु के बारे में कहा है–

'वह दुनिया में तो होता है पर दुनिया का नहीं होता है'।

आमतौर पर यह एक भ्रम बना हुआ है कि भारतीय आध्यात्मिकता सांसारिक दायित्वों से दूर ले जाती है। यद्यपि वे साधक जो आध्यात्मिक अभ्यासों का पालन करते हैं सामान्य जीवन के पार जाना चाहते हैं किन्तु उनके लिए यह जरूरी नहीं है कि वे सामाजिक सम्पर्क से अपने को अलग रखे। स्वामी स्वरूपानन्द ने हमें बताया है कि साधक का सबसे अच्छा वर्णन भगवद्‌गीता में मिलता है। साधक यथार्थ का एक विवेकशील ज्ञाता होता है। इसके लिए 'स्थितप्रज्ञ' शब्द का प्रयोग किया गया है। मेरे अध्यापक सूर्या ने एक साधक की विशेषताओं का वर्णन इस प्रकार किया है–

एक स्थितप्रज्ञ कभी भी कर्म से विमुख नहीं होगा क्योंकि वह जानता है कि कर्म को रोकना असम्भव है। वह अपने कर्मों को कुशलता से करेगा। कौशल के लिए वह बिना आशा के कार्य करेगा–पक्ष में परिणाम हो या विपक्ष में; सुख की आशा हो या दुख की आशा। यह आशा ही कार्यों को बिगाड़ देती है। विश्व के साथ सक्रिय होने की क्षमता चेतन जीव का प्रमुख नियम है। आप यदि अनुकम्पा के साथ लय में नहीं हैं तो आपको किसी बात की चेतना नहीं होगी। इस अनुकम्पा से वह अपने स्वधर्म का पालन करता है। चूँकि वह संसार की सभी वस्तुओं के साथ लयबद्ध है, उसके कार्य भी वैश्विक इच्छा के अनुकूल होंगे। इस तरह वह पूर्णतः स्वायत्त और पूरी तरह विश्व के अनुरूप हो जाता है।

मनोपचार और भारतीय आध्यात्मिक परम्पराओं का यह विश्लेषण बड़ा संक्षिप्त है। तब भी वह इस बात को दर्शाने के लिए पर्याप्त है कि उनके बीच महत्त्वपूर्ण अन्तर मौजूद हैं। दोनों मुक्ति की बात करते हैं परन्तु इसे पाने के लक्ष्य और विधियाँ भिन्न-भिन्न हैं। मनोपचार का लक्ष्य शान्ति और संतुष्टि को दैनन्दिन जीवन में लाना है जबकि भारतीय आध्यात्मिक परम्पराएँ हमें सामान्य दुनिया से परे ले जाती हैं। मनोपचार का उद्देश्य है अहं को पुष्ट करना जबकि भारतीय आध्यात्मिकता अहं से नाता तोड़ने की बात करती है। मनोपचार भावनात्मक रूप से विक्षुब्ध लोगों के लिए

हैं जबकि भारतीय आध्यात्मिकता यह सुझाव देती है कि मानसिक रूप से अस्थिर लोगों से सचेत रहना चाहिए। मनोचिकित्सक की भूमिका और आध्यात्मिक गुरुओं की भूमिका में काफी अन्तर या भिन्नता है। पहला रोगी के जीवन में व्यक्तिगत रूप से शामिल नहीं होना चाहता, जबकि दूसरा अपने शिष्य के जीवन में स्वयं को प्रयुक्त किये जाने का इच्छुक है। पहला अंतरण (ट्रान्सफरेन्स) के गोचर की व्याख्या करता है जबकि दूसरा अभिभावक रहना चाहता है, वह शिष्य के अपरिपक्व मानस के लिए अपेक्षित होता है।

धार्मिक ग्रन्थ बार-बार यह दावा करते हैं कि अध्यात्म मार्ग सबके लिए नहीं है। भगवान कृष्ण कहते हैं : हजारों आदमियों में शायद एक परिपूर्ण या निर्दोष होने की कामना करता है। और ऐसे हजारों में जो चेष्टा करते हैं उनमें से एक मुझे वास्तव में जानता है।

आध्यात्मिक पथ पर चलने की इच्छा व्यक्ति की आध्यात्मिक पूँजी पर निर्भर करती है। ऐसा माना जाता है कि इसे वह अपने पूर्व जन्मों की यात्रा में संचित करता है।

जिन लोगों ने पाया है कि योग और ध्यान की तकनीकें मानसिक शान्ति लाती हैं वे भी यह जानना चाहते हैं कि क्या उनका मनोविचार में उपयोग किया जा सकता है। इसके कई उत्तर हैं। वस्तुतः कई ऐसी विकसित तकनीकें हैं जिनका उपयोग भारतीय आध्यात्मिक परम्पराओं में मन को शान्त करने में किया जाता है। इसमें वे विभिन्न संज्ञानात्मक और व्यवहारपक तकनीकों की तुलना में अधिक अच्छी या खराब नहीं हैं। इसका कोई पुष्ट प्रमाण नहीं है कि शवासन जैसे योग के आसनों का जैकोब्सन के विश्रान्ति (रिलैक्सेशन) तकनीक से, अधिक शान्ति मिलती है या ध्यान उन तकनीकों से श्रेष्ठ है जिनका उपयोग एकाग्रता बढाने या अवांछित विचारों को रोकने के लिए किया जाता है।

मेरा विचार है कि योग का उपयोग तीन स्तरों पर किया जा सकता है। मेरे अपने ऊपर किये गये प्रयोग में, जिसका उल्लेख इस पुस्तक के आरम्भिक भाग में किया गया था, मैं ऐसे संकेत पा सका जो नैदानिक अभ्यास में सम्मिलित हो सकते हैं। मेरे निष्कर्ष लगभग सकारात्मक थे। आश्वस्ति के भाव, ऊर्जा और दया में वृद्धि, जो योग से पैदा होता हैं वे अच्छे मानसिक स्वास्थ्य के लक्षण हैं। मुझे यह बात तर्कसम्मत लगती है। अतः यह उचित होगा कि योगाभ्यास मनोपचार के क्रम में कभी-कभी सम्मिलित किया जाय। मुझे सन्देह है कि लोग इसमें भिन्न मत रखते हैं कि कौन-सी योग तकनीकें हैं जिन्हें वे सबसे अधिक उपयुक्त पाते हैं। मैंने यह भी निष्कर्ष निकाला था कि साइकियाट्रिक समस्याएँ सुलझाने में विशिष्ट योग तकनीकों से सहायता मिल सकती है।

मैं निश्चित रूप से अनुभव करता हूँ कि मनोपचार की दृष्टि से योग तकनीकें विश्रान्ति और एकाग्रता को बढ़ा सकती हैं और चिन्ता व अवसाद को कम कर सकती हैं। इस प्रथम स्तर पर ये व्यवहार परिमार्जन और बायोफीडबैक के आधुनिक वैज्ञानिक विकासों के अनुरूप है। भारतीय उपचारकर्ता, महाकाव्य, पुराण कथा और अन्य शास्त्रों से उदाहरण ले सकते हैं जो इस दुनिया: को शान्ति से पार करने में सहायक हो सकते हैं। पर इन तकनीकों को आध्यात्मिक नहीं कहा जा सकता।

दूसरे स्तर पर यौगिक अभ्यास समस्या समाधान की एक विधि है और इस रूप में वे मनोपचार की पश्चिमी परम्पराओं से मिलती-जुलती है। इसके अतिरिक्त योग और मनोपचार के बीच कुछ महत्त्वपूर्ण अन्तर हैं जिनका उल्लेख पहले किया जा चुका है। इसके उपचार में अन्ततः तार्किकता के उपयोग से समझ लायी जाती है जब कि योग में सूझ अतार्किक बौद्धिक या प्रज्ञात्मक उपायों से आती है।

तीसरे स्तर पर योग, मुक्ति का मार्ग प्रशस्त करता है। हमें याद रखना होगा कि योग का लक्ष्य चिकित्सा नहीं, अपितु आध्यात्मिक अनुभव है। यह अनिर्वचनीय है और इसे सन्त महात्मा भी शब्दों में व्यक्त करना असम्भव पाते हैं। इस बिन्दु पर आध्यात्मिकता की एक परिभाषा देना ठीक लगता है।

कुछ लेखक 'आध्यात्मिक' शब्द का उपयोग, मनुष्य की आन्तरिक महत्वाकांक्षा-विशिष्ट धर्मों द्वारा उल्लिखित बाह्य नियमों और निर्देशों के विरुद्ध मानते हैं। यह एक ऐसा शब्द है जिसे ठीक-ठीक परिभाषित करना कठिन है पर जो निश्चित रूप से कई व्यक्तियों के जीवन में एक प्रमुख भूमिका निभाता है। मेरे लिए 'आध्यात्मिक' का अर्थ है अस्तित्व के प्रश्नों—जीवन, रोग और मृत्यु के आशय से जुड़ी हुई प्रतिक्रिया के रूप में, एक खास तरह की मानसिक स्थिति है।

ये प्रश्न आध्यात्मिकता की ओर एक दिशा निर्देश करते हैं। मानव मन इन प्रश्नों को पूछने और उनके उत्तर पाने के लिए प्रयास करता ही रहेगा। न्यूबर्ग और उनके सहयोगियों ने मस्तिष्क की कार्यप्रणाली के एक नई समझ के बारे में लिखा है। अब यह विश्वास किया जा रहा है कि मस्तिष्क पर्यावरण का संज्ञात्मक क्रियाओं द्वारा अर्थग्रहण करने का प्रयास करता है। इनमें से एक है, कारणात्मक संचालन ऑपरेटर जो सभी यथार्थ को विशिष्ट कारणों और परिणामों की शृंखला के रूप में समझने में मदद करता है। यही 'कैसे' और 'क्यों' प्रश्नों को समझने का आधार है। यह कारणात्मक संचालन घटनाओं में अर्थ तलाशने में मदद करता है। अर्थग्रहण करना महत्त्वपूर्ण है और यही जीवन को सम्भव भी बनाता है वैसे ही जैसे जंगल में पत्तियों का घर्षण जैसे डरे हुए शिकारी को सिंह के होने की सम्भावना के प्रति सचेत करता है। शिकारी सिंह को देखता नहीं है, वह विश्वास करता है कि वह वहाँ जरूर मौजूद होगा, वह सावधानी बरतता है और दूर चला जाता है। मस्तिष्क

अस्तित्व के मूल प्रश्नों का उत्तर पाने के लिए नहीं रचा गया है, वह जानकारी के अभाव या गैरमौजूदगी या ज्ञान की अभाव की स्थिति में अनुमान लगाता है।

पुरातात्विक अध्ययनों से यह प्रमाण मिलता है कि आरम्भिक काल से मनुष्य ने मृत्यु के बाद क्या होता है, इसे लेकर अनेक धारणाएँ बनायी थीं। जब लोगों से पूछा जाता है क्या वे ईश्वर में विश्वास करते हैं? प्रायः उत्तर मिलता है कि विश्व में एक डिजाइन है और यदि डिजाइन है तो उसका निर्माता भी होगा। यह एक संज्ञानात्मक जरूरत है जो सक्रिय होती है।

आध्यात्मिकता की दिशा में दूसरा मार्ग रहस्यवाद का है। हम सबके पास रहस्यात्मक अनुभव की क्षमता है। वेद काव्यात्मक ढंग से रहस्यात्मक अनुभूतियों का वर्णन करते हैं, वहाँ व्यक्ति स्व की अनुभूति खो देता है और अपने आसपास चतुर्दिक स्थित वस्तुओं से एकात्म अनुभव करता है। कवि उस आनन्दातिरेक (इक्स्टेसी) के बारे में लिखते रहते हैं जो एक रहस्यात्मक अनुभव के साथ होती है। प्रकृति, संगीत और कला कुछ लोगों में आनन्दातिरेक की स्थिति लाती है।

रहस्यात्मक अनुभव का जीने के लिए क्या महत्त्व है? यह महत्त्व इस बात को जानने में है कि हम किसी व्यापक अस्तित्व के अंश हैं जिसका देश-काल में विस्तार अनादि और अनन्त है। इसमें यह सन्तोष निहित है कि हम अकेले नहीं हैं। यह सन्तोष मृत्यु का प्रतिकार करता है। कुछ शोधकर्ताओं के अनुसार बच्चे स्वाभाविक रूप से आध्यात्मिक होते हैं। उनमें अपनी समझ से परे अन्य चीजों के लिए आदर का एक सहज स्वाभाविक भाव मौजूद रहता है। पर वे यह क्षमता आयु बढ़ने के साथ खोने लगते हैं और इसकी जगह तार्किक बुद्धिपरक स्कूली अपेक्षाओं का अनुभव करते हैं।

आध्यात्मिकता का तीसरा मार्ग, सहायता और समर्थन की जरूरत है। फ्रायड ने धर्म को जीवन की कठिनाइयों का सामना करने का एक तरीका माना है जो आदमी एक सर्वशक्तिमान पिता और माता की छवि के रूप में अपनाता है, जो हमारा भरण-पोषण करता है और जिसकी गोद में पहुँच कर सभी कठिनाइयाँ और भयों से छुटकारा मिल जाता है। देखरेख की आवश्यकता एक प्यार करने वाले और भरण-पोषण करने वाले उच्च्व अस्तित्व में विश्वास बढ़ाता है।

विश्व के प्रमुख धर्म अलग-अलग नजरिया रखते हैं। पुस्तक आधृत धर्म जैसे जूडो-क्रिस्तानी और इस्लाम, सर्जक ईश्वर की कल्पना प्यार करने और डरावने दोनों रूपों में करते हैं और यदि आप उसके आदेशों का पालन करते हैं तो वह एक व्यक्ति के रूप में आपका संरक्षण करेगा। भारतीय संस्कृति धर्म, ब्रह्म या शून्यता के महान एकत्व पर जोर देती है जिसके हम सभी एक अंश हैं। एक व्यक्ति की पृष्ठभूमि और वे विचार जिनके साथ व्यक्ति आगे बढ़ता है वह उसके निष्कर्षों को

प्रभावित करती है। इनके लिए कुछ उत्तरों की इसकी पहले भी चर्चा की गयी है।

योग का तीसरा स्तर आध्यात्मिकता के बारे में है। इसका लक्ष्य अतिक्रमण है। यह अपने सन्दर्भ में, जिसमें उसका अभ्यास किया जाता है, पहले के दो स्तरों से भिन्न है। यह मुझे तब समझ में आया जब मैंने एक अमेरिकी विश्वविद्यालय में योग सूत्रों पर व्याख्यान दिया था। उस समय एक युवक ने कहा कि वह योग सीखना चाहता है तब मैंने उससे पूछा क्यों? उसने कहा कि वह अपने काम में स्वस्थ, प्रसन्न और सावधान रहना चाहता है। उसकी अपनी मूल्य-व्यवस्था में बदलाव लाने में कोई खास दिलचस्पी नहीं थी। वह अनुभव की सामान्य दुनिया में रहना चाहता था, पर एक प्रभावशाली अर्थ में। किन्तु यह योग का मूल उद्देश्य नहीं है, जैसाकि पतंजलि के योग सूत्र को पढ़ने से स्पष्ट होता है।

यमों और नियमों के नैतिक निर्देशों के प्रसंग में योगासन शास्त्रों के साथ जुड़े हैं। आध्यात्मिक परम्परा में आगे बढ़ने के लिए अहिंसा और सत्य का पालन करना भी उतना ही जरूरी है जितना कि प्राणायाम करना अथवा श्वांसों का अभ्यास। यमों और नियमों के विधि-निषेधों के अभाव में प्राणायाम की तकनीकें बायोफीडबैक की तकनीक से अधिक अच्छी नहीं हैं जो व्यवहार-चिकित्सा का एक मुख्य अवयव हैं।

मेरे लिए आध्यात्मिक अनुभव एक भावनात्मक स्थिति है न कि संज्ञानात्मक विश्वास। यह भावनात्मक अवस्था अप्रत्याशित रूप से क्षणों में उपजती है। वह ताजे अर्थ उपलब्ध कराती है जो अस्पष्ट बोध के रूप में शुरू होती है और बाद में स्पष्ट हो जाती है। यह आपको खुद अपना ही अतिक्रमण करने में सहायता करती हैं।

स्व का अतिक्रमण क्या है? वास्तव में यह स्वयं का एक विस्तृत फलक पर अपना विस्तार करना है जो एक व्यापक परिप्रेक्ष्य है। आप अपने प्रेमी को अपने जैसा महत्त्वपूर्ण देखने लगते हैं, अपने दोस्तों, अपने समुदाय, अपने देश और समग्र मानवता के प्रति सभी प्रकार के जीवन और अन्त में सबकुछ से जोड़कर कि मैं भी ऐसा ही हूँ। जब मैं वेदान्त के बारे में सोचता हूँ जो यह कहता है कि आत्मा और ब्रह्म वास्तव में दोनों एक ही हैं।

सामान्यतः यह कोई आकस्मिक अनुभूति नहीं है हालाँकि कुछ भाग्यवान लोगों को यह आकस्मिक बोध होता है। मेरे जैसे साधारण आदमी के लिए यह चेतन होने की एक सतत प्रक्रिया है जो पुनर्घटित होती है यदि आपकी इच्छा और प्रयास, इस दिशा में आगे बढ़ रहा है। एक मनोचिकित्सक के लिए यह सम्भव है कि वह अपने रोगियों और लाभार्थियों को इस रास्ते पर ले चले। पर आपको उन्हें अपने सहयात्री के ही रूप में लेना होगा और कभी भी श्रेष्ठ सर्वज्ञ की मनोवृत्ति नहीं अपनानी चाहिए। एक मनोपचारक के रूप में इस बात से भी अवगत होना चाहिए कि सब

लोग इस तरह चलने के लिए इच्छुक नहीं होते हैं। यह सही है कि वे लोग जो एक आध्यात्मिक मार्ग पर हैं और सन्तुष्ट, प्रसन्न और हल्का महसूस करते हैं। उनकी यह मनोदशाएँ उस आह्लाद के के साथ उपजते हैं जो सांसारिक दुनिया से अनासक्त रहने के कारण आती हैं। हममें से कितने अनासक्त रहना चाहते हैं? आध्यात्मिक मार्ग के पुरस्कार के रूप में यह इसके लिए एक ऐसी मनोवृत्ति की जरूरत होती है जिसे कोई नहीं अपनाना चाहेगा।

× × ×

भारतीय संन्यासियों के जीवन में, जिनका मैंने दो दशकों में अध्ययन किया, ऐसे व्यक्तियों के उदाहरण हैं जिन्होंने योग के तीसरे स्तर पर पहुँचने का प्रयास किया था। मैं यह कहना चाहता हूँ कि वे साधु जिनसे मैं मिला अच्छी तरह समायोजित और मानसिक रूप से स्वस्थ हैं, उन्होंने ऊँची ऊर्जा, प्रसन्नता और सार्वजनिक जीवन की एक समझ भी दिखायी है। मैंने स्वयं से प्रश्न किया कि यह प्रसन्नता, ऊर्जा और दूसरों के लिए प्यार कहाँ से आता है? मेरा विश्वास है कि वे असाधारण स्वतन्त्रता अर्जित कर चुके थे। कोई संग्रह नहीं, भोजन की चिन्ता नहीं और अनोखे विशेष महत्त्व वाले सबसे अलग-थलग अपने और स्व का कोई अहसास नहीं। मेरे विचार में यही उनकी अपरिमित ऊर्जा और बालसुलभ मुस्कराहट का स्रोत है जिसे उनके निकट आने वाला हर आगन्तुक अक्सर अनुभव करता है।

बाहर के लोगों को यह अजीब लगता है और उनके मन में यह प्रश्न उठने लगता है कि ऐसी कठिन और अलग ढंग की जीवन-शैली कहीं अपने आप में किसी मानसिक विकार का एक लक्षण तो नहीं है? पर मुझे ऐसा नहीं मिला। संन्यासी लोग सबसे ज्यादा समायोजित थे जो इस जीवन-शैली को हमेशा से अपनी नियति मानते थे। बचपन से वे यह जानते थे कि उन्हें एक आध्यात्मिक मार्ग अपनाना है, हालाँकि वे औसत या उससे थोड़े अच्छे विद्यार्थी थे और घर पर सम्पन्न थे। वे अपने भाइयों और बहनों की तुलना में धार्मिक विषयों में अधिक रुचि लेते थे। प्राचीन शब्दावली में कहें तो यह उनका एक जीवन-व्यवसाय था।

यह तथ्य कि कुछ बच्चे और युवा जीवन के आरम्भ में धर्म की ओर आकृष्ट हो जाते हैं केवल भारतीय समाज तक ही सीमित नहीं है। ईसाई मठ के अपने अध्ययन में जेफ़री मूर हाउस ने भी ऐसे युवा लोगों के उदाहरण पाये, जिनकी धार्मिक जीवन में आरम्भ से ही रुचि थी हालाँकि उन्होंने उसके लिए ईश्वरेच्छा पर विशेष बल दिया। ऐसा अनेक आयु स्तरों पर हो सकता है। कुछ साधुओं ने स्वयं को ईश्वर के प्रत्यक्ष-निर्देश के अन्तर्गत स्थित माना। अधिक आश्चर्यकारी कथा डाएन पेरी नामक एक अंग्रेज बच्ची की है; जिसका पूर्वी धर्म से कोई स्पष्ट रिश्ता नहीं था, जो बौद्ध भिक्षुणी बनने चल पड़ी। उसका नाम पड़ा 'तेन जिन पामो' और उसने

हिमालय के दूरदराज स्थित एक गुफा में बीस वर्ष ध्यान की साधना में बिताया।

इस तरह के आवेग को समझने में वैज्ञानिकों को कठिनाई होती है। क्या धार्मिक प्रवृत्तियाँ जन्मजात हैं जो कुछ लोगों में अधिक तीव्र होती हैं? यह सुविदित है कि संगीत की योग्यता प्रायः बड़ी कम उम्र में ही दिख जाती है और ऐसे संगीत महारथी जन्मजात रूप से बड़े मेधावी होते हैं। उन्हें सर्जनात्मकता में सक्रिय होने के लिए बहुत थोड़ी पढ़ाई की जरूरत होती है। उनकी अपनी संस्कृति में संगीत का थोड़ा परिचय जरूर आवश्यक होगा क्योंकि उनका कार्य चाहे जितना भी नवाचारी या सर्जनात्मक हो जिस परम्परा से वे आते हैं उससे जरूर जुड़ा होता है। क्या आध्यात्मिक जीवन के प्रति संवेदनशीलता का गुण है जो कुछ व्यक्तियों में बहुत अधिक मात्रा में होता है? वे लोग इस आवेग का अनुभव भी करते हैं उन्हें किसी की सफाई देने की जरूरत नहीं होती। भारतीयों के लिए इसका कारण प्रारब्ध या पूर्व जन्मों का प्रभाव था। अन्य परम्पराओं में लोगों के लिए ईश्वरीय आह्वान एक जीवन व्यवसाय है।

मैं कुछ अन्य साधुओं से भी मिला हूँ, जिन्होंने संन्यासी का जीवन इसलिए स्वीकार किया क्योंकि उनकी अपनी समस्याएँ थीं या घर पर आपसी रिश्ते मुश्किल हो रहे थे। इस समूह की मानसिक शान्ति कम थी और वे निराशा में जीवन यापन कर रहे थे।

यह विचार कि संन्यास सामान्य जीवन से पलायन है और इसलिए मानसिक रोगियों के लिए आकर्षक है, सही नहीं है। संन्यासी इस बात से सहमत थे कि वे मानसिक रूप से रुग्ण लोगों को शिष्य के रूप में स्वीकार नहीं करते। संन्यास का मार्ग बड़ा कठोर है और सतत, साहस, संकल्प और बल की अपेक्षा करता है। महर्षि पतंजलि ने भी यह चेतावनी दी थी कि मानसिक रोगी अपने वर्तमान जीवन में योग मार्ग का अनुसरण न करें। ऋषिकेश में मैंने देखा कि कुछ मानसिक रोगियों ने भी आश्रमों के परिवेश में आश्रय ले रखा था। उनका विचित्र व्यवहार कम मात्रा में दिखाई देता था और वे अपने जीवन के लक्ष्य पाने में सफल थे।

समापन टिप्पणी

यह दुख की बात है कि यह विश्लेषण लेखक के अपने निष्कर्षों के बिना ही समाप्त हो रहा है। रवि जी, वेजालियो, इटली में पहुँचने के कुछ ही दिनों बाद, जहाँ वे इस पुस्तक को लिखने के लिए गये थे, 24 नवम्बर 2006 को अचानक हृदयाघात से चल बसे। उन्होंने इस पुस्तक की रूपरेखा को अपने अकादमिक केन्द्र में सहयोगियों के सामने प्रस्तुत किया था जहाँ वे और मालविका ठहरे हुए थे। इसकी लोगों ने सराहना भी की थी। सम्पादक के रूप में, हमारे सामने समस्या थी रवि के इस अभिलेख को उस रूप में ढालना कि वह ऐसे पाठकों तक पहुँच सके, जिनमें से अधिकांश उन्हें व्यक्तिगत रूप से जानते भी नहीं। हमें नहीं मालूम रवि जी इस पुस्तक को किस तरह पूरा करते। जिन्होंने अब तक इस अभिलेख को पढ़ा है उन्हें एक वैज्ञानिक और एक आध्यात्मिक साधक के बीच का मौलिक तनाव, जो आधुनिक समय में बहुत से लोग अनुभव कर रहे हैं, जरूर महसूस किया होगा।

रवि जी का साधुओं की ओर इतने आकर्षित होने का एक कारण यह था कि उन्हें यह लगता था कि उन साधुओं के पास कुछ ऐसा था जो खुद उनके पास नहीं था। उन्होंने साधुओं की जीवन-शैली को देखा और पाया कि वे उन मूल्यों से अनुप्राणित थे जो प्रतिस्पर्धा की रोजमर्रे की दुनिया से अलग। वह साधुओं और संन्यासियों अनुभव में पैठ कर उसे सबके साथ बाँटना चाहते थे। वह संन्यास की ओर उतने ही आकृष्ट थे जितना वे वैज्ञानिक खोज और तर्कपूर्ण चर्चा से मुग्ध थे। शायद वह भी इसी निष्कर्ष पर पहुँचते, जैसा उनके पहले के शोधकर्ताओं ने निष्कर्ष निकाला था कि सत्य बहुआयामी होता है और कोई भी व्यक्ति उसे सम्पूर्णता में नहीं देख सकता। एक धारा, जिसे वह विकसित करना चाहते थे वह था बच्चों का धार्मिक अनुभव। कुछ साधुओं की निश्चित धार्मिक महत्वाकांक्षाएँ बचपन से होती थीं और इसके कारण वे अपने भाइयों-बहनों से अलग दिखाई देते हैं। शायद कुछ बच्चों के लिए यह एक सामान्य अवधि तक सीमित थी पर दूसरों ने अपनी धार्मिक नियति को प्रसन्नतापूर्वक स्वीकार किया था। यह सब मनुष्य की स्थिति के बारे में क्या संकेत करता है? क्या धार्मिक रुझान या अभिक्षमता संगीत या कलात्मक क्षमता की

तरह है, जिसमें कुछ लोग औरों की तुलना में स्पष्टतः अधिक प्रतिभाशाली होते हैं? क्या वैज्ञानिक योग्यता–जो आज जनसंख्या में समान रूप से वितरित नहीं है–अन्य विशेषताओं पर भी लागू की जा सकती है?

गाइल्स बिब्यू ने सांस्कृतिक मनोचिकित्सा की अन्तरराष्ट्रीय शोध पत्रिका 'इंटरनेशनल जर्नल आफ कल्चरल साइकियेट्री' में अपने संस्मरण में कहा है कि किस तरह एक संन्यासी ने रवि से हिमालय में पूछा कि क्या वह ईश्वर के अस्तित्व में विश्वास रखते हैं? रवि ने उत्तर दिया 'हाँ'। इस वार्तालाप पर विचार करते हुए उन्होंने बाद में टिप्पणी प्रस्तुत की–

"मैं जब कभी इन क्षेत्रों में रहता हूँ ऐसे सरल व्यक्तियों को पाता हूँ जिनकी दृढ़ आस्था है, मैं भी ईश्वर में विश्वास करने लगता हूँ। पर जब मैं सभ्यता की ओर वापस जाता हूँ धीरे-धीरे निश्चित रूप से यह विश्वास धूमिल पड़ने लगता है और इसकी जगह संशय ले लेता है।"

उस समय जब उन्होंने 'ईश्वर की अवधारणा' पर एक शोध पत्र लिखा था जिसमें उन्होंने एक मनोवैज्ञानिक का उद्धरण दिया जिसने धार्मिकता के आनुवंशिक जीन के अभाव के लिए क्षमा माँगी थी। तब रवि ने कहा था–

मैं भी वैसा ही महसूस करता हूँ। "मैं नहीं जानता हूँ।" यह कहना मुझे कठिन नहीं लगता। ऐसा नहीं है कि अस्तित्व के प्रश्न मुझे परेशान नहीं करते। वे मेरे लिए भी उतने ही कष्टकर हैं जितने किसी ओर के लिए, शायद ज्यादा ही। मैं आस्था की तारीफ करता हूँ... (उन संन्यासियों की जिन्हें मैंने बीस वर्ष तक अध्ययन किया)...पर मैं उनके विश्वास की साझेदारी नहीं कर सकता। 'मैं नहीं जानता,' यह कहने की मेरी क्षमता मुझे स्वतन्त्रता देती है; अपने लिए सोचने की छूट और मेरे अपने कार्यों के लिए दायित्व लेने की स्वतन्त्रता भी देती है।

सम्भवतः सोचने की स्वतन्त्रता चरम मानवीय मूल्य है।

आभार

हमें पिछले कई दशकों तक जिन लोगों से सहायता और समर्थन मिला है उनके प्रति आभार ज्ञापित करना हमेशा अपूर्ण ही रहेगा। मैं तैंतालीस वर्षों तक रवि की जीवन-संगिनी रही। मेरे लिए उन सब के प्रति कृतज्ञता ज्ञापित करना जो इसके पात्र हैं, खास तौर पर मुश्किल है। मैं सबसे पहले और सबसे अधिक तीन गुरुओं का उल्लेख करूँगी : प्रोफेसर एन.सी. सूर्या, प्रोफेसर एर्ना हाक, और प्रोफेसर जे.एस. नेकी, ये रवि के अध्यापक थे जिन्होंने साइकियाट्री और आध्यात्मिकता को एक-दूसरे के निकट लाने के लिए रास्ता दिखाया और उनकी खोज को हमेशा चुनौती तथा समर्थन दिया। इसके अतिरिक्त और बहुत से लोग भी हमारे लिए महत्त्वपूर्ण हैं और उन्हें मेरा हार्दिक धन्यवाद।

एडिनबर्ग में उनके मेंटर प्रोफेसर जी.एम. कार्सटेयर्स तथा नोर्मन क्रीटमैन जिन्होंने उनके शोध कौशल को धारदार बनाया और सामुदायिक मानव स्वास्थ्य सेवाओं के क्षेत्र में रवि को उनके कार्य में वैज्ञानिक निपुणता लाने में सक्षम बनाया—दो अलग क्षेत्र जिन्हें जोड़ना मुश्किल है।

उनके बच्चे स्वप्ना, शरद और नाती जिन्हें जीवन को समृद्ध करने के लिए रवि बड़ा प्यार करते थे।

उनके विद्यार्थी जो काम करते हुए उन्हें प्यार करते और चुनौती देते थे।

उनकी बहनें निशि, कुशल, शीतल और रमल जिनके साथ वे अपार प्यार बाँटते थे।

वर्मा दम्पति और बाकी सारे दोस्त।

भारत और कनाडा की अनुदान देने वाली संस्थायें और उनके शोध सहयोगी डॉ. एलेन कोरिन तथा गिलिस बीबुए जिनके साथ उन्होंने एक रिश्ता जोड़ा जो शोध की सीमा से परे गया।

राष्ट्रीय मानसिक स्वास्थ्य तथा तंत्रिकाविज्ञान संस्थान (निमहान्स) और राष्ट्रीय उच्चतर अध्ययन संस्थान (नियास), ऐसे संस्थान जिनके निर्माण में वे जी जान से लगे थे।

उनकी रुचि के दूसरे क्षेत्र में, बिहार योग स्कूल के गुरु स्वामी रामदेव पाथी और स्वामी दयानन्द सरस्वती जिन्होंने उनके लिए अपने आश्रम, अपना हृदय और उन बन्द द्वारों को उन्मुक्त किया जिनमें किसी की पैठ असम्भव थी।

वे सभी साधु जिन्होंने अपने जीवन के अनुभवों को साझा किया, जिनमें से सब तो नहीं पर कुछ इस पुस्तक में भी स्थान पाये हैं।

बेलाजियो में स्थित राक़फ़ेलर अध्ययन तथा अधिवेशन केन्द्र, विशेष रूप से पिलात पलेसिओ और वहाँ के अन्तेवासी विद्वद्गण जिन्होंने लेक कोमों, लेको और आल्पस की पृष्ठभूमि में स्थित विला सेरेबेलोनि में हमारे आवास के दौरान जो सम्मान दिया और रवि के दिवंगत होने के बाद मुझे समर्थन किया।

प्रोफेसर सुधीर कक्कड़ मेरे प्रिय मित्र

रवि सिंह, आर. शिव प्रिया और पलोमा दत्ता (पेंगुइन बुक्स इंडिया प्राइवेट लिमिटेड) जिन्होंने इस पुस्तक को प्रकाशित करने के अत्यन्त कठिन काम को सम्भव बनाया। प्रोफेसर अजित भिडे, माधव साठे (संस्कृतज्ञ), डॉ. सताराम अल्लादी तथा पैट डुगार्ड–जिन्होंने इस पाण्डुलिपि के कई ड्राफ्ट कृपापूर्वक पढ़े।

सर्वाधिक महत्त्वपूर्ण योगदान डोरोथी बग्लास का था, जिनकी सहायता के बिना इस पीड़ादायी पर घाव भरने वाली इस पुस्तक को मैं पूरा ही नहीं कर सकती थी।

मालविका कपूर

□□